本书是国家社科基金项目"数字经济时代移动营销中的游戏化策略研究"的最终研究成果（19BGL261）

数智时代的游戏化营销

周 飞 ◎ 著

GAMIFICATION MARKETING IN
THE AGE OF DIGITAL INTELLIGENCE

经济管理出版社

图书在版编目（CIP）数据

数智时代的游戏化营销/周飞著.—北京：经济管理出版社，2022.12
ISBN 978-7-5096-8550-1

Ⅰ.①数… Ⅱ.①周… Ⅲ.①网络营销 Ⅳ.①F713.365.2

中国版本图书馆 CIP 数据核字（2022）第 249301 号

组稿编辑：任爱清
责任编辑：任爱清
责任印制：黄章平
责任校对：蔡晓臻

出版发行：经济管理出版社
（北京市海淀区北蜂窝 8 号中雅大厦 A 座 11 层　100038）
网　　址：www.E-mp.com.cn
电　　话：（010）51915602
印　　刷：唐山昊达印刷有限公司
经　　销：新华书店
开　　本：720mm×1000mm/16
印　　张：16.75
字　　数：319 千字
版　　次：2022 年 12 月第 1 版　2022 年 12 月第 1 次印刷
书　　号：ISBN 978-7-5096-8550-1
定　　价：88.00 元

·版权所有　翻印必究·
凡购本社图书，如有印装错误，由本社发行部负责调换。
联系地址：北京市海淀区北蜂窝 8 号中雅大厦 11 层
电话：（010）68022974　邮编：100038

前　言

著名未来学家、TED 大会新锐演讲者简·麦戈尼格尔在其著作中提出游戏将改变世界，游戏可以弥补现实世界的不足和缺陷，游戏化可以让现实生活变得更美好。游戏击中了人类幸福的核心，提供了令人愉悦的奖励、刺激性的挑战和宏大的胜利，而这些都是现实世界十分匮乏的。大量学者的研究及创业实践表明，在学习和生活中可以借助游戏的力量，让普通的事情变得像游戏一样精彩。例如，蚂蚁森林让种树这件事不再那么单一，而是一场关乎个人和集体的公益创新大赛。英国 VR 工作室 FitXR 开发的 VR 健身游戏"FitXR"，玩家可在虚拟教练的指导下进行高度沉浸的系统性训练。Akili Interactive 开发的一款治疗儿童多动症的游戏"EndeavorRx"获得美国食品药品监督管理局（FDA）的处方认证，成为全球第一款拥有临床随机试验数据支持且获批用于医疗的电子游戏。像《头号玩家》《刀剑神域：序列之争》中所描绘的那样，未来的游戏世界可能会成为现实世界的一部分，甚至与现实世界相融合，游戏将重塑和改变我们的世界。

通过对游戏机制的解构和重新设计，将游戏元素引入人们的现实生活中，让现实中的学习、生活、工作变得不再枯燥乏味，而是可以充分激发人们的热情与创造力，能有效地提升工作效率和幸福感。因为真正满足用户的，并不是游戏本身，而是游戏的运作机制，即那一套被精心设计出来的剧情、关卡、反馈及策略。游戏通过它特有的方式教育人们、鼓励人们，满足了人们在现实中无法满足的需求，获得了现实中无法获得的奖励。麦戈尼格尔认为：游戏有四个决定性特征，分别是目标、规则、反馈系统和自愿参与。①目标，就是玩家努力达成的具体结果。无论是打倒最终 BOSS，获得最高分数，还是完成故事剧情，它都吸引玩家参与进来。②规则，就是游戏中的运营规定，例如，要求玩家按照规定的行进路线和移动范围，玩家无法随心所欲，这就给玩家提供了挑战，激发玩家的思考和创造。③反馈系统，就是告诉玩家离目标还有多远，它通过分数、等级、进度条、HP 值等形式来体现，例如，BOSS 还剩多少血量，它给了玩家继续下去的动力。④自愿参与，所有玩家都可以自愿开始游戏或离开游戏，玩家能够持续玩某一个游戏，说明他接受了其规则和挑战，这一切都是自我选择，并非受到高压政策或强迫，否则，用户不可能获得愉悦感，游戏也将不可持续。因此，本书的一个重要目标就是系统化介绍游戏化营销的相关理论研究，并在中国的不同场景下进行一系列的实证研究。

本书是国内较早对游戏化进行研究的理论，笔者在国内率先对游戏化营销的相关领域进行了系统研究，是以"游戏化"为主题最早在国家社会科学基金一般项目中获得资助的学者。通过检索国家社会科学基金立项资助项目库，仅发现四项课题与游戏化相关，而且笔者是在管理学科领域较早对"游戏化"进行研究的学者。本书的学术价值在于，厘清了游戏化营销的基础理论、运营规律和管理策略，通过运用社会心理学、市场营销学、人机交互学以及创新学等多学科的知识对游戏化进行一次综合研究，这是国内全面系统地对数字营销中游戏化策略进行的前瞻性综合研究。本书不仅从消费者与企业价值共创的视角，对游戏化的使用场景和打造非凡的消费体验的过程进行了深入研究，而且还对游戏化对消费者的全面整体影响进行了分析，从而为科学有效地实施游戏化策略提供了理论支持。本书的学术价值主要体现在对游戏化营销不同效果的实证支持以及对虚拟昵称和虚拟代言人作为游戏化元素的场景洞见。

笔者以"Gamification"相关主题展开的研究已取得较为丰硕的成果，在国外 SSCI 期刊发表论文四篇，还有多篇论文正在国内外期刊的审稿流程中。基于本书的研究目标，以"游戏化""游戏元素""社交媒体使用""虚拟 CSR 共创"等为主题，通过实验室实验、网络问卷、实地调研等方式，累计在不同渠道发放调查问卷约 7500 份，回收有效问卷约 5300 份，这为本书写作的顺利开展提供了重要的一手资料。本书对所涉及的研究对象如蚂蚁森林、芭芭农场的用户进行了深度访谈，访谈人数为 73 人；对不同企业的游戏化营销经理 32 人进行了深度访谈；对虚拟昵称的用户 25 人进行了焦点小组访谈，积累了宝贵的一手资料。笔者对"蚂蚁森林""蚂蚁庄园""芭芭农场"等 10 多个项目进行了详细的典型案例分析，并将其写入课堂的教学案例，提供给 MBA 学生和本科学生使用，起到了较好的学习效果。

本书遵循"提出问题—分析问题—解决问题"的逻辑，其总体逻辑关系如图 1 所示。

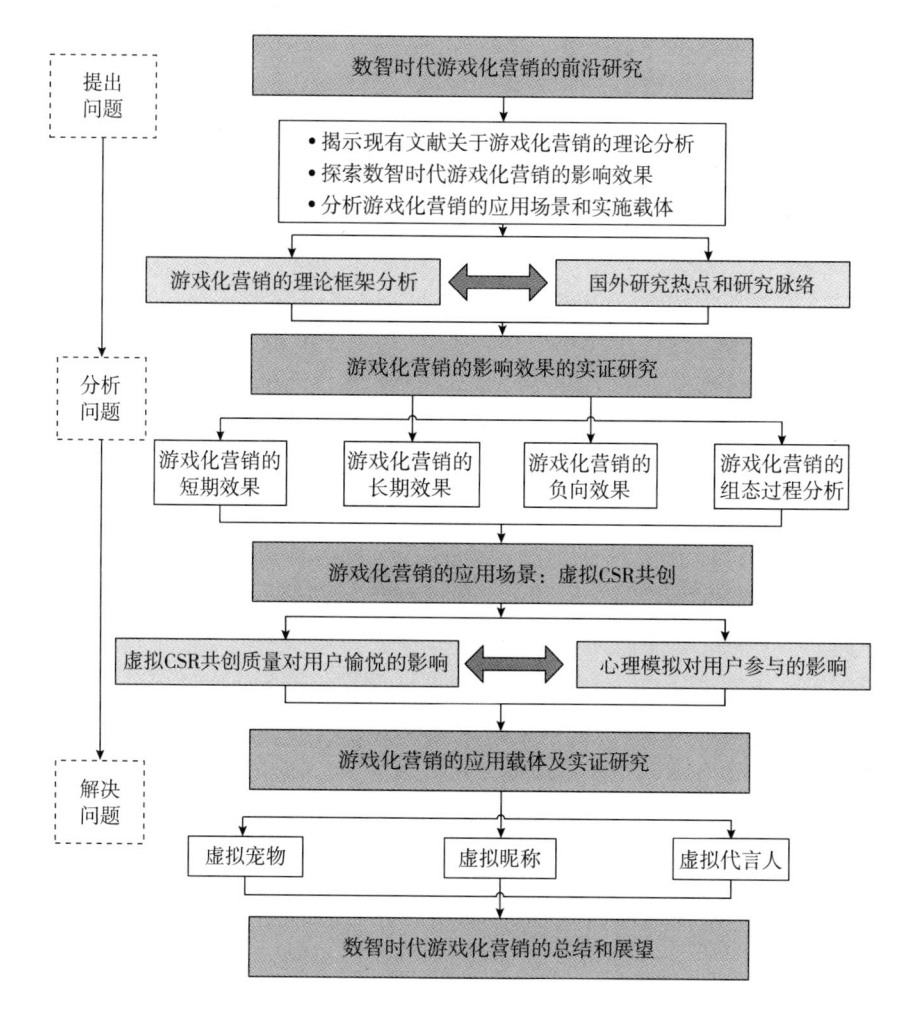

```
┌─────────┐      ┌──────────────────────────────┐
│ 提出    │      │   数智时代游戏化营销的前沿研究    │
│ 问题    │      └──────────────┬───────────────┘
└─────────┘                     │
                   ┌────────────────────────────┐
                   │ • 揭示现有文献关于游戏化营销的理论分析 │
                   │ • 探索数智时代游戏化营销的影响效果    │
                   │ • 分析游戏化营销的应用场景和实施载体  │
                   └────────────┬───────────────┘
          ┌──────────────────────┬──────────────────────┐
          │ 游戏化营销的理论框架分析 │◄──►│ 国外研究热点和研究脉络 │
          └──────────────────────┴──────────────────────┘

┌─────────┐      ┌──────────────────────────────┐
│ 分析    │      │   游戏化营销的影响效果的实证研究   │
│ 问题    │      └──────────────────────────────┘
└─────────┘
      ┌──────────┬──────────┬──────────┬──────────┐
      │游戏化营销的│游戏化营销的│游戏化营销的│游戏化营销的│
      │ 短期效果  │ 长期效果  │ 负向效果  │组态过程分析│
      └──────────┴──────────┴──────────┴──────────┘

              ┌──────────────────────────────┐
              │  游戏化营销的应用场景：虚拟CSR共创 │
              └──────────────┬───────────────┘
      ┌────────────────────────┬────────────────────────┐
      │ 虚拟CSR共创质量对用户愉悦的影响 │◄──►│ 心理模拟对用户参与的影响 │
      └────────────────────────┴────────────────────────┘

┌─────────┐      ┌──────────────────────────────┐
│ 解决    │      │   游戏化营销的应用载体及实证研究   │
│ 问题    │      └──────────────────────────────┘
└─────────┘
          ┌──────────┬──────────┬──────────┐
          │ 虚拟宠物  │ 虚拟昵称  │ 虚拟代言人│
          └──────────┴──────────┴──────────┘

              ┌──────────────────────────────┐
              │   数智时代游戏化营销的总结和展望   │
              └──────────────────────────────┘
```

图 1　本书的总体框架

本书总共分为四篇，共十二章。

第一篇主要探讨了数智时代背景下游戏化营销的前沿研究。第一章对现有 WOS 数据库中关于游戏化营销的国外文献进行了梳理，提炼出一个文献分析框架。第二章对 WOS 数据库中游戏化营销的国外研究热点和研究脉络演进进行了分析，基于游戏化营销文献的发文量、国家分布图、发文机构分布图、关键词贡献分析、理论基础等方面对国外现有的研究成果进行了整理和分析，对游戏化营销发文现状的各个方面进行可视化分析和总结。

第二篇对游戏化营销影响效果进行了实证研究。第三章重点考察了游戏化营销对用户的购买意愿的短期影响。第四章则探究了游戏化营销对用户的长期持续意愿的影响。第五章主要是从情绪耗竭和心理抗拒的视角揭示了期望违背理论下游戏化营销可能存在的负向影响。第六章则应用QCA分析方法，对游戏化营销的影响过程进行了组态分析。

第三篇主要研究了数智时代游戏化营销的一种独特的应用场景：虚拟CSR共创。第七章将游戏共创质量作为驱动因素，重点考察了游戏共创系统质量、信息质量对用户游戏愉悦的影响，应用D&M信息系统成功模型，从顾客契合的视角，丰富了游戏共创的影响效果研究。第八章以虚拟CSR共创为游戏化的研究情境因素，发现游戏化可以应用于虚拟CSR共创的情境中，主要得出用户虚拟CSR共创的心理模拟能够驱动用户的参与行为的结论。

第四篇主要研究了数智时代游戏化营销的应用载体。其中，第九章以虚拟昵称为游戏化的载体因素，发现游戏化可以应用于虚拟昵称的场景中，其中虚拟探索、社交导航、情境适应有助于提升用户的集体自尊和群体认同，进而提升网络在线互动。第十章以动画Logo为虚拟代言人的载体因素，发现游戏化可以应用于动画Logo的载体中，其中可爱度、专业度和一致性对用户的类社会互动和广告效果有直接影响，其中成人玩兴起到了调节作用。第十一章以虚拟宠物为游戏化营销的载体因素，通过三个情景实验对虚拟宠物可爱度与个体网络助人行为之间的关系进行了实证研究。结果表明，可爱的虚拟宠物对个体的网络助人行为有显著的正向影响，类社会互动在虚拟宠物可爱度与个体网络助人行为之间起部分中介作用，而自我构念在虚拟宠物可爱度、类社会互动与个体网络助人行为关系之间均存在调节作用。第十二章从游戏化营销的发展趋势、多元化的应用场景以及未来的发展建议和展望方面进行了整理。

作为一本理论书籍，本书相关内容已在国外高水平期刊正式发表，获得了一些国外同行的认可。当然，本书也存在一些不足之处：首先，本书的主要研究均是在中国进行，没有在更广阔的全球文化背景下，比较游戏化运营机制和效果的差异。由于不同文化对游戏的态度会存在较大的差异，这一效应可能会受到文化因素的影响。其次，本书主要是以实证研究的方式进行，对特殊行业，例如，特殊教育、老年人医疗健康管理等领域，由于数据的可得性，未来可以通过深度访谈以及典型的案例研究来进行，得到更加贴合研究情境的有用结论。最后，本书成果主要是在数智时代背景下的社交媒体平台和虚拟社区上进行的，对于传统企业需要进行数字化改造的过程，特别是如何利用游戏化营销为企业数字化转型的工业互联网提供助力支持，还需要进一步研究。总之，本书是笔者在阅读了大量文献和对国内外游戏化营销的典型案例思考之后写作而成，通过将文献分析法、文献计量、实验研究以及案例研究相结合，试图为游戏化营销的理论渊源、影响过程、影响效果提供一个立体化的研究脉络。当然，由于笔者水平有限，受查阅资料和调查样本的局限等因素影响，不足之处在所难免，希望广大读者和后续研究者不吝指正，共同参与到游戏化营销这一新兴研究领域的探索过程中，为游戏化营销研究讲述中国故事，传递中国声音，贡献中国智慧。

周飞

2022 年 10 月

目 录

第一篇 游戏化营销前沿研究

第一章 数智时代背景下的游戏化营销前沿研究 ……………………… 3
 第一节 数智化时代 …………………………………………… 3
 第二节 游戏化概念内涵 ……………………………………… 8
 第三节 游戏化营销 …………………………………………… 11
 第四节 研究目标与意义 ……………………………………… 26

第二章 游戏化营销的国外研究热点和研究脉络演进分析 ……………… 30
 第一节 游戏化营销成为研究热点 …………………………… 30
 第二节 游戏化营销的 CiteSpace 及 VosViewer 分析 ………… 31

第二篇 游戏化营销影响效果的实证研究

第三章 游戏化营销对购买意愿的影响过程研究 ……………………… 53
 第一节 研究缘起 ……………………………………………… 53
 第二节 游戏化营销效果的影响因素 ………………………… 55
 第三节 基于时间贫穷和品牌炫酷度的模型构建 …………… 57
 第四节 研究设计 ……………………………………………… 59
 第五节 实证分析与结果 ……………………………………… 61
 第六节 研究结论与启示 ……………………………………… 70

第四章　游戏化移动 APP 驱动用户长期持续使用的影响分析 …… 75

第一节　研究缘起 …… 75
第二节　游戏化交互 …… 76
第三节　感知利益与用户持续使用意愿 …… 79
第四节　研究设计 …… 82
第五节　实证分析与结果 …… 83
第六节　研究结论与启示 …… 87

第五章　游戏化的另一面：用户心理抗拒和情绪耗竭的双重视角 …… 89

第一节　研究缘起 …… 89
第二节　短视频游戏和游戏化盛行 …… 91
第三节　基于违背期望理论的模型构建 …… 92
第四节　研究设计 …… 101
第五节　实证结果与分析 …… 103
第六节　研究结论与启示 …… 111

第六章　基于游戏化可供性对高质量游戏化效果的组态分析 …… 116

第一节　研究缘起 …… 116
第二节　基于 MDE 模型的研究框架构建与条件选取 …… 117
第三节　不同游戏化路径的组态效应分析 …… 122
第四节　组态结果与分析 …… 130
第五节　研究结论与启示 …… 140

第三篇　游戏化营销的应用场景及实证研究

第七章　虚拟 CSR 共创质量对用户游戏化愉悦的影响研究 …… 145

第一节　研究缘起 …… 145
第二节　信息系统成功模型 …… 146
第三节　虚拟 CSR 共创质量与游戏化愉悦 …… 148
第四节　研究设计 …… 151
第五节　实证结果与分析 …… 152
第六节　研究结论与启示 …… 155

第八章　虚拟 CSR 共创情景下心理模拟对消费者参与的影响研究 …… 159

- 第一节　研究缘起 …… 159
- 第二节　虚拟 CSR 共创与心理模拟 …… 161
- 第三节　任务意义感知、目标距离和关系强度 …… 164
- 第四节　研究设计 …… 167
- 第五节　研究结论与启示 …… 175

第四篇　游戏化营销的应用载体及实证研究

第九章　网络昵称作为身份徽章对在线社会互动的影响研究 …… 181

- 第一节　研究缘起 …… 181
- 第二节　网络昵称及其使用动机 …… 182
- 第三节　关于自我决定理论的模型构建 …… 184
- 第四节　研究设计 …… 188
- 第五节　实证结果与分析 …… 189
- 第六节　研究结论与启示 …… 193

第十章　网站 Logo 作为虚拟代言人对广告效果的影响研究 …… 196

- 第一节　研究缘起 …… 196
- 第二节　品牌虚拟代言人与类社会互动关系 …… 197
- 第三节　基于 ELM 和意义迁移模型的研究框架 …… 198
- 第四节　研究设计 …… 201
- 第五节　实证结果与分析 …… 202
- 第六节　研究结论与启示 …… 206

第十一章　虚拟宠物可爱度对网络助人行为的影响研究 …… 209

- 第一节　研究缘起 …… 209
- 第二节　可爱度的概念 …… 210
- 第三节　类社会互动与自我构念 …… 212
- 第四节　研究设计与实证分析 …… 215
- 第五节　研究结论与启示 …… 224

结 语

第十二章　数智时代游戏化策略的总结与展望 ·················· 229
　　第一节　游戏化营销已成为数智时代的新风口 ·················· 229
　　第二节　游戏化应用场景不断丰富 ·················· 232
　　第三节　游戏化营销的建议和展望 ·················· 239

参考文献 ·················· 241

后　记 ·················· 256

第一篇
游戏化营销前沿研究

我们正处在由大数据和人工智能等数字信息技术引领发展的数智化时代，瞬息万变是这个时代的典型特征，企业需灵活应变，实现可持续健康发展，而众多学者认为游戏化营销是实现企业发展目标的有效策略。本篇对国内外游戏化营销的现有文献进行系统梳理。通过阅读本篇，读者可以对以下三个内容有更为深入的了解：

（1）数智化时代的内涵及特征。

（2）游戏化营销的概念内涵、要素构成及影响效果。

（3）游戏化营销的国外研究热点和研究脉络演进分析。

第一章　数智时代背景下的游戏化营销前沿研究

第一节　数智化时代

一、数智化的概念

自从"工业4.0"概念（Concept of Industry 4.0）被提及以来，数字赋能下的人工智能算法在学术研究和企业实践上都获得了极大的关注。"数智化"（Digital Intelligence）既是这一时代到来的鲜明特征之一，也是人类社会的各行各业对未来发展前景和工作生活的美好愿景。从数智时代的字面意义上来讲，"数"代表着数字化（digital）；"智"代表着智能化（Intelligence）。数智时代，就是组织智能算法，借助庞大算力，自主、实时分析数据，快速、精准解决用户问题的时代。大数据是生产资料，人工智能与新一代计算是生产力，区块链是生产关系，而5G与物联网则是基础工具与重要载体。这些新技术趋势，既有单项突破，又有关联协同，进而形成了一张无孔不入又无所不能的大网，彻底打通了工业革命建立的实体经济与互联网革命带来的虚拟经济。通过同步处理巨量在线大数据，企业需要对外部需求进行光速的传输反应，满足用户千人千面的差异性需求，减少营销过程中的资源浪费和无效工作，提高营销活动的精准性和有效性。在虚拟与物理世界交互、碳基（人）与硅基生命（机器人）并行的当下，传统的人、物理世界的二元空间，已经转变为人、机器人、物理世界、虚拟世界四元空间，这种情境的变化给组织和个人的成长都带来了巨大的不确定性和前所未有的机会。

2016年，韩国学者朴有贤在 *World Economic Forum* 发表的著作中首次规范地给出了"数智化"（Digital Intelligence）的概念框架，与数智化相关的学术研究框架自此被逐渐确定起来。截至目前，已有不少学者就数智化、人工智能与数字化结合等相关概念展开研究，不同学者根据自己的理解分别给出了数智化时代的相关概念及解释（见表1-1）。其中，以"DQ研究所"给出的数智化定义传播度最为广泛，该机构认为，数智化，也称数字智商（Digital Intelligence Quotient，DQ），带给我们的是一套关于技术、认知、元认知和社会情感能力的全方位智能化机制，它以普适道德价值观为基础，赋予了每个社会个体顺利应对数字生活挑战的能力。在此基础上，本书将数智化（Digital Intelligence）定义为一系列包含科学技术、认知分析、社交和情感能力等在内的即时智能算法组合，是以数字信息技术为核心驱动力的大数据与人工智能的进一步深度融合。数智化可以帮助个人更好地应对数字生活的各项任务挑战，解决数字时代关于配置内容、配置方式和数量等非智能化问题，极大地提高了个体的工作绩效和组织的运营效率。

表1-1 现有文献中关于数智化的定义列举

现有文献中关于数智化（Digital Intelligence）的定义	来源及出处
Digital Intelligence is a comprehensive set of technical, cognitive, meta-cognitive, and socioemotional competencies that are grounded in universal moral values and that enable individuals to face the challenges and harness the opportunities of digital life	https：//www.dqinstitute.org/（DQ INSTITUTE）
数智化以普遍的道德价值观为基础，是一个集现今技术、认知思维、元认知和社会情感能力于一体的完整系统，社会个体在数智化的帮助下可以更好地利用数字化优势以面对数字生活和工作中的挑战	
A combination of 8 proposed intelligence: intrapersonal, interpersonal, musical, logic mathematical, linguistic, spatial, bodily-kinesthetic and naturalist	Digital Intelligence: The Evolution of A New Human Capacity（Battro, 2009）
数字化是关于自然个体、人际关系、音乐、逻辑数学、语言、空间、物理运动、社会自然八个方面的智能化组合	
Digital Intelligence is an individual's ability to decode and manipulate information and knowledge by use of digital technology and transfer them into the digital environment	Digital Intelligence Fostered by Technology（Adams, 2004）
数智化是指社会个体通过数字技术对数据化的信息和知识等进行解码、分析、利用，然后将其转移到数字环境中的过程	
数智化时代的本质是一场以数字信息技术驱动的一轮经济社会变革，是人类社会迈向智能算法社会，进入平台经济的标志	数智化时代下企业社会责任的创新与治理（阳镇、陈劲，2020）

续表

现有文献中关于数智化（Digital Intelligence）的定义	来源及出处
Digital Intelligence (also known as digital intelligence quotient (DQ)) refers to an all-encompassing set of technical, cognitive, social, and emotional competencies that enable individuals to face the challenges of digital life	A Primer on Multiple Intelligences cham (Sadiku 等，2021)
数字智能（又称数字智商），是指技术赋能下帮助人们更好地面对数字生活挑战的、有关认知分析和情感能力等各个方面的一套完整系统	

资料来源：笔者整理所得。

"数智化"完全不同于以往提出的"数字化"，具体来说，数字化打通了企业信息孤岛，释放了数据价值，实现了组织互联，使组织从传统的部门分工模式转向网络互助。而数智化则是以"数字化""人工智能"等机器学习技术为基础的新一代产业升级与技术变革的过程，可以简单地将其理解为"数字化+智能化"的变革升级，其本质是数字算法与人工智能的进一步结合，即在实现万物互联的基础上进行的新一轮的数据智慧精炼，以促进应用赋能和价值落地，加速科技—社会—经济向发展新范式的根本转变。企业在从"数字化"加速向"数智化"演进的过程中，所面临的改变与挑战是多层面的。首先，从最基础的技术支撑来看，数字化依托于传统的 IT 结构，而数智化则依托于云计算、数据中台和移动端等技术，拥有一套完整的 DT（Data Technology）及 AIot 技术，AIot 即 AI+IOT，是人工智能（AI）与物联网（IOT）技术的结合。其次，从服务目标来看，数字化技术更加侧重于产品产出，核心目标是解决产品制造过程中的矛盾，而数智化的关注点在于如何提升顾客体验，构建人性化生态环境，以人为本是数智化的核心所在。最后，从运营体系来看，数字化实现了企业内部各部门的联通以及部分生产链企业的联通，是一个相对闭环的运营体系，而数智化则以消费者为核心，构建了一套实时感知、即刻响应、全程学习的新型架构，是一个完整周期的全局优化开放技术体系。除上述所举之例外，数智化还在信息捕获、管理分析和数字交互等多领域进行了优化升级，总之，数智化时代的来临既是挑战，也是机遇。如果企业能准确把握消费主权崛起的机会，顺应消费需求的多元化、趣味化、个性化，将会为企业发展赢得巨大的优势。

二、数智化时代对企业营销能力提出了全新要求

数智化正在迅速地改变着世界，截至目前，数智化算法已成功应用于零售、旅游、医疗、教育等多个行业。例如，在医疗保健中，算法被用于手术成像、智能诊断等个性化医学（Castelluccia and Le Métayer，2019）；Robo-Advisors 被用来做出算法投资决策（Zhang et al.，2021）；管理人员使用智能算法来预测产品需求（Kawaguchi，2021）、雇用员工（Diab et al.，2011）；营销人员使用算法控制自动化业务流程，从数据中获得市场热点，并通过基于程序的算法生成消费者和市场细分（Davenport et al.，2020），以及Siri、小爱等智能虚拟助手正在承担起客户服务作用（Rapp et al.，2021）。

但是，数智化时代的来临将对传统的产业组织模式、高级人才培养以及社会治理等多方面产生颠覆性影响，这对企业营销提出了新的能力要求。根据数智化的研究概念框架，数智化时代对我们提出了24种能力要求，覆盖8个相互关联的领域，分别是数字身份、数字使用、数字安全（Digital Safety）、数字安全（Digital Security）、数字情商、数字通信、数字素养和数字权利，这些能力也称为DQ数字公民能力，详细解释说明如图1-1所示。

	数字身份（Digital Identity）	数字使用（Digital Use）	数字安全（Digital Safety）	数字安全（Digital Security）	数字情商（Digital Emotional Intelligence）	数字通信（Digital Communication）	数字素养（Digital Literacy）	数字权利（Digital Rights）
数字公民（Digital Citizenship）	数字公民身份（Digital Citizen Identity）	共造者身份（Balanced Use of Technology）	行为网络风险管理（Behavioural Cyber-Risk Management）	个人网络安全管理（Personal Cyber Security Management）	数字同理心（Digital Empathy）	数字足迹管理（Digital Footprint Management）	媒体和信息素养（Media and Information Literacy）	隐私管理（Privacy Management）
数字创意（Digital Creativity）	数字共造者身份（Digital Co-Creator Identity）	健康使用技术（Healthy Use of Technology）	内容网络风险管理（Content Cyber-Risk Management）	网络安全管理（Network Security Management）	自我意识与管理（Self-Awareness and Management）	在线交流与协作（Online Communication and Collaboration）	内容创建和计算素养（Content Creation and Computational Literacy）	知识产权管理（Intellectual Property Rights Management）
数字化竞争力（Digital Competitiveness）	数字共造者身份（Digital Changemaker Identity）	健康使用技术（Civic Use of Technology）	内容网络风险管理（Commercial and Community Cyber-Risk Management）	组织网络安全管理（Organisational Cyber Security Management）	关系管理（Relationship Management）	公共和大众传播（Public and Mass Communication）	数据和人工智能素养（Data and AI Literacy）	参与式权限管理（Participatory Rights Management）

图1-1 数智化能力

资料来源：笔者研究整理。

（1）数字身份：创造和管理一个人的在线身份和声誉（所谓的在线自我）的能力，这包括了解一个人的在线身份以及控制一个人的在线身份的短期和长期影响。

（2）数字使用：使用数字设备和媒体的能力，并能够实现在线和离线生活之间的健康平衡。

（3）数字安全（Digital Safety）：管理在线风险（如网络欺凌、矛盾激化）和规避有害内容（如暴力和淫秽）的能力。

（4）数字安全（Digital Security）：检测网络威胁（如黑客攻击、诈骗、恶意软件）并能了解核实处理方式以及使用恰当工具保护数据的能力。

（5）数字情商：具有同情心并能够在网上与他人建立良好关系的能力。

（6）数字通信：使用数字技术和媒体与他人交流和协作的能力。

（7）数字素养：查找、评估、利用、共享和创建内容的能力以及计算分析思考的能力。

（8）数字权利：理解和维护个人合法权利的能力。

从数智化时代对我们的能力要求不难看出，数智化时代的生活工作方式也将会促使我们当下的生活方式完全数字升级，我们将会在一个数字技术与人工智能共同加持的社会环境下进行消费、医疗、受教育……在线形象将会代表现实个体进行人际互动和沟通，在线生活也将会是我们未来生活的重要组成部分，各行各业也将在数智化的驱动下进行新一轮的变革升级。

三、数智化为游戏化营销提供了技术和场景支撑

数字化、智能化已成为国家战略和时代趋势。在数智时代，以大数据、人工智能、区块链以及物联网等新兴技术为主导的新一代信息技术，正在以惊人的速度席卷全球，渗透各个产业。企业必须以更加灵捷的姿态应对动荡时期的诸多不确定性、多变性、复杂性的挑战。从交易处理，到集中管控，再到卓越运营和数智营销，企业需要借助智能技术+全场景经营，重塑营销新模式。数智时代的到来对各行各业的发展革新营造了全新的环境条件。就营销领域来说，营销方式正在由之前粗犷的"海投"转变为依托于移动设备大量使用而生的移动营销，数据和算法技术开始主导营销的全新方向。人工智能开始在营销中广泛应用，智能算法使机器工具可以通过不断收集和分析客户互动中的数据来学习客户习惯，例如，谷歌助手、iPhone Siri、亚马逊 Echo 和丝芙兰的语音机器人（Chintalapati and Pandey，2022），智能助手的出现极大地便利了人们的生活。

人作为个体，其个性化、想象力与创造力，将在数智时代得到巨大的解放。而这种解放意味着，人类个体在输入端获取知识，以及在输出端发挥价值，将促使人们不再画地为牢，不再受到地域、语言、时间与组织等种种限制。而同时，通过"智能技术+游戏化"的运营方式将更能牢牢抓住消费者的情绪，为企业开创一片全新的蓝海市场。AI 与 VR 技术的有效结合也是当下营销发展的新趋势，为游戏化营销提供了强有力的技术支撑（Xi and Siau，2020）。AI 和 VR 的结合引领了一种新的思维方式和任务执行方式，在虚拟世界中两者的结合大幅提升了用户的体验感，为用户带来了类游戏化的沉浸交互，这将是数智化时代新营销形式的强大推力。

阿里巴巴与腾讯两大互联网头部企业借助企业的先天优势，率先涉足游戏化领域，为数智时代下游戏化营销的成功应用提供了典型案例。阿里巴巴在支付宝推行蚂蚁种树活动游戏，人们可通过日常的支付活动、行走捐步等途径获取森林能量，积攒到一定数额便可兑换成树苗，由平台将其安置在沙漠地区。使用者们通过趣味性的小游戏实现了公益环保的目标，获得了较大的成就感，支付宝通过该游戏增加了消费者与平台之间的互动性，促进更多用户使用其软件，是典型的目标清晰的游戏化策略成功运用。腾讯在微信 APP 推出的"运动排行榜"，对好友列表的行走步数进行排序，排名第一者可以占领排行榜的封面，同时其用户可对好友的运动状态予以点赞，有益于用户每日的健康活动，也增进了朋友之间的互动交流，强化其所倡导的"朋友圈"概念。微信加入这种趣味性的元素"排行榜"与客户建立了联系，增强了用户的参与度。数智时代的来临，为游戏化的盛行提供了天然的场景和技术支撑，推进了用户与企业的价值共创进程。

第二节　游戏化概念内涵

根据前文所述，游戏化（Gamification）指的是将系统、服务、组织和活动以娱乐化的方式转型，进而带给用户类游戏（Gameful）的体验、激励以及技能的过程，接下来本书将对"游戏化"概念进行更深一层的辨析和拓展。

伴随元宇宙的东风，游戏应用的场景越来越多变，游戏的制作手段也越来越高明，娱乐游戏的爆炸性发展时代来临。很多学者也敏锐地观察到了这一变化，部分学者认为对游戏的研究不能仅仅停留在网络游戏或者线下玩乐这些纯粹的游戏娱乐场景，而应把对游戏的研究范围扩大到日常生活中的非游戏场景中。用游戏的视角，为生活场景增加娱乐性、互动性、参与性。其中，将游戏应用到非游戏的场景中，学者们又提出了两个比较重要的概念：游戏化和严肃游戏。

与其他游戏不同的是，严肃游戏的出现并不是以娱乐为首要目的，而主要是为了知识传递以及技能的训练和养成。从一定程度上来说，严肃游戏属于游戏创新的衍生物。现阶段，学者主要围绕严肃游戏的时间探索和内容分析展开。从应用场景上来看，严肃游戏的开发也遵从游戏化的主要特征，进而实现严肃游戏开发的目标。其表现形式主要是利用游戏元素将学习过程设计成游戏关卡，通过游戏本身的趣味性以及激励性质，促进知识学习，以达到预定学习目标，把游戏优势嫁接到知识吸收当中。但值得注意的是，严肃游戏在本质上仍然是游戏学的研究范围，游戏化的本质区别在于其跳脱出游戏本身的空间限制，能更加灵活地运用到非游戏场景当中。

此外，基于游戏的学习、严肃游戏和游戏化三个概念容易混淆，从广义上来说，三个概念都代表了寓教于乐的不同形式。从狭义上来说，三者在具体的使用中存在差别。基于游戏的学习是一种学习方法，而严肃游戏是一种游戏产品，而游戏化本身不是游戏，而是把游戏机制运用到非游戏的情景中。具体差异如表1-2所示。

表1-2 三种不同概念的比较

	基于游戏的学习 Game-Based Learning	严肃游戏/应用游戏 Serious Games/Applied Games	游戏化 Gamification
含义	以游戏贯穿整个学习和实践	符合特定学习目标的定制游戏	将游戏元素应用到非游戏情境中
使用原因	提高参与度 转换知识 学习新技能 抽象知识	提高参与度 提升外部和内部学习动机 抽象知识 转化知识 训练新技能 树立认知 改善行为	提高参与度 增加学习或训练中外在动机
使用方法	通过现有的游戏完成学习目标	为学习目标定制的游戏	在现有的学习训练中，外部添加游戏机制
应用领域	在班级教师指导下完成	班级、企业、公共空间	电子学习平台、班级、公共空间
适用对象	学生、团体成员	可为个人和团体量身定制	有竞争倾向的人、绩效导向

资料来源：映魅咨询《游戏化学习研究报告2021》。

有关游戏化的界定，主流学者认为，"游戏化"应当具有游戏的互动以及设计，具体表现在界面内容、运行框架、奖励机制等方面，且研究的侧重点在于在游戏化场景当中参与主体的体验。尽管游戏化已经引起了卫生健康、教育、营销、人机交互等各个领域学者的关注，但游戏化概念在学界至今仍没有达成共识。

本书将游戏化内核聚焦在以下三种视角：游戏元素、用户体验、目的视角。它们分别代表了游戏化的不同阶段：游戏事前设计、游戏过程体验、游戏行为效果。本书通过对前人的研究进行梳理，进一步对游戏化的定义进行归纳总结，如表1-3所示。

表1-3 游戏化定义的界定

视角	所属阶段	学者	游戏化定义
游戏元素	游戏事前设计	Bunchball（2010）	"游戏化"是在虚拟社区运营和互联网服务运营中设计游戏元素
		Deterding 等（2011）	将一系列具体的游戏原则、游戏机制、游戏方法、游戏交互界面等游戏设计元素应用于非游戏环境，用于影响、吸引和激励个人、团体与组织的行为，以达成预期目标
		Penenberg（2013）	"游戏化"通过系统的规则和方法形成一定的制度，拥有良好的成瘾性机制，能够确保激励机制的运行
		Tobon 等（2020）	"游戏化"采用在非游戏场景中加入游戏元素的理念，在虚拟环境中建立完整游戏或是引入部分游戏元素或者游戏功能的技术手段
用户体验	游戏过程体验	Zicherman 和 Linder（2010）	"游戏化"通过在商业活动中运用游戏，可以帮助企业提高顾客和员工的体验
		Robson 等（2015）	借助游戏领域的经验使传统领域的组织过程变得更加有趣，为消费者提供类游戏化的体验
		Huotari（2017）	企业为了给用户创造价值，通过提供游戏体验来实现服务增值的过程
		Koivisto 和 Hamari（2019）	游戏化是一种通过类似于游戏所创造的示能性体验来增强服务的设计方法
目的视角	游戏行为效果	Zicherman 和 Cunningham（2011）	利用游戏思维和游戏机制推动企业问题解决与增加用户参与
		Werbach 和 Hunter（2012）	利用游戏的机制、美学和游戏思维来吸引使用者、激励行动，促进学习和解决问题
		Oliveira 等（2022）	将游戏设计的方法和机制用于解决组织实际问题或吸引特定观众

一般情况下，学者认为游戏化是指在非游戏环境中通过使用游戏设计元素或是特定的游戏机制，来改善顾客体验和用户参与度，强调利用系统化、科学化的游戏元素融入游戏化的应用场景，通过游戏框架的搭建以及趣味性包装，使活动吸引力大大提升。例如，Zicherman 和 Linder（2010）等将"游戏化"定义为"借助游戏的形式来实现与消费者的沟通与互动，从而实现企业经营目标的艺术与科学"，其代表学者还有 Bunchball（2010）、Penenberg（2013）、Deterding 等（2011）等。

从用户体验视角来看，游戏化注重用户的参与过程，把游戏化当作一种提升传统场景中的趣味性、用户体验、服务感受的方式，提出游戏化营销对价值共创有正向影响。当前在营销领域游戏化的相关研究稍显单薄，主要是从服务营销和用户体验的角度去研究游戏化给顾客带来的价值感知、服务增值，其中主要学者有 Zicherman 和 Linder（2010）、Robson 等（2014）和 Huotari（2017）等。从游戏化目的视角来看，其最主要的特点是，该类研究主要是对相关非游戏从业者进行实践指导，这一视角带有较强的目的性，组织者利用用户潜在的动机需求，通过游戏化的方式去激发参与感以及沉浸度，让用户产生一定的玩乐趣味、成就感、控制感和愉悦感。组织者通过创新活动的组织形式，改变用户的行为方式以求获得更高水平的参与效果，其中主要学者有 Zicherman（2010）、Kapp（2012）、Koivisto 和 Hamari（2019）等。综上我们不难看出，游戏化的核心不在于单纯的玩乐，而是游戏化是在非游戏的环境中运用到日常工作流程和任务中，并结合游戏的各个方面（如游戏特征、游戏原则、游戏思维等）吸引和激励参与者。

第三节 游戏化营销

一、游戏化营销的兴起背景

游戏化自始至终都深深植根于营销活动当中，抽奖活动、奖品兑换、会员奖励、老用户优惠等都是游戏化策略在营销活动中的运用。现阶段网络游戏和社交软件在电商领域的广泛应用，使利用"游戏化"元素改善用户体验、吸引顾客参与的营销手段成为一股新的潮流。再加上近两年大火的元宇宙概念刚好在游戏领域率先发力，"游戏化营销"已经成为"互联网+"时代下营销领域研究的热点话题。游戏化营销采用"游戏化"方式在营销场景中取得了不俗的实践成效，如带来更好的消费体验、激励用户高频次使用、提高用户留存并为顾客创造价值的正向作用。"游戏化"策略与营销活动相结合成为当前国内外学者和企业家的重点关注方向，因此，"游戏化营销"（Gamification Marketing）的概念应运而生。简单地说，游戏化营销是指通过动机激励因素，为受众提供更好的信息交互方式，用类游戏体验，为消费者实现价值的过程（Bittner，2014）。宁昌会和奚楠楠（2017）对国外游戏化营销的研究成果进行了详细的阐述，并对游戏化营销概念进行了界定，即游戏化营销（Gamification Marketing）是指为了给客户带来游戏化体验、实现企业与客户的价值共创而在营销活动中应用游戏设计元素的营销策略。

有研究发现，游戏化在识别需要、体验服务和评价服务等消费者参与服务过程的三个阶段中，有效地促进了顾客契合。经营者把排行榜、徽章、经验值、任务奖励、虚拟人物等游戏设计元素用于营销实践，利用消费者的胜负欲、游戏趣味性以及奖励激励感等因素，"迫使"消费者在游戏的过程中，在其品牌信息中视觉停留，从而形成品牌价值的感知，主动参与营销全过程，增强交流，提高用户忠诚度和销量等，从而有效占领市场。相比利益物质驱动，游戏化具有低成本特性，利用其玩乐特性，能通过提升消费者价值感知以及消费体验，来有效影响消费者现实中的购买决策行为，实现产品溢价。玩乐是人类的天性，人们在高度沉浸游戏类活动中能够产生积极情绪，产生幸福感，在玩乐过程中与品牌进行情感的交流，这样用户黏性会更加显著，让用户在感受趣味的同时，增加产品的购买频次，并愿意加入产品的优化和众包创新。

摩西科技 2022 年的一份调查报告显示，当代年轻人将游戏作为娱乐的首选方式，其次是音乐、电影、二次元等（见图 1-2），而且随着互联网的普及，游戏人群的年龄边界也在不断拓展。游戏，吸引的不再只是年轻人。据统计，我国 40 岁以上的移动游戏用户占比超过了 20%。

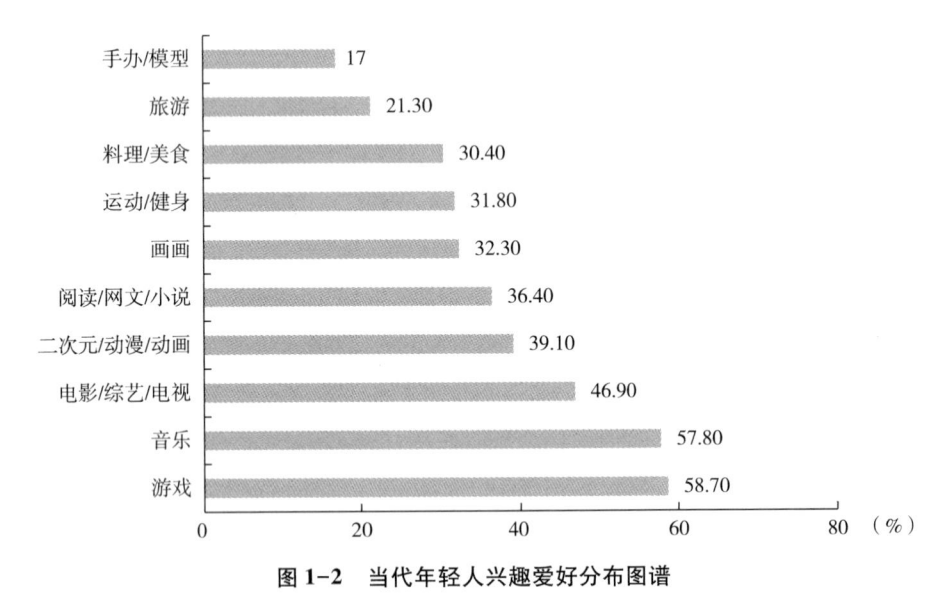

类别	百分比（%）
手办/模型	17
旅游	21.30
料理/美食	30.40
运动/健身	31.80
画画	32.30
阅读/网文/小说	36.40
二次元/动漫/动画	39.10
电影/综艺/电视	46.90
音乐	57.80
游戏	58.70

图 1-2　当代年轻人兴趣爱好分布图谱

资料来源：摩西科技《2022 营销游戏化洞察报告》。

根据摩西科技的调查数据，虽然蚂蚁森林在年轻群体中拥有非常高的知名度，但是电商平台和微信私域场景才是年轻人注意力的主要集散地。其中，淘宝、京东等电商平台使用游戏化营销的比重达到了 86%，如图 1-3 所示。

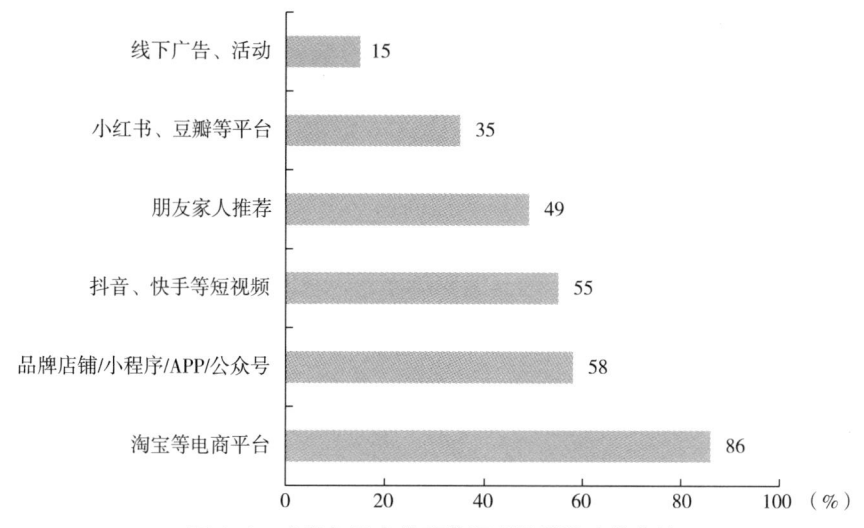

渠道	百分比
线下广告、活动	15
小红书、豆瓣等平台	35
朋友家人推荐	49
抖音、快手等短视频	55
品牌店铺/小程序/APP/公众号	58
淘宝等电商平台	86

图 1-3　当代年轻人从哪些渠道接触游戏化营销

资料来源：摩西科技《2022 营销游戏化洞察报告》。

游戏本身的趣味性比外在奖励要来得重要，"好友助力"同时帮助自己建立"社交货币"的重要方式。首先是 78% 的消费者表示"游戏本身好玩"才是他们愿意参与游戏化营销活动的首要条件，其次是"获得优惠"和"助力"（见图1-4）。游戏化营销背后的动机是年轻人的"悦己消费"和"孤独消费"。

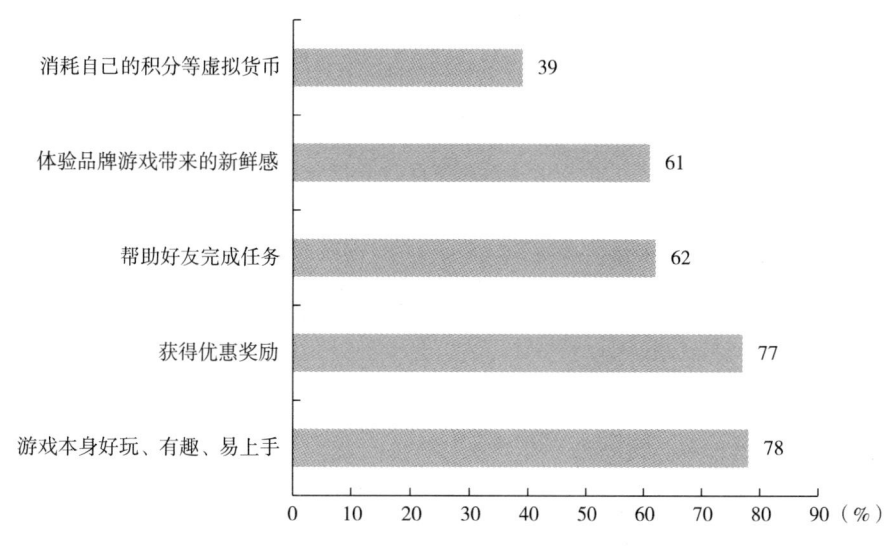

原因	百分比
消耗自己的积分等虚拟货币	39
体验品牌游戏带来的新鲜感	61
帮助好友完成任务	62
获得优惠奖励	77
游戏本身好玩、有趣、易上手	78

图 1-4　当代年轻人玩游戏化营销的主要原因

资料来源：摩西科技《2022 营销游戏化洞察报告》。

而当代年轻人更喜欢的游戏化营销类型首先是养成类，占比为88%。蚂蚁森林、多多果园、芭芭农场以及京东的免费水果都是养成类游戏。其次是消除类，例如，纯甄、华为、OPPO等商家均采用了"萌虎爱消除"类游戏（见图1-5）。

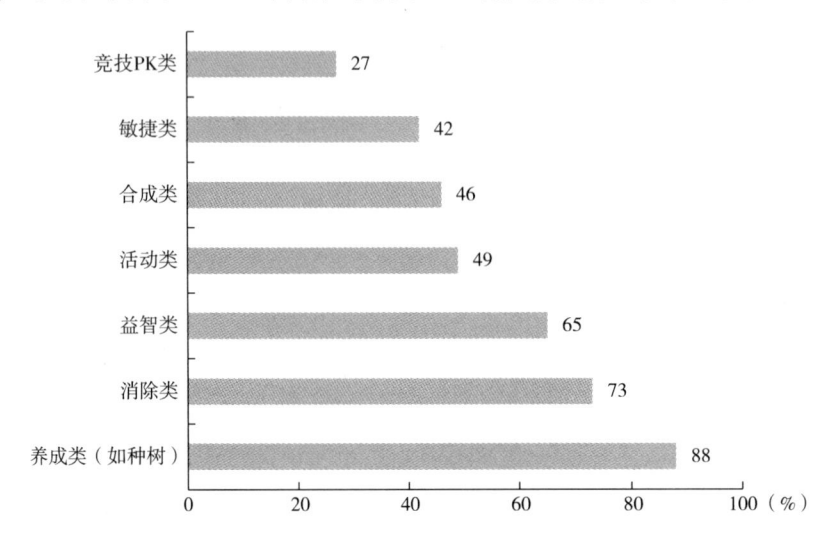

类型	占比(%)
养成类（如种树）	88
消除类	73
益智类	65
活动类	49
合成类	46
敏捷类	42
竞技PK类	27

图1-5 当代年轻人喜欢玩游戏化营销的主要类型

资料来源：摩西科技《2022营销游戏化洞察报告》。

当代年轻人更喜欢在游戏化营销中浏览指定页面、收藏店铺或商品、回答品牌问题，这表明游戏化营销能够转化为消费行为，是高黏性的私域流量（见图1-6）。

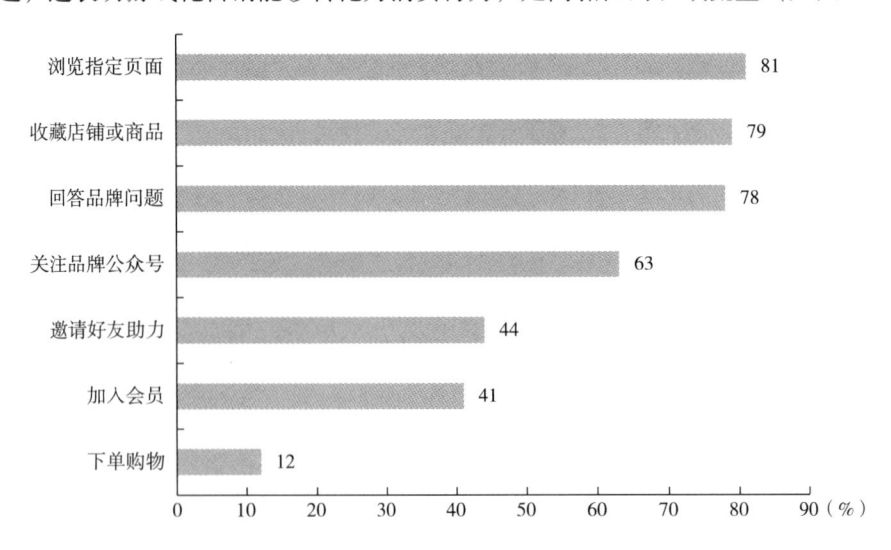

任务	占比(%)
浏览指定页面	81
收藏店铺或商品	79
回答品牌问题	78
关注品牌公众号	63
邀请好友助力	44
加入会员	41
下单购物	12

图1-6 年轻人愿意在游戏化营销中完成的任务

资料来源：摩西科技《2022营销游戏化洞察报告》。

而另一项研究表明，消费者的购物习惯已经向私域转变，接近80%的消费者愿意在私域中进行消费和分享。

58%的年轻人每天花10~30分钟参与游戏化营销，而且67%的消费者愿意坚持10天以上。另外，10%的消费者表示曾经参加过一款游戏化营销活动长达半年，如图1-7所示。

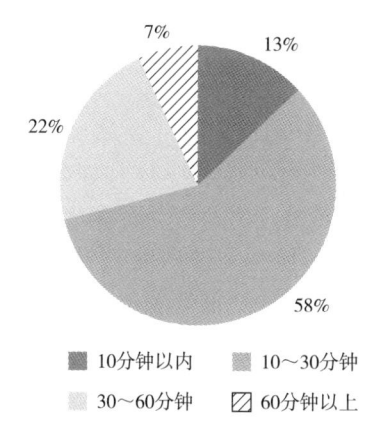

图1-7 年轻人愿意参与游戏化营销的时长

资料来源：摩西科技《2022营销游戏化洞察报告》。

消费者选择离开游戏化营销活动的主要原因是奖励兑换难度太高/套路太多，该原因占比73%，其次是奖励缺乏吸引力，占比66%，如图1-8所示。

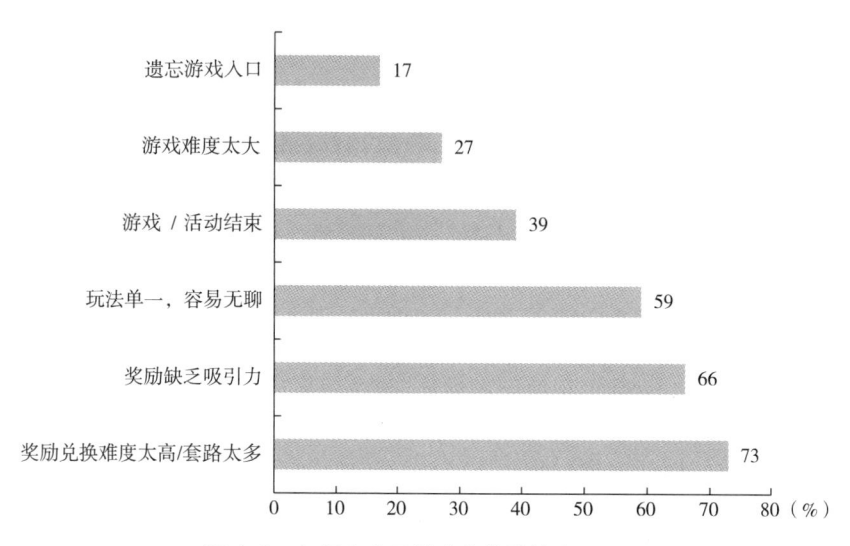

原因	占比(%)
遗忘游戏入口	17
游戏难度太大	27
游戏/活动结束	39
玩法单一，容易无聊	59
奖励缺乏吸引力	66
奖励兑换难度太高/套路太多	73

图1-8 年轻人离开游戏化营销的主要原因

资料来源：摩西科技《2022营销游戏化洞察报告》。

二、基于游戏化营销分析框架的文献回顾

（一）框架的选择以及组建

为了更好地通过梳理来构建游戏化营销与相关变量的关系，本书参考"需求—示能性—特征"（Needs-Affordances-Features）这一框架，来梳理对游戏化在营销领域当中应用场景的理解。本框架主要根据 Koivisto 和 Hamari（2019）、Huotari 和 Hamari（2017）等的观点，从用户的心理体验视角出发，着重关注用户的主观感受。该部分学者认为游戏化是一种通过类游戏示能性体验来增强服务的设计方法，支持用户价值创造的过程体验。根据需求—示能性—特征（Needs-Affordances-Features）框架，系统技术特征能向用户传递多种示能性，进而满足用户多种心理需求并激励参与行为，本书以此为基础绘制了近年来游戏化相关文献研究变量图谱，旨在为游戏化营销领域的未来研究提供一些指导。由于论文数量的局限性，在所绘框架不能尽善尽美地涵盖所有游戏化营销论文，并不是所有与游戏化营销有关的变量都包括在内。本书研究主要聚焦于那些在最近几年中被证明与研究人员相关的变量，并确定了一些值得在未来研究中探索的变量。通过对消费者行为决策和游戏化营销两个领域的文献回顾，发现虽然大量游戏化营销研究的结果各不相同，但是共同点是大多数研究发现游戏化元素、功能等技术特征对消费者行为决策具有显著影响，且游戏化技术特征能有效激发消费者的心理动机。该框架的结构如下：首先描述了游戏化的特征；其次区分对游戏化品牌的心理反应、认知反应以及对游戏产品和品牌的实际行为；最后该框架还考虑到了影响游戏化玩家反映的个人及社会影响因素，如图1-9所示。

（二）游戏化特征（示能性）

示能性主要用来表现个体感知到的环境特性，最早由生态心理学家 Gibson 提出。目前示能性广泛应用于人机交互领域，Norman（1988）将其分为真实示能性和感知示能性。真实示能性侧重点在于关注设计者对产品赋予实际属性，而感知示能性更加关注用户在环境中自身行为、交互对象的感受或理解。由于认知不同，设计师设计的真实示能性与用户实际感知到的示能性之间可能存在差异，而这种差异可能对用户体验产生负面影响。因此学者强调在日常产品的交互设计与评价中，设计人员应聚焦于使用者的认知体验而非产品自身的客观属性。随着众多学者对示能性进行了深入的阐释和细分，学界构建了感知示能性综合概念框架，将感知示能性划分为感知物理示能性、感知认知示能性、感知情感示能性和感知控制示能性四部分，用于指导游戏化营销策略制定过程中的用户体验设计研究。

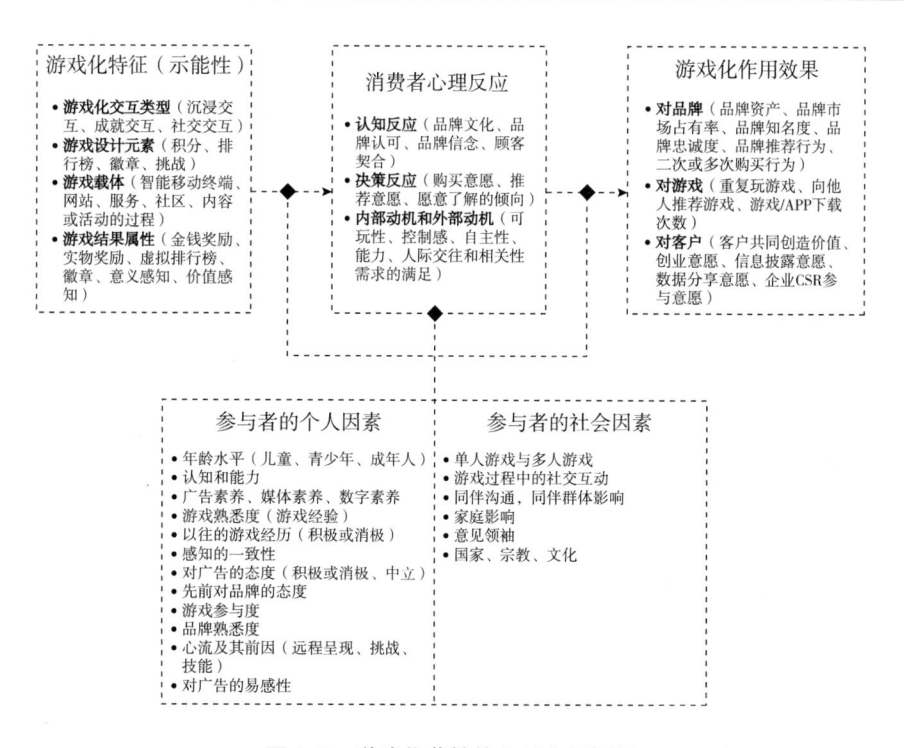

图 1-9 游戏化营销的文献分析框架

游戏化特征（示能性）
- **游戏化交互类型**（沉浸交互、成就交互、社交交互）
- **游戏设计元素**（积分、排行榜、徽章、挑战）
- **游戏载体**（智能移动终端、网站、服务、社区、内容或活动的过程）
- **游戏结果属性**（金钱奖励、实物奖励、虚拟排行榜、徽章、意义感知、价值感知）

消费者心理反应
- **认知反应**（品牌文化、品牌认可、品牌信念、顾客契合）
- **决策反应**（购买意愿、推荐意愿、愿意了解的倾向）
- **内部动机和外部机**（可玩性、控制感、自主性、能力、人际交往和相关性需求的满足）

游戏化作用效果
- **对品牌**（品牌资产、品牌市场占有率、品牌知名度、品牌忠诚度、品牌推荐行为、二次或多次购买行为）
- **对游戏**（重复玩游戏、向他人推荐游戏、游戏/APP下载次数）
- **对客户**（客户共同创造价值、创业意愿、信息披露意愿、数据分享意愿、企业CSR参与意愿）

参与者的个人因素
- 年龄水平（儿童、青少年、成年人）
- 认知和能力
- 广告素养、媒体素养、数字素养
- 游戏熟悉度（游戏经验）
- 以往的游戏经历（积极或消极）
- 感知的一致性
- 对广告的态度（积极或消极、中立）
- 先前对品牌的态度
- 游戏参与度
- 品牌熟悉度
- 心流及其前因（远程呈现、挑战、技能）
- 对广告的易感性

参与者的社会因素
- 单人游戏与多人游戏
- 游戏过程中的社交互动
- 同伴沟通，同伴群体影响
- 家庭影响
- 意见领袖
- 国家、宗教、文化

示能性有以下三个优点：①用户在游戏化的技术特征中能感知到示能性，并结合自身主观感受产生多种游戏化示能性，满足用户的心理需求，继而激发用户的消费行为。②感知示能性概念与本身就从用户体验视角出发，对产品的用户体验设计（User Expeience Design，UED）与评估工作的开展具有重要的理论参考价值。③该框架能够帮助从业者更好地评估和理解用户的体验和需求，弥合游戏化产品构件设计初衷与用户实际感知信息之间的差异，不断缩小设计理念与用户实际感知的距离，进而优化用户体验，提升营销效果。

表 1-4 展示了常见的游戏化技术特征，包括沉浸交互、成就交互、社交交互等手段；游戏积分、排行榜、徽章、挑战等设计元素；智能移动终端、网站、服务、社区、内容或活动等游戏载体；金钱奖励、意义感知、价值感知等游戏结果属性。游戏化利用游戏设计元素来增强情感和认知（Harwood and Garry，2015），过去的研究表明，游戏化在鼓励可持续的节水行为（Koroleva and Novak，2020）、生态驾驶（GÜNther et al.，2020）和可持续旅游实践（Negrosa et al.，2015）方面具有初步的效果。人们喜欢通过奖励参与竞争活动的过程，即使奖品有可能价值不高或是虚拟物品。游戏化营销利用了游戏的特点，并将其应用到营销中。在这一过程中，人们的竞争意愿和赢得奖励的意

愿可以成为提高他们对品牌、产品或服务忠诚度的催化剂。游戏化营销有可能提高人们的参与度，但很少有学者将其应用于实际研究，尤其是在营销环境中。与传统营销工具相比，游戏化营销在品牌产品或服务方面没有时间或空间限制。其他一些传统媒体通常是一次性传播，因此人们接触营销信息的机会较少。此外，游戏化营销还具有与游戏一样的互动娱乐功能。通过强大的互动，游戏化营销活动可以增强人们对品牌的归属感和认同感。当与系统或游戏化过程中的其他参与者交互时，用户会有各种类型的情绪和不同的体验。这将直接或间接地影响品牌评估（Herrewijn and Poels，2013）。

表1-4　游戏化示能性及其典型技术特征相关研究

游戏化示能性	研究结论	作者
游戏化交互（沉浸交互、成就交互、社交交互）	游戏化互动性影响用户持续使用意愿	Zhou 等（2022）
	基于 AR 游戏中的积分系统可以提升社交互动	Liu 等（2017）
	游戏化可以提升印度年轻女性在线消费者的社交互动意愿	Raman（2021）
游戏化设计元素（积分、排行榜、徽章、挑战、奖励）	排行榜和游戏化元素购买行为与学习表现有正向影响	Hsu 和 Chen（2018）
	增强用户对能力的感知能促进用户对在线社区的贡献	Chen 和 Chou（2019）
	挑战是游戏中一个重要的享乐游戏设计元素，并且可以提高满意度	Mulcahy 等（2021）
游戏化物理载体（智能移动终端、网站、服务、社区等）	游戏化程序正义对成员的体验质量和在线社区做出贡献的意图产生积极影响	Leclercq 等（2020）
	从社交媒体（与品牌网站）访问的基于 PC（与基于移动）的 IGA（In-Game Advertising）中存在品牌记忆差异	Sreejesh 等（2021）
	品牌的产品类别与游戏内容之间的一致性程度会影响品牌记忆	Lee 和 Ho（2022）
游戏化结果属性（意义感知、价值感知）	变革性游戏化服务对品牌资产价值感知进而影响用户幸福行为	Tanouri 等（2022）
	社交游戏营销计划中意义比奖励更重要	Dietrich 等（2018）

资料来源：本书整理。

综上所述，游戏化是一种在营销领域广受信任和应用广泛的、用于增加用户参与的技术。同时我们不难发现，游戏化作为一种现象的力量在于重新设计服务和系统，以复制类似于游戏所塑造的体验，从而推动个人朝着特定的目标行为发展，越来越多的营销人员以各种方式使用游戏化来激励客户与品牌接触。依据目标框架理论中的享乐、获益及规范三种目标动机，游戏化元素、功能等技术特征对消费者行为决策具有显著影响，游戏化示能性为发掘游戏化技术特征与用户心理反应和认知反应提供了有效的理论框架解释。

(三) 消费者的心理反应机制

游戏化可能是一种让消费者接受品牌信息的愉快方式 (Xu, 2010)。用于营销的游戏化可以允许在过程中重复品牌信息。消费者参与游戏化营销有多种原因，包括内在享受、逃避现实、效率、经济价值、视觉吸引力、感知新奇和感知无风险 (Okazaki, 2008)。本书将从认知反应、决策反应、内部动机和外部动机三个方面分别进行论述，相关研究如图1-9所示。

通常有两种类型的人类动机：内在动机和外在动机。内在动机驱动着导致内在成就或感知的行为，如享受或其他积极情绪 (Denny, 2014)。传统上，人们认为，如果内在动机能带来更好的学习结果，那么内在动机更可取 (Deci et al., 1999)。由于游戏化营销过程通常致力于向用户灌输产品或品牌信息，因此它是参与者学习信息并进一步加入或继续行动的动力。当人们有内在动机时，会对活动本身有真正的渴望，并能极大地享受它。两种主要的内在动机理论指导了对参与或参与行为相关心理方面的理解。外在动机包括为外在回报做一些事情，例如，金钱、赞扬或其他有形的东西，越来越多的公司正在采用游戏化营销，以期推动业务绩效的提高。在游戏中，玩家的目标是获得游戏中的奖励，如稀有物品和虚拟货币，或者获得其他玩家的赞赏和认可，这些奖励可以代表外在动机。因此，在游戏化过程中，由于奖励系统的存在，用户很可能会改变自己的行为或想法。

(四) 游戏化营销作用效果

(1) 游戏化营销对顾客的影响。游戏化也可能影响人们的行为和态度。根据 Anderson 和 Dill (2000) 的观点，游戏对玩家的行为和思想有很大的影响。同样，在不同的环境中使用的游戏化被认为对实践中的行为和态度有积极影响 (Domínguez et al., 2013; Rughinis, 2013)。此外，游戏和游戏化都是以目标为导向的系统，具有积分、等级或徽章等奖励，这可能会导致信念的改变，或导致获得奖励或奖金的努力，如期望值理论所示 (Shepperd, 2001)。因此，在游戏化过程中，用户很可能会因为奖励系统而改变他们的行为或想法。游戏化营销对顾客情感体验的影响：在游戏化过程中的其他参与者交互时，用户会有各种类型的情绪和不同的体验。游戏化元素即 PBL (Point, Badges, Leaderboard) 可以显著增强用户的心流体验；游戏化的机制和元素对用户内在需求的满足以及感知趣味性有显著的正向影响；游戏化特征如沉浸因素、成就因素、社交因素对基本心理需求有正向影响。这将直接或间接地影响品牌评估 (Herrewijn and Poels, 2013)。游戏化营销对顾客参与意愿和购买意愿也存在一定的影响：在参与游戏化营销时，顾客所感知的利益 (认知利益、社会利益和个人利益) 正向影响其参与意愿，从而进一步影响其购买意愿；游戏化的奖励与反馈机制通过内在动机的中介作用影响顾客的参与意愿；游戏化元素如奖励、认同、进度等可以显著提高用户的参与意愿。

（2）游戏化营销对游戏的影响。由于游戏具有与多媒体工具相同的特性，即能够与顾客互动和感官沉浸的特殊特征使其能够快速接近消费者，以生动的形象给传统的营销工具带来了转型升级。游戏化可以成为整合品牌信息的创新平台，利用人们对于竞争的热爱以及奖励机制的喜爱，使人们能够主动且重复参与游戏。因为游戏化可能代表一种让消费者接受品牌信息的愉快方式（Xu，2010）。同时顾客在参与游戏化过程中，重复的品牌信息伴随着竞争胜利的快感、游戏玩乐放松的感觉和游戏奖励一起进入顾客的意识当中。与传统营销工具相比，游戏化在品牌产品或服务方面没有时间或空间限制。其他一些传统媒体通常是一次性传播，因此人们很少有机会接触到营销信息。此外，游戏化也像游戏一样具有互动娱乐性。通过强大的互动，游戏化可以增强人们对品牌的归属感和认同感。在营销环境中。一项关于员工的研究发现，游戏化可以使工作过程变得有趣，当员工将游戏与工作结合起来时，他们更有可能积极参与和娱乐。同样，使用游戏式的设计训练也可以促进在动态环境中从事工作。从而他们也会因为游戏化的趣味性去向他们的朋友进行游戏推荐，产生游戏推荐行为，也许自发推销品牌并非出于用户本意，但是，游戏化的趣味性和互动性激发他们自发推销产品的行为，从而增加与品牌相关联游戏小程序的下载量和关注度，这些对游戏的重复参与行为以及分享宣传行为也会使更多受众成为品牌潜在的消费者。

（3）游戏化营销对品牌的影响。游戏化营销与品牌资产的关系：游戏特征（游戏目标清晰、挑战与技能平衡、反馈及时）和游戏体验（娱乐休闲体验和沉浸体验）都可以正向影响品牌资产；游戏化的要素（游戏动力和游戏机制）对品牌资产有积极影响，同时验证了用户参与度的中介作用；宁昌会和奚楠楠（2017）提出与沉浸类游戏化元素、成就类游戏化元素和社交类游戏化元素进行互动可以对品牌资产有正向的影响。游戏化营销与品牌态度的关系：游戏特征可以正向影响用户对品牌评价的影响，并验证了心流体验的中介作用；杨扬（2017）认为，在用户参与游戏化营销时，对营销品牌的正面态度很大程度上取决于其主动参与游戏化营销活动的意愿，用户在游戏化营销中的积极体验正向影响其对品牌的喜爱程度。同时，还有学者认为游戏化营销会对顾客品牌契合产生影响，有研究表明运用游戏化可以达成商业营销活动的最终目标，即顾客品牌契合，顾客与品牌的高度相关性以及二者之间情感关系的发展。宁昌会和奚楠楠（2017）提出，品牌采用游戏化营销这一方式，可以吸引顾客参与到品牌活动的过程中，识别自身的需要，体验品牌提供的服务以及对整个过程的态度评价，从而使游戏化营销成为促进顾客品牌契合产生的催化剂。Tracy 等（2015）认为，游戏化是促进顾客品牌契合的有效途径，通过实证研究证明游戏化元素诸如挑战、任务、奖励等可以在情感维度和行为维度方面对顾客品牌契合产生影响。

（五）个人因素与社会因素的调节

大量研究也涉及游戏化营销效果受到个人因素的影响。Nelson（2002）证明了品牌熟悉度对召回的积极影响。熟悉的品牌通常处理得更快，并会嵌入更丰富的关联中，这可能有助于增强品牌的记忆。同时有研究发现用户游戏经历对游戏化营销的影响。游戏体验指的是对数字游戏的熟悉，由于个人所处的网络环境以及个人爱好等因素的影响，个体对不同类型游戏的认知存在差异，通常情况下玩家不止玩一个游戏。Schneider 和 Cornwell（2005）发现，游戏体验对嵌入式品牌的召回和认可产生了积极影响。Lee 和 Faber（2007）的研究表明：高游戏体验和中等游戏参与度的玩家对本品牌的识别率高于其他品牌，而高游戏参与度的有经验玩家对本品牌的识别率优势则不高。

关于社会因素的研究相对较少，例如，关于游戏化的人员参与配置方面，多人游戏的参与设置机制对玩家的社会影响尤其明显。多人游戏是指允许不同个人在游戏过程中进行交互的游戏。典型的多人游戏包括社交网络游戏、角色扮演游戏和策略游戏。甚至可以同时容纳大量玩家（甚至数千名玩家）。在多人游戏环境中，玩家进行交流，玩家的交互本质上可能是协作或竞争。

一个值得进一步研究的社会因素是游戏化过程中的意见领袖领导力（Katz and Lazarsfeld，1955）。意见领袖通常在其社交网络中占据中心地位，社交活跃，更有可能与他人分享信息（Baumgarten，1975）。考虑到游戏化与社交属性的紧密联系，尤其是社交网站上游戏的日益普及，对意见领袖在传播品牌相关信息和广告效果方面的作用进行额外研究将是非常有意义的。

三、游戏化营销的设计三目标

在数智营销情境下，游戏化指的是将游戏元素应用于营销活动，使目标顾客产生类游戏体验，提高顾客服务价值并实现价值共创的服务策略。游戏化并不只是将视觉元素和奖励积分引入产品或活动流程中，还将游戏元素和游戏设计技术应用于非游戏环境，以激发更高的用户黏性和忠诚度，从而推动预先设定的业务目标。常见的奖励积分、徽章、PK 和故事只是游戏机制众多模式中的一小部分。游戏化营销的内涵是运用游戏天然的娱乐和社交属性，链接品牌和消费者。消费者在玩游戏的同时，被品牌悄无声息地影响决策。游戏行业快速发展，品牌可以借鉴游戏设计思维给用户创造乐趣、加强行为动机，可以更好地实现业务目标，创造商业价值。游戏化设计将游戏元素和设计技术应用于产品中，可以让用户快速进入心流状态，有效地保证了用户体验及黏性。

身处游戏化营销活动中的消费者是高黏性的私域流量，在与品牌的反复的游戏化交互中不断加深对品牌的认知，进而转化为消费行为。消费者在游戏中的所有行为，最终都会沉淀为品牌的数据资产。一个高质量的游戏化设计，需要完成至少三方面的工作：在开放环节，驱动用户共同完成任务的游戏意义；在探索环节，游戏玩家在游戏过程中产生连接的互动反馈；在结束环节，游戏玩家通过协作感受到游戏的叙事价值（见图1-10）。

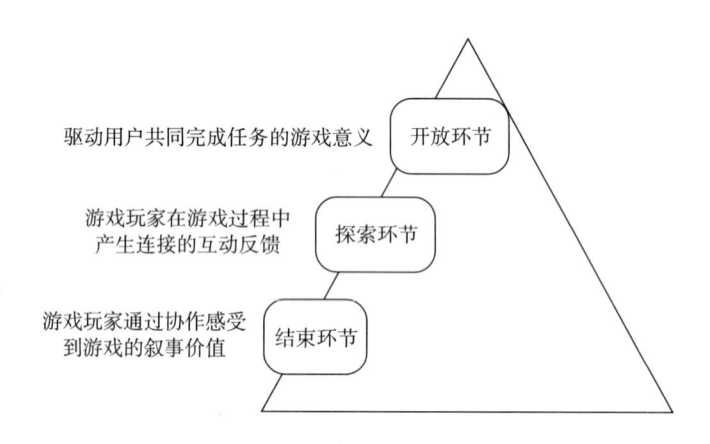

图1-10　典型的游戏化活动的三个阶段性目标

（一）意义：用户需要一个令人信服的主题来玩游戏

用户之所以愿意参与一个游戏化营销活动，最重要的因素是被其所倡导活动价值吸引。用户认为他在做比自己更重要的事情，或者他被"选择"做某事。例如，在蚂蚁森林或蚂蚁庄园中，用户可以通过游戏创造公益价值，让用户产生一种公共使命，用户在参与一场"大"的公益活动。

确定用户的核心内在动机是设计和评估游戏化活动是否具备吸引力的最重要因素（见表1-5）。但不能忽视的是，任何游戏化活动都不能脱离它所瞄准的目标群体，玩家的决策受个人因素（如需求、恐惧、目标和动机）影响，也受情境因素（如游戏的激励、知识、习惯养成等）影响。

表1-5　各种游戏中的核心动机

社交相关动机	相关性动机	自主相关动机	胜任相关动机
学习	行动/锻炼	自主权	竞争
幻想	探索	不可预测性	能力
摧毁	相关性	定制	协作/团队合作
策略/计划	挑战	逃避现实主义	推动

续表

社交相关动机	相关性动机	自主相关动机	胜任相关动机
社会交流	授权	好奇	关系
目的/意义	认可	掌握	罕见

（二）反馈：养成用户的使用习惯

反馈系统是构成一款游戏的核心且重要的特征，反馈系统的设计在很大程度上决定了一款游戏的用户互动意愿和使用频率。反馈系统能够告诉游戏玩家距离实现目标还有多远。设计重点是制造"挑战"，玩家发展技能并最终克服挑战。例如，进度条、成长体系、勋章等元素都可以用来作为核心的驱动力。反馈系统最基本、最简单的形式，就是让游戏玩家认识到用户的所有参与行动都会导致一个客观结果。

在游戏反馈系统中主要分为三个层次：①社交反馈：社交反馈并非社交游戏的专属，也并非线上游戏独有，线下游戏场景也可以有社交反馈。这在一定程度上取决于游戏玩家的动机。②体系反馈：即游戏设定的规则，通过规则的设定来决定给予游戏玩家的反馈，通常可以通过数值等表现形式。③物理反馈：通常以直观的视觉、听觉、触觉（震动）的形式给玩家反馈。

设计正确的反馈系统，其中一个重要的因素就是设置好游戏任务的挑战组合。通过挑战的成功与失败来强化某些行为，以驱动期望的商业结果。例如，睡眠小镇需要设置睡眠时间、开启 APP 按时起床后才能生成房屋，驱动用户养成良好的习惯。多多果园保证每次只能浇水 10g，种出水果前共计需要有点击浇水动作几百次，且每次浇水动画不能跳过。以下是各种游戏项目中经常使用的挑战类型：

（1）时间：给玩家有限的时间来完成任务。

（2）敏捷：玩家需要做出快速决策，这可能会挑战玩家的身体素质或心理素质。

（3）耐力：玩家的能力可以基于他如何忍受持续不断的障碍来衡量。

（4）记忆/知识：让玩家学习某些内容，并衡量他们的记忆力和学习能力。

（5）智慧/逻辑：通过难题来测试玩家的智力。

（6）资源控制：衡量玩家明智地控制/给予/获得资源以实现其目标的能力。

（三）沟通：游戏术语和讲故事的艺术

清晰的沟通在游戏化设计中扮演着关键的角色。首先玩家被游戏化项目所传递的宏大叙事吸引（例如，玩家在蚂蚁森林中追求的低碳生活）；其次当一个玩家感受到所有权时，他就更有动机去参与这个活动。例如，蚂蚁森林每种下一棵树就能代表玩家所取得的成就、玩家与整个公益活动的关联性等。

玩家不仅需要知道赢得比赛需要什么，而且他们的行动、成功和失败都必须给他们正确的信息，这样玩家才能相信他们所从事的活动。这也有助于微妙地加强与他们的核心动机的相关性。这些沟通接触点可以通过各种有趣的方式传递，如使用排行榜、规则手册、记分牌、警告、建议等。玩家的未知与好奇心也会被驱使，品牌需要利用玩家的探索欲望和求知欲望构建一个更加具有戏剧化的叙事传输。例如，蚂蚁森林的游戏设计流程就在不同环节设计了互动反馈过程，而最终用户能够收获一种虚拟的所有权，种植真树（见图1-11）。

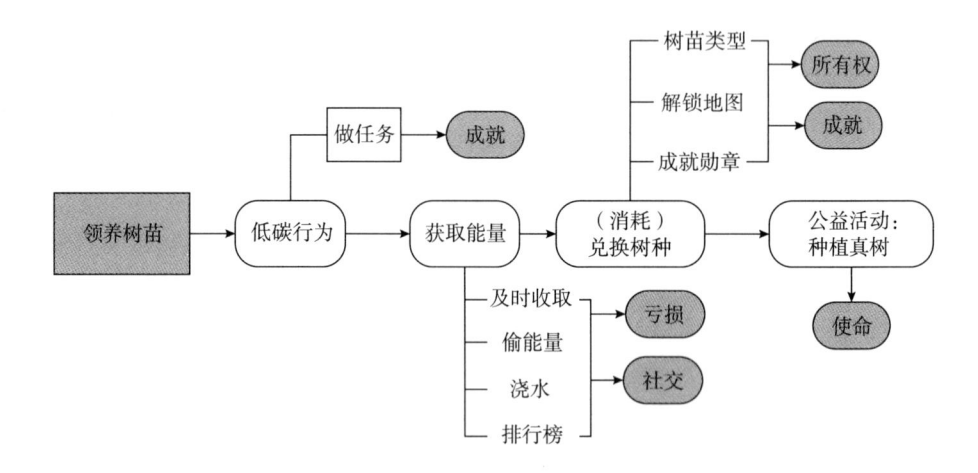

图1-11 蚂蚁森林的游戏流程及互动设计

总之，一个成功的游戏化设计不能按部就班，每个游戏化产品的成功都是不同现实背景和市场因素的综合产物，品牌需要通过完整系统的思考方式，来检验自己的游戏化设计是否符合吸引用户持续参与。

四、游戏化营销相关的国内外研究进展

笔者通过检索文献，在Web of Science内以"Gamification"为关键词进行文献检索发现，关于游戏化主题的学术论文总体上非常热门，在2019年达到峰值1433篇，经管领域的论文也达到158篇，如图1-12所示。

并且，当前关于游戏化主题的学术研究的学科领域非常广泛，计算机科学、教育学、工程学位居前三。心理学、商业经济、行为科学等紧随其后。具体如图1-13所示。

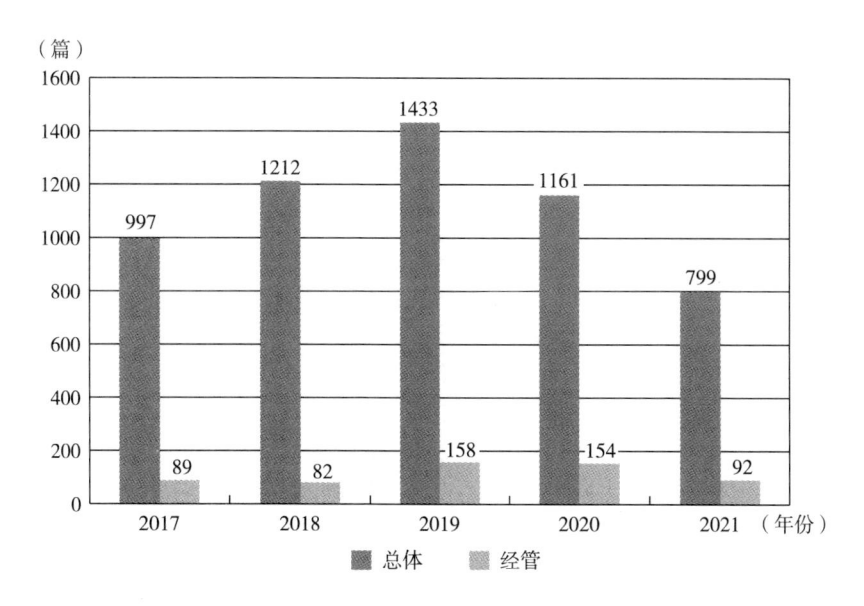

图 1-12　2017~2021 年 Web of Science 关于游戏化主题的学术研究的发表数量

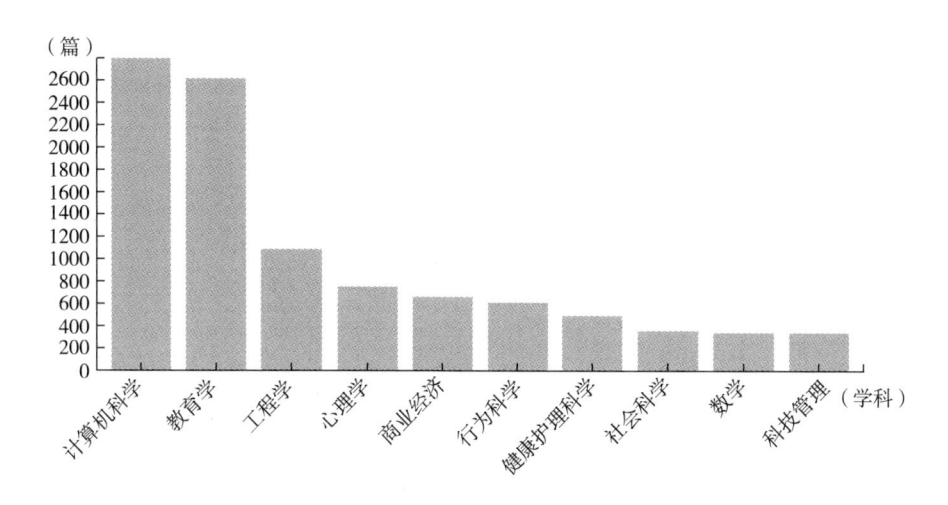

图 1-13　Web of Science 关于游戏化主题的学术研究的学科分布

笔者通过检索文献，在中国知网内以"游戏化"为关键词进行文献检索发现，关于游戏化主题的学术论文总体上也非常热门，在 2019 年达到峰值 4601 篇，经管领域的论文也达到 223 篇（见图 1-14）。总体上，国内外有关"游戏化"研究趋势相同，而且国内的研究热情甚至超过国外的研究。但是通过进一步筛选后发现，国内在中文核心和 CSSCI 上的论文还是远低于国外，这说明游戏化研究虽然已经引起了国内学者的广泛关注,但是在研究深度上还有欠缺。因此,针对以"游戏化"为主题开展的学术研究,在国内外都具有时代前沿性。

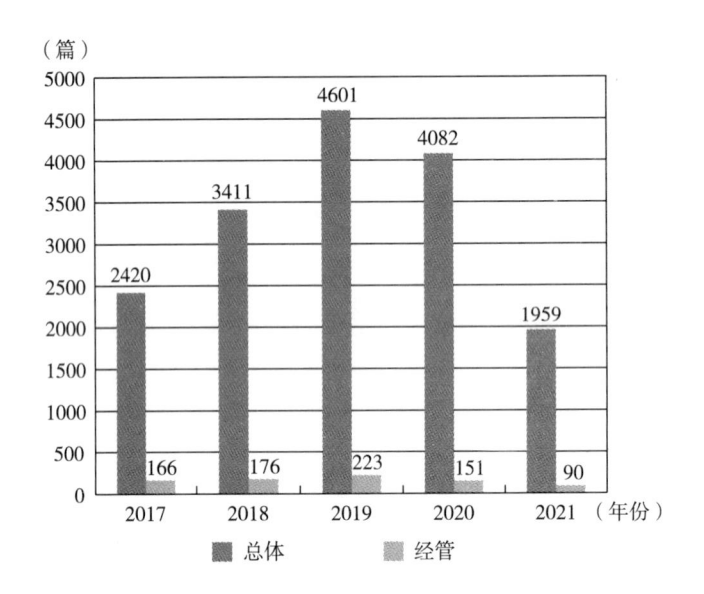

图 1-14 2017~2021 年中国知网关于游戏化主题的学术研究的发表数量

第四节 研究目标与意义

一、研究目标

自 2019 年底以来,受新冠肺炎疫情和全球政治经济变化的影响,中国当下的市场形态和消费者心理正发生着前所未有的剧变,如何顺应改变趋势,迎合消费需求成为企业应首先考虑的问题。据统计,近几年来我国的网民规模在显著攀升,第 50 次《中国互联网络发展状况统计报告》显示,截至 2022 年 6 月,我国网民规模已达 10.51 亿,互联网普及率达 74.4%,其中线上娱乐及在线零售的占比有显著提升,网络娱乐文化正在蓬勃发展,游戏化营销将成为时代机遇。除此之外,根据各大在线消费平台披露的用户消费报告,电商直播正在成为消费主阵地,智能家居及宠物用品的销售数量也在稳步增长,这一方面反映出数智时代下消费群体对家居智能化体验的关注,另一方面也反映了独居消费者对宠物的陪伴依赖及对线下人际互动需求的减弱,而游戏化营销或许能顺应这一趋势,满足当下消费群体的消费需求,帮助品牌实现价值增长。

除了消费趋势的改变,主流消费对象也正在向年轻化发展,青年一代正在成为新的消费主力。特别是1995~2009年出生的"互联网世代",他们出生于国内经济快速发展、物质资源丰富的时期,他们喜欢做出新的尝试和改变,也热衷于体验多元化消费场景,而且对硬件设施和软性信息都有较为挑剔的要求,所以想要"讨好"这一群体并获得他们的青睐和忠诚并非易事。在这样一个娱乐文化兴起、流量资源稀缺的背景下,游戏化的出现成了能长时间吸引顾客在移动设备上搜索、参与、融入、共创等营销活动并提升消费者使用黏性的利器。通过游戏化营销,企业在留住消费者资源的同时又实现了与消费者品牌价值共创。因此,本书将针对上述研究问题对游戏化营销的影响效果及作用机制进行系统探究,为游戏化营销的过程实践提供理论基础。

具体来说,本书的研究主要是回答以下三个方面的问题:

第一,本书旨在厘清当前文献研究中游戏化营销的概念界定、发展脉络以及研究热点等问题,回答当前的游戏化营销现状是什么。

第二,本书试图通过实证研究对游戏化营销的影响效果进行一个综合评估,分别从短期效果、长期效果、负面效果、组态效果研究游戏化营销的影响效果,回答游戏化营销影响结果如何以及如何发生影响。

第三,本书尝试通过对游戏化营销的具体应用场景(虚拟CSR共创)以及应用载体(虚拟宠物、虚拟昵称和虚拟代言人),对游戏化营销中借助游戏化机制(如积分、徽章、任务升级等)、游戏化互动(如类社会互动、社会互动)等对消费者的影响过程进行了探索性分析,回答游戏化营销在哪些场景下应用以及以什么形式应用的问题。

二、研究目标

在移动营销情境下,本书将游戏化营销定义为游戏设计元素在营销活动的投入与应用,通过游戏化来使目标顾客在类游戏体验中完成营销互动,进而提高顾客服务价值并实现价值共创的服务策略。具体来看,本书有以下两点研究目标:

第一,本书试图厘清中国情境下的游戏化在移动营销中的运营机制及实施效果。国外游戏化营销的研究起步较早,已有相关学者就游戏化动机、广告内游戏化、顾客保留、品牌契合等方面进行了探索研究,但主要是在案例分析或质性访谈的情境下进行的简单探讨,在内容上主要是分析了游戏化对用户心理和行为及品牌契合等效果的浅层次影响,而未进行系统严谨的系统化实证研究。国内游戏化营销的研究除宁昌会和奚楠楠(2017)、王梦颖和杨建林(2018)等进行的零星探索，总体上还没有形成关于该主题现象的系统认识。总体来说，国内外关于游戏化的研究还处于初级阶段，关于其应用场景、应用载体、作用机制及系统化的影响效果都有待进一步研究。因此，基于游戏化在移动营销中的大规模应用，本书探讨了游戏化的条件效果及其对消费者的心理和行为的影响机理。

第二，本书试图找出在实践中运用游戏化营销的内在规律和实施策略要点。与国外如火如荼的实践相比，国内游戏化营销的发展还面临诸多困难：大众对于游戏的负面认知、游戏产业人才不足以及缺乏成熟的商业模式等，尤其是当前的学术研究还滞后于实践发展，百度、腾讯、阿里巴巴等互联网企业已经开始进行游戏化尝试，如蚂蚁森林、微信运动。咨询公司 Gartner 认为，未来五年，将会有超过 50%的企业在管理创新的各项流程中应用游戏化的相关策略。虽然每年大约有 9.38 亿美元投入到游戏化营销领域的软件、咨询等相关活动中，但与其预期的使用普及性和顾客契合性方面的真实效果还有一定差距。因此本书旨在，在中国情境下找出实施游戏化营销的最佳实践路径和典型样本。

三、研究意义

（一）理论意义

移动互联网的热潮已经席卷全球，人们的日常消费习惯逐渐被"移动"化。据 eMarkete 公司预测，美国移动广告的支出预计将由 2015 年的 290 亿美元增长到 2021 年的 1200 亿美元。艾瑞咨询的统计表明，移动广告如今已成中国广告市场的绝对主流，2017 年在网络广告中占比近 70%。Twitter 上 86%的广告收入是来自移动终端，而且移动优惠券的使用人数将增加 40%。游戏化已成为能长时间吸引顾客在移动设备上搜索、参与、融入、共创等营销活动的利器。游戏化的信息呈现方式，一方面能够通过趣味性而提升顾客的好奇，另一方面通过感知生动性而提升顾客的感知创新优势，而最终提升创新产品的采纳。因此，顾客使用游戏化的服务体验过程，能够提升用户活跃度、社会互动以及活动的效果。

（二）实践意义

当前企业游戏化营销的实践正如火如荼地开展，阿里巴巴的蚂蚁森林、微信的为盲胞读书、QQ 邮箱的暖灯行动、全民 K 歌的"为爱发声"都在活动中嵌入了游戏化的运营机制，这种行为被具象化为"游戏+"模式，即通过游戏亲民的表现形式，充分利用游戏基于互联网技术特点及高效的传播手段，打破了传统营销受限于时间、地理的束缚，大大提升了营销活动的覆盖范围、影响力、参与度以及用户的参与热情。本书所指的游戏化是一种游戏跨界的概念，即"游戏+"，通过在企业移动营销过程中各项举措中置入游戏化设计，对特定的细分人群提供具有创新和吸引力的类游戏体验。根据数据分析机构 Newzoo 发布的《全球游戏市场报告》，2020年全球电子游戏消费将达到1749亿美元，其中25%的收入来自中国。

在互联网技术、人机交互技术、社会媒体技术相融合的背景下，移动购物和社会媒体在消费者的日常生活中日益融合成为不可分割的一部分，本书探求网络—社交—品牌—生活融合下游戏化在中国消费者与移动服务界面交互的影响过程，不仅从理论上对全面了解游戏化的应用规律和运行策略进行了一次全新的理论探索，而且从实践上为推进品牌与消费者充分互动和提升网站交互体验提供了实践指导。本书也是响应习近平总书记提出的"以信息化培育新动能，用新动能推动新发展，做大做强数字经济"。

四、本书的研究内容及方法的创新

首先，对游戏化营销的长期效果进行了研究，为游戏化的正面效果提供了较为有力的实证证据支持。当前关于游戏化营销的研究，主要还是从短期效应的视角，认为游戏化提供的玩乐方式是有助于吸引用户的短期刺激，而对长期效应不一定有直接影响。本书在移动APP的场景下，探究了游戏化营销对用户短期、长期以及负向影响的实证研究。

其次，对游戏化营销在以虚拟昵称、虚拟代言人、虚拟宠物为游戏元素的多个场景进行了较为前沿的研究，为游戏化营销提供了新的研究领域。由于社交媒体技术与游戏化营销已经深度融合，在特定情境中植入游戏化元素成为当前游戏化营销的新趋势。本书在虚拟昵称、虚拟宠物和虚拟代言人的应用情境下，结合游戏化元素与用户网络互动的相关研究，对游戏化营销的研究领域进行了拓展。

最后，采用实验法、多阶段追踪调查法、定性比较分析（QCA）、文献计量分析等多种研究方法，并且考虑研究情境中的多元调节效应，保证了研究的可靠性。当前关于游戏化营销的研究，主要是从典型案例及用户视角进行，而本书结合了企业端和用户端的数据，对企业运用游戏化元素进行营销的效果及过程机制进行了综合研究。

第二章　游戏化营销的国外研究热点和研究脉络演进分析

第一节　游戏化营销成为研究热点

近年来，游戏化设计概念引起了营销领域的极大关注，且在商业中得到了广泛的应用，如腾讯、星巴克、Nike+、MINI等企业使用游戏化元素，吸引了大量的消费者，取得了不错的营销效果。"游戏化营销"概念逐渐被营销界认可。

国外学者以"游戏化营销"为主题做了相关研究，例如，Xi 和 Hamari (2020) 等基于品牌社区，探究了游戏化营销对品牌参与和公平性的影响，研究表明，游戏化营销会提升消费者对品牌的参与度、意识和忠诚度；Rocha 等 (2020) 等的研究证明，将游戏化营销作为一种新的商业方法，会提升企业的销售业绩。本书通过对先前文献的回顾梳理，发现其研究主要集中在以下三个领域：①界定游戏化营销的概念；②游戏化营销的影响机制；③游戏化营销对于消费者行为和认知的影响。例如，Deterding 等（2011）将游戏化描述为在非游戏化环境中使用游戏化元素；Werbach（2012）则采用了设计师的观点，并提出了游戏化的一个非常普遍的定义，即使活动更像游戏的过程，将学术与实践的视角更紧密地联系在一起；Huotari 和 Hamari（2017）将游戏化融入服务营销中，通过服务营销理论，任何游戏都可以被视为一种服务。有学者在前人研究的基础上，拓展了游戏化营销的概念，即游戏化营销是企业为了提升营销绩效将游戏化元素融入企业服务当中，以增强消费者参与感、沉浸感、唤醒消费者其他情感和认知，进而提高用户留存率、增强用户黏性、提升消费者忠诚度的营销方式（De Canio et al.，2021；Garcia 和 Soriano，2019；Kamboj et al.，2020；Rocha et al.，2020）。

近年来，随着数字技术的发展和移动端设备的更新迭代，游戏化营销的应用场景大大增加了，各大电子商务平台使用"游戏化元素"，将排名、点数、等级、勋章等融入其各种营销活动中，例如，阿里巴巴的蚂蚁森林，其将勋章、排名等游戏化元素融入种树活动中；淘宝"双十一"发起的"喵糖总动员"活动，都取得了不错的反响。

本书以"Gamification Marketing"等为关键词，在 Web of Science 上搜索相关文献发现，其最早提出游戏化营销的研究出现在 2013 年。自 2015 年起，有关游戏化营销的文献发表数量也呈现出逐年增多的趋势。虽然有国内学者以游戏化、游戏化营销、游戏化元素为主题对先前文献进行了梳理回顾，如靳芃和王全胜（2019）对游戏化元素影响消费者行为的视角对于文献进行了述评和展望；宁昌会和奚楠楠（2017）梳理回顾了国外游戏化营销的相关文献。但其研究的重点主要集中于概念的界定、应用范围、使用的理论模型等质性研究方面，尚未使用可视化方法，对游戏化营销相关研究进行系统梳理和分析。

为此，本书结合游戏化营销的发展进程，以 2013～2022 年国内外游戏化研究文献为研究样本，通过可视化的文献计量分析，揭示了中国市场营销研究的主要科研机构、学者之间的合作网络关系以及不同阶段研究热点的演进过程。基于对现有研究趋势的总结与思考，本书提出了未来的研究愿景和研究方向。

第二节 游戏化营销的 CiteSpace 及 VosViewer 分析

一、样本选取

本书检索数据来源于 Web of Science（WOS）核心数据库，主要对检索到的文献数据使用 CiteSpace 和 VosViewer 进行数据可视化分析和计量。数据获取和检验步骤有：第一步通过主题词对文献进行检索。其检索的主题词为"gamification marketing""marketing gamification""gamification"，通过这一步检索到的文献为 6405 篇。第二步通过文献所属范畴对文献进行限制。由于我们所研究的"游戏化营销"属于商业管理领域，故本书将文献范畴限制在"Business；Management；Business Finance"中，通过这一步检索到的文献为 458 篇。第三步对文献类型进行限制，本书选取了"Article；Review Article"作为文献类型，通过这一步检索到的文献为 368 篇。最后，对于文献语言进行限制，本书将语言限制为"English"，通过最后这一步，共得到 350 篇文献。以上操作的检索时间为 2022 年

4月29日（见表2-1）。

表 2-1　文献检索过程

检索设定科目	检索内容和结果
检索数据库	Web of Science Core Collection
检索模式	TS=（gamification marketing；marketing gamification；gamification）
文献范畴	Business；Management；Business Finance
文献类型	Article；Review Article
语种类型	English
时间跨度	不限
检索时间	2022年4月29日
检索结果	350篇

本书在上述检索条件的350篇文献的基础上，为进一步确保可视化的有效性和准确性，又通过阅读标题、摘要和关键词，按照下列标准排除了与本次主题不相关的两个文献数据：一是尽管部分文献与游戏化有关，但参与主体为金融机构、教育机构，并非用户；二是尽管部分文献与游戏化相关，但是研究并未涉及游戏化与营销的结合。按照上述标准共排除124篇文献，最终获得226篇作为研究样本。

二、现有研究的描述性统计分析

（一）已有研究的发文量统计

引文数据样本如图2-1所示。从整体来看，其发文趋势可以分为三个阶段：第一个阶段是2013~2015年，这一阶段发文量较少，其最高的发文量为9篇，同时2014年发文量为0，这表明游戏化营销出现前期，学界对于游戏化营销的研究主题不够重视。但是在第二阶段2016~2018年，其发文量呈现缓慢上涨的趋势。在这一阶段，业界开始使用游戏化元素进行游戏化营销，如Nobre和Ferreira（2017）等在研究中提出，Nick、Coca-Cola、星巴克等公司使用游戏化营销进行了实践，且实践证明游戏化营销提高了用户的参与度。在这一阶段，游戏化营销相关文献已滞后于实践的发展。第三阶段为2019~2021年，发文量呈现爆发式上升的趋势，且在2021年达到最高（67篇），其中，发表在 *Young Consumer* 上的文献最多，数量为5篇，其次是发表在 *Journal of Business Research* 上的文献，数量为4篇。这表明游戏化营销的主题逐渐受到学界关注，其重要性也在不断提高，但是关于游戏化和营销的研究仍处于起步阶段，未来需要更多的研究探索游戏化营销的前因、后效和影响机制等。

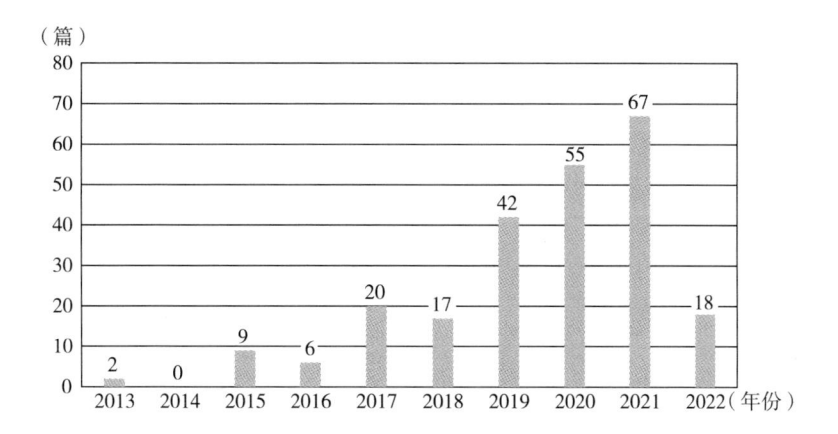

图 2-1 2013~2022年国外游戏化研究发文量

(二) 已有研究成果的国家 (地区) 分布

已有研究成果的国家 (地区) 分布可以反映该领域在具体国家 (地区) 的发展程度。下面采用 VosViewer 软件进行参数设置：本书将参与每篇文献工作最多的国家数设置为25；每个国家最少的文献数设置为2；每个国家最少引用数设置为0，软件共检索到51个国家，满足以上条件的国家为32个，通过相应的参数调整，得到了图2-2；其中，节点大小反映国家 (地区) 发文数量，节点间连线数量表示国家 (地区) 之间的合作多少，连线粗细表示合作关系的强弱。图2-2结果表明，游戏化营销领域文献主要来自美国和英国，其中，美国发文量为52篇，英国发文量为27篇，美国的发文节点最大，这表明在美国发表有关游戏化营销的文献最多，且两者共占研究样本的1/3。首先，虽然美国的发文量较多，但英国的节点连线数量为17条，美国的节点连线数量为16条，这表明英国相对于美国来说与其他国家之间合作密切；其次，尽管欧洲国家 (德国、西班牙、意大利等) 发文量比较分散，但总体研究比较丰富。同时，中国发文量为22篇，在发文量国家排名中位列第四，但连线为5条，仅仅为发文量差不多的英国连线数的1/3，这表明虽然中国学者重视相关游戏化营销的主题，但是与其他国家的合作不够密切。综上所述，对用户参与产品创新领域的研究形成了以美国和英国为核心，中国、德国等国家为重要力量的国家 (地区) 布局。

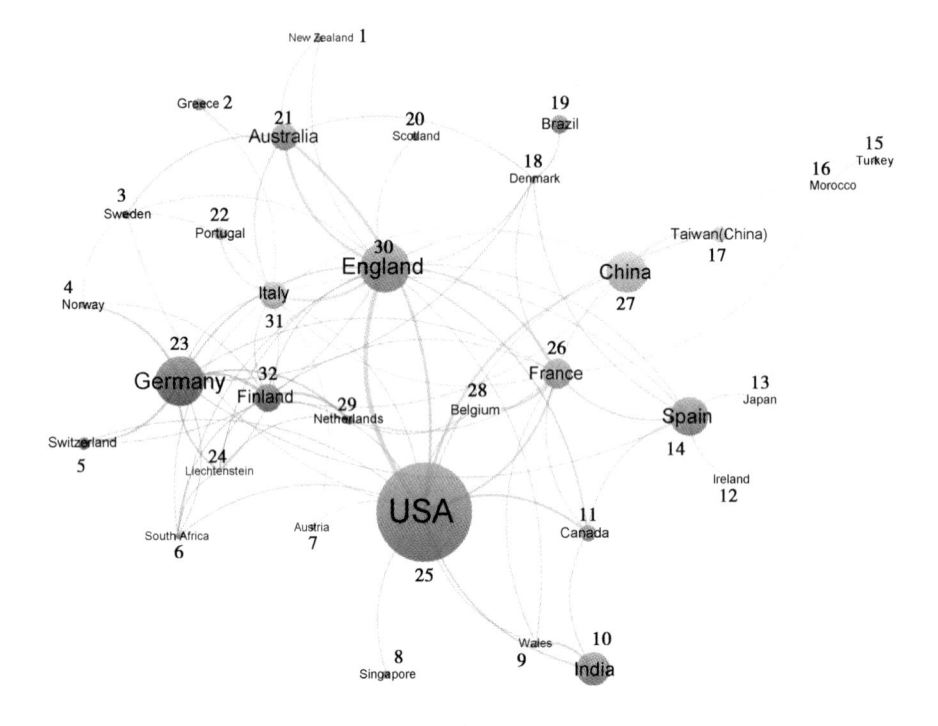

图 2-2 游戏化营销发文国家分布

（三）已有研究成果的学术机构合作网络

本书通过 CiteSpace 绘制出了样本文献中主要科研机构的合作网络图谱。

本书将图谱中的频数阈值设置为 4，将标签字体设置为 8，同时将节点大小设置为 10，得到了如图 2-3 所示的清晰的机构合作网络可视化图谱。其中，节点代表各个科研机构，节点大小代表各个科研机构的发文数量，连线的多少和粗细分别代表了科研机构的合作多少和强弱关系。从图 2-3 中可以看出，共有 195 个节点、148 个连接、网络密度为 0.0078。首先，在本书样本中的发文数量排在首位的是 University Zaragoza，其下属各子科研单位总计发表游戏化营销相关研究论文 7 篇，虽然此机构发文量最多，但是其中心性为 0，连线为 0，说明与其他科研机构的合作较少。其次，其他国外科研机构在游戏化营销研究上也并没有较为广泛的合作。最后，节点的中心性代表了其在网络中的重要程度，其中心性越大，则代表该节点在网络中的重要程度越高。通过 CiteSpace 的中心度值计算，在合作网络中中心度值较高的有 Griffith University（0.02）、Bournemouth University（0.02）、University Queensland（0.01）、Florid State University（0.01），这些科研机构为合作网络中较为重要的连接节点。但是从图 2-3 中可以看出，各科研机构较为分散，这表明各机构间的合作广度低，且合作强度普遍不高。

· 34 ·

第二章　游戏化营销的国外研究热点和研究脉络演进分析

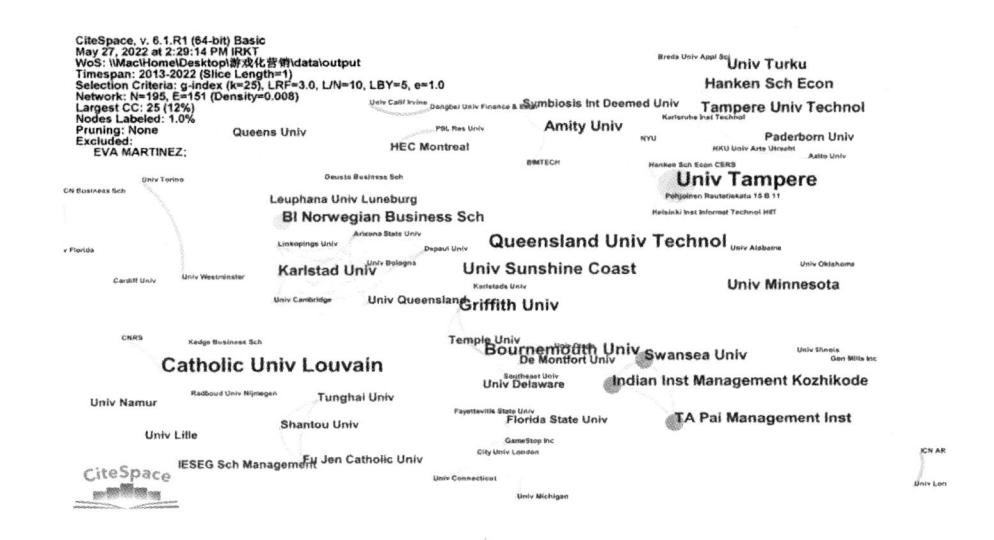

图 2-3　游戏化营销发文机构网络

在以较大节点为核心的合作网络的外围位置，也有一些相对独立、规模中等的合作网络。例如，以 Bournemouth University、Karlstad University 为主要节点的合作网络。还有一些位置较远、与各个合作网络联系较少的科研机构。例如，以 Aveiro University、Tampere University、Turku University 等为节点的合作网络。且科研机构间的合作呈现出较强的地域特征。例如，以 Griffith University、Bournemouth University 和 Queensland University 为节点的欧美地区合作网络，以 TA Pai Management Institute 和 Indian Institute Management Kozhikode 为节点的东南亚合作网络。同时，图中还出现了以国家为主要地域的合作网络，如以 Catholic University Louvain 为节点的法国合作网络。

（四）已有研究成果的作者分布

本书通过 CiteSpace 绘制作者网络合作图谱，在绘制中本书将时间范围限制在 2013 年 1 月至 2022 年 4 月，时间切片设置为 1 年。为了得到清晰的可视化图谱，本书将绘制的发文量阈值、字体大小、节点大小分别设置为（2，8，10），得到的作者合作网络如图 2-4 所示。图中显示该网络图中的节点为 237 个，连线为 257 条，网络密度为 0.0092。总体来看，游戏化营销研究的学者间合作情况为水平较低、结构分散，且合作广度低，这与上图中科研机构网络图中所展示的情况相似。且图谱中反映出了以 Hamari、Sara 等为主要枢纽节点的合作网络，但是，各个科研团队之间并没有广泛的联系。

从一定程度上来看，本书样本中高产学者及其引用率较高的代表论文反映了游戏化营销研究的主要知识基础和研究领域。这些研究领域涵盖消费者行为、游戏化营销概念化和界定、企业管理、游戏化营销实践、顾客参与等领域。首先，从游戏化营销概念界定的角度来看，Hamari（2013）首次对游戏化营销概念进行界定，2017年Huotari和Hamari基于服务营销对游戏化概念进行了拓展；其次，Bitrian等（2021a）基于游戏化营销实践视角，探究了游戏化在移动应用程序中的作用，研究表明游戏化通过满足对能力、自主性和相关性的需求提高了用户的参与度；Xu等（2022）基于游戏化营销等探究了众包成功的原因；Bitrian等（2021a）等将游戏化应用于个人财务管理，探究用户如何提升对于应用程序的动机和示意图。

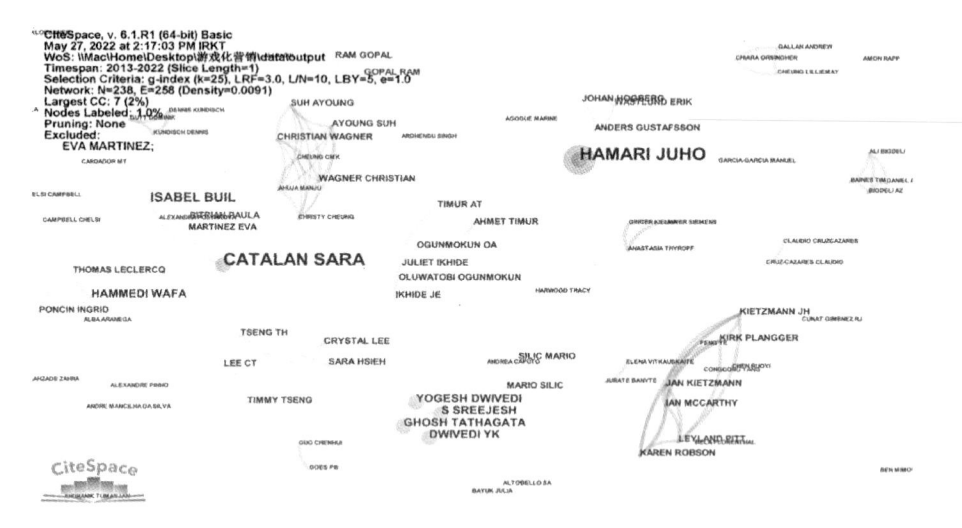

图 2-4　游戏化营销发文作者网络

（五）已有研究成果的高被引文献分布

高被引文献在整个用户参与产品创新研究中发挥重要作用。本书通过WOS自带"创建引文报告"功能得到用户参与产品创新领域高被引文献Top10（见表2-2）。结果表明，高被引文献分布结果与上述高被引期刊和核心作者研究具有统一性。首先，Hamari文章被引频率最高，达319次，研究证明了在非游戏服务中增加游戏机制，可以通过提高客户参与度进而提高盈利能力，这为今后游戏化营销相关主题的研究提供了实验依据并打下了坚实的基础。其次，引用次数排名第二的文章为Robson等（2015）所作，在此文献中，作者定义了游戏化的概念，解释了它如何促使企业以创新方式思考商业实践，并总结了游戏化在未来商业营销中的应用和研究，这为今后游戏化营销研究提供了理论依据。最后，Luthans和Youssef-Morgan（2017）与Huotai（2017）重新定义了游戏化在服务营销中的概念，强调了游戏化的四个重要方面：刺激点、心理中介、游戏化目标和游戏化背景，并确定了游戏化营销的四种可能的参与者。这表明，研究开始关注游戏化营销的影响机制和影响因素，这为今后游戏化营销的过程研究提供了理论依据（Huotari and Hamari，2017；Luthans and Youssef-Morgan，2017）。

此外，Terlutter 和 Capell（2013）将游戏化与广告结合起来，为数字游戏中的广告分析提供了框架和未来数字游戏广告领域的研究方向。另外几篇高被引文献对游戏化和移动营销的效果、游戏化元素——徽章系统对于点对点租赁的重要性、游戏化营销对于提升旅游业和酒店业的效果进行了研究（Bolton et al.，2018；Buhalis et al.，2019；Buil et al.，2019；Harwood 和 Garry.，2015；Liang et al.，2017）。总之，上述文献的核心观点构成了游戏化营销领域的重要内容，丰富了游戏化的理论和实证研究。

表 2-2　游戏化营销被引文献 Top10

作者（年份）	文章题目	期刊	引用（篇）
Hamari，2013	Transforming homo economicus into homo ludens：A field experiment on gamification in a peer-to-peer trading service	Electronic Commerce Research and Application	319
Robson 等，2015	Is it all a game？Understanding the principles of gamification	Bussiness Horizon	269
Huotai 和 Hamari，2017	A definition for gamification：Anchoring gamification in the service marketing literature	Elecreonic Markets	239
Terlutter 和 Capell，2013	The gamification of advertising：Analysis and research directions of in-game advertising advergames，and advertising in social network games	Journal of Advertising	169
Bolton 等，2018	Customer experience challenges：Bring together digital，physical and social realms	Journal of Service Management	166
Hofacker 等，2016	Gamification and mobile marketing effectiveness	Journal of Interactive Marketing	158
Liang 等，2017	Be a "Superhost"：The importance of badge systems for peer-to-peer rental accommodations	Tourism Management	145
Buhalis 等，2019	Technological disruption in service：Lesson from tourism and hospitality	Jouornal of Service Management	135
Harwood 和 Garry，2015	An investigation into gamification as a customer engagement experience environment	Journal of Serivices Marketing	123
Robson 等，2015	Game on：Engaging customer and employees through gamification	Business Horizon	103

资料来源：本书整理。

三、现有研究的基础理论和模型分析

本书通过 CiteSpace 软件进行关键词共现分析,将关键词中出现的理论筛选出来,通过上述操作,本书筛选出了以下与理论相关的关键词:self determination theory、flow theory、perceived value theory、affordance theory。其出现的频率、代表性文献如表2-3所示。

表2-3 游戏化营销相关理论汇总

理论	频率	代表性文献	作者
自我决定理论	30	Gamification and the impact of extrinsic motivation on needs satisfaction: Making work fun	Mitchell 等,2018
心流理论	17	Gamification in the Workplace: The central role of the aesthetic experience	Suh 等,2020
感知价值理论	4	A conceptual framework for transformative gamification services	Tanouri 等,2022
可供性理论	3	Empirical investigation of participation on crowdsourcing platforms: A gamified approach	Behl 等,2021

资料来源:本书整理。

(一) 自我决定理论

自我决定理论出现的频率最高,为30次,中心值为0.07。学术界常用自我决定理论来解释人们积极参与游戏化营销活动的原因。自我决定理论认为人们参与活动普遍存在三种主要动机:内部动机、外部动机和内部化动机(Ryan and Deci, 2000)。其中,内部动机与事情本身出自内在兴趣有关,而不是外在的可分离的结果(Ryan and Deci, 2000)。游戏化具有游戏自身的属性,它能满足人们的心理需要,驱动内部动机的产生(Donato and Link, 2013)。根据自我决定理论,人类先天地普遍具有三种基本的心理需要——自主需要、关联需要和胜任需要,这三种心理需要的满足是个体健康成长和自我发展的基础(Deci and Ryan, 1990)。游戏本身能激发玩家的自主感、胜任感和关联情绪的能力,使玩家主动地自愿参与其中(Kapp, 2012)。众多学者基于自我决定理论,探究游戏化营销对消费者行为、态度的影响。例如,Xi 等(2020)基于自我决定理论探究了游戏化营销的三大特性(沉浸感、成就感和社会互动)对于品牌参与(情感、认知和社会)的影响;Landers(2019)基于自我决定理论探究了游戏化营销对于消费者参加体育活动的动机和意图的影响因素。在四个理论当中自我决定理论的中心性最大且频率最高,这表明自我决定理论是游戏化营销的主要理论,且其重要性较高,在未来几年中,自我决定理论仍可能是游戏化营销研究的主要理论

依据。同时，从自我决定理论的定义中可以看出，自我决定理论主要探讨的是内在动机和外在动机，这表明在游戏化营销领域的研究主要集中于消费者个人特性和动机。

（二）心流理论

相关理论在关键词中出现频率排名第二的为 flow 理论，其出现次数为 12 次，该理论的中心性值为 0.04，通过对先前文献的梳理回顾，本书认为，心流来源于用户优化的体验，同时这种"心流"体验会正向影响消费者的认知、行为等（Koufaris，2002；Kapp，2012；Bittner and Schipper，2014）。通常认为，心流是一种操作过程中的心理状态，指的是用户完全被手头所做的事情吸引，全神贯注于正在做的事情。Csikszentmihalyi（1975）认为，具有部分或全部可完成的任务、清晰的目标、及时充分的反馈、主控感、能深入而毫无压力地投入行动、忘我、感觉不到时间的变化的活动，能够激发用户的心流体验，且游戏化元素和机制的设置与消费者心流密切相关。例如，Shi 等（2021）认为，游戏化营销的游戏化设置可以正向影响消费者的心流体验，进而使消费者记住品牌，对品牌形成积极的态度；同时，Silic 等（2020）基于人力资源管理的角度，探究了游戏化营销可以通过"心流体验"提升员工对企业的参与度，进而提升企业的绩效水平。在四个理论中，心流理论的频率和中心值均排名第二，其最早出现的时间为 2015 年，早于自我决定理论（2019）。这表明，心流理论在游戏化营销中出现的频率相对于自我决定理论较小，且其重要性也小于自我决定理论，因此本书认为，用户在游戏化参与过程中所产生的心流体验并不是研究的重点，众多学者主要关注的是游戏化营销参与过程的其他因素。

（三）感知价值理论

Perceived Value Theory 是关键词中排名第三的理论，其中心性值为 0.02。Belh（2021）认为，学术界需要更多的研究来探索游戏化感知价值与品牌结果之间的关系。本书认为感知价值具有以下两个维度：享乐价值维度和功能价值维度。众多学者基于感知价值探究游戏化营销对于消费者态度、行为等的影响。在本书梳理的文献中，Tanouri 等（2022）将感知价值分为享乐价值、功利价值和消费价值三个维度，基于价值理论探究了游戏化如何促进社会行为和品牌公平并探究了社会支持、价值和品牌资产之间相互关系的层次模型；Jang 等（2021）认为，媒体丰富性对使用 VR 技术的有用性和易用性产生了重大和积极的影响，同时用户的感知价值不仅受到有用性和易用性的影响，还受到游戏化 VR 中的交互性和沉浸式的影响（Jang and Hsieh，2021）。感知价值理论最早出现在 2019 年，在本书筛选数据中出现频率较低，其中心性不高，消费者的感知价值并不是游戏化营销关注的主要方面。

（四）可供性理论

除此之外，可供性理论（Affordance Theory）在关键词中出现了三次，其中中心性为0.01。可供性被定义为：行为人在特定环境中或在与物理对象的某些特征或用途相关的情况下可能采取的不同行为（Gibson，1979）。启示被视为"体验生产系统"的六个组成部分之一（Fesenmaier and Xiang，2017），而其与游戏化营销设计的各个方面的联系尚未得到系统的调查（Tomej and Xiang，2020）。先前的研究已经在各个领域应用了可供性的概念，以了解个体与周围环境的相互作用。游戏化也被认为是一系列为游戏化体验带来启示的行动，这加强了客户价值创造的整个过程（Huotari and Hamari，2017）。Shi等（2021）基于此理论探究了游戏化营销能否提升游客在网上购物狂欢节期间的购买意愿；Behl（2021）也基于可供性理论与自我决定理论做了一项有关游戏化参与众包平台成功原因的实证调查，研究表明，平台众包成功的原因是用户的参与。

四、关键词共现分析

关键词是对学术研究核心要点与主题的凝练。CiteSpace和VosViewer可以通过关键词共现分析来揭示不同时段的研究热点及其演变情况，关键词共现网络如图2-5所示。本书使用了可以反映研究热点整体情况的关键词聚类视图分析。除此之外，本书还借助CiteSpace的突发词识别功能对各个时段的突发性研究热点进行了分析和梳理。

（1）整体情况。通过词频分析，本书从样本中筛选出了出现频次最高的五个关键词，其分别为gamification（65次）、engagement（39次）、experience（31次）、self-determination theory（30次）、motivation（28次），除gamification外频次最高的关键词为engagement（39次），同时与其相关的关键词还有consumer engagement（17次）、brand engagement（6次）、employee engagement（1次）。从心理学的角度来看，参与是一种体验，其包括个人在体验中所感受到的能量、参与和效能（Maslach and Leiter，1997）。在此定义中，参与是一个体验过程，是消费者决策的中间阶段，现有关游戏化营销的文献，多是将参与当作一个因变量，探究游戏化元素对消费者参与度、员工参与度、品牌参与度有何影响。例如，Robson等（2015）基于顾客参与和员工参与两个角度，实证探究了员工参与和客户参与是否会提高企业的绩效；Hwang等（2020）基于社会交换理论和心流理论通过实验法，证实了企业实施游戏化营销会提高消费者的参与度和忠诚度。这表明，现有研究重点关注游戏化营销的互动参与性。

（2）可视化分析。除此之外，本书还通过VosViewer对样本文献进行关键词网络可视化，其关键词网络可视化如图2-5所示。从图谱中可以看出，现有研究对游戏化营销的研究大概分为四个主要方面：

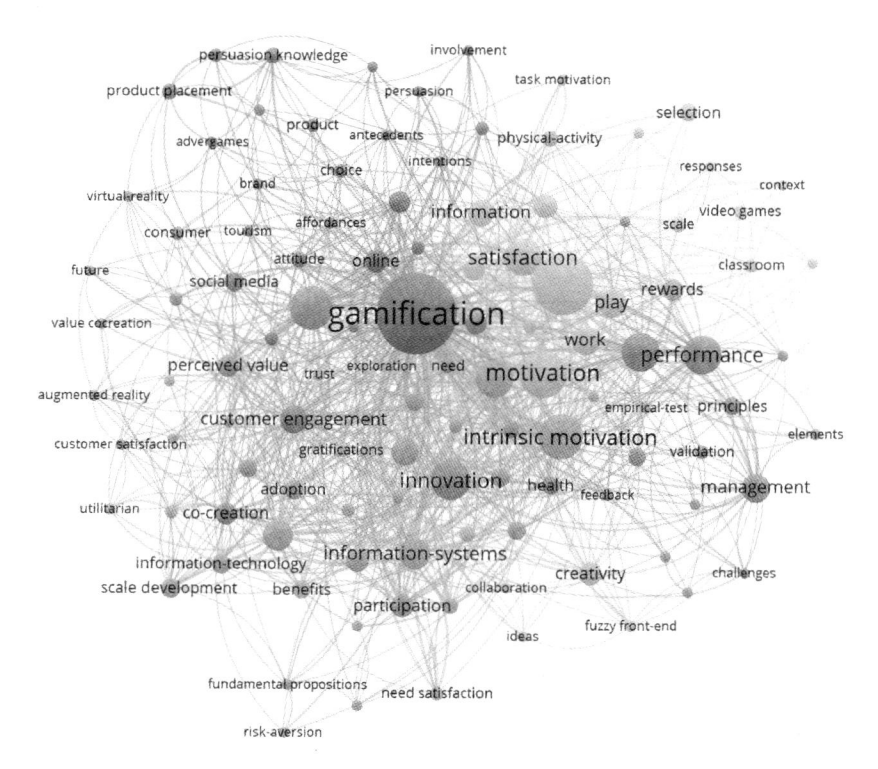

图 2-5　游戏化营销国外文献关键词共现网络

第一方面，是对游戏化营销后效的探讨，这一聚类的关键词主要有 consumer、attitude、intention、brand attitude、online、social media、consumer satisfaction、e-commerce、engagement、participation、loyalty、word-of-mouth 等。这些关键词主要是与游戏化营销效果相关，同时，social media、e-commerce 等关键词表明，游戏化营销的实践研究主要是基于社交媒体网络和电子商务平台开展。Robson 等（2016）认为，对于企业管理者来说，游戏化是提高客户和员工参与度的工具之一；Mullins 等（2020）基于情绪的认知结构和游戏化的机制——动力学—情绪框架，通过梳理回顾心理学和神经科学领域的工作，以检验认知和情感的互动过程，并将它们与游戏化联系起来。

第二方面，主要是对游戏化营销前因的探讨，与此相关的关键词有 motivation、reward、play、principle、construction、elements、self-efficacy 等，Halaszovich（2017）认为，激励因素被视为直接或间接影响行为结果的前因。

第三方面，主要集中在游戏化营销的影响机制，众多学者基于不同的理论和模型探究游戏化营销如何影响消费者行为。例如，Jayawardena（2021）在研究中引入了阐述可能性模型（ELM）的社会心理学理论，以探究游戏化对电子学习的说服作用；Gimenez（2021）等建立了一个概念框架，探究游戏化营销如何能够使企业克服阻碍组织面临环境变化的惰性；Belh 等（2020）基于 Uses and Gratification 理论和 TAM 模型探究了社交媒体网站上年轻消费者品牌参与行为的动机驱动因素。

第四方面，主要在游戏化营销的应用和发展方面，Warmelink 等（2020）探究了游戏化营销在生产和物流运营方面的现状和展望；Shpakova 等（2020）探究了游戏化营销的创新过程。

（3）关键词中心度分析。关键词的中心度反映了其在关键词共现网络中的重要程度。本书整理了按关键词中心度大于 0.10 的关键词（见表 2-4）。从关键词的中心度来看，重要性较高的关键词是消费者、消费者参与、接纳度、心流、意愿、绩效、经验、可承受度、品牌参与、信息系统、忠诚度等。

表 2-4　关键词中心度排列

序号	频次	中心性	年份	关键词
1	6	0.33	2013	用户
2	19	0.32	2015	顾客契合
3	7	0.31	2017	采用
4	19	0.25	2017	绩效
5	8	0.17	2015	心流
6	31	0.14	2015	体验
7	2	0.12	2017	可供性
8	3	0.12	2017	计算机游戏
9	3	0.12	2015	承诺
10	6	0.12	2016	品牌契合
11	15	0.12	2019	信息系统
12	2	0.11	2020	忠诚
13	5	0.10	2020	增强现实
14	12	0.10	2017	工作

资料来源：本书整理。

通过对样本文献中关键词共现的图谱分析，得到图 2-5。从整体来看，本书可以将研究的关注点分为以下两类：

第一类研究集中在与消费者、顾客有关的主题。一方面是与消费者行为、心理、态度有关的研究。例如，游戏化营销对于消费者品牌参与度的影响，游戏化营销能否提升消费者在线购物意愿（Garcia-Jurado et al.，2021；Gatautis et al.，2016），游戏化能否提升消费者对于移动程序的使用意愿、能否提升消费者做好事的倾向等（Brtrian et al.，2020；Conlin and Santana，2021）。另一方面是基于消费者参与和感知视角探究游戏化的影响，例如，Leclercq 等（2020）探究了感知正义感在过度游戏化中对在线社区贡献的负面影响；Rocha 等（2019）探究了如何通过游戏化营销提高客户的参与度；Hwang（2020）证实了游戏化营销在客户关系管理中的重要作用。

第二类研究是基于企业的视角，探究游戏化营销对员工、企业绩效和创新的影响。例如，Riberior 等（2020）探究了游戏化方法对于创新和动态项目管理的影响；Murawski（2021）探究了在人力资源管理中使用游戏化对员工进行培训会提升员工的参与度进而提高企业绩效；Bitrian 等（2021）基于提高用户参与度的角度，探究了游戏化在提高企业营销绩效中的作用，研究表明，游戏化通过满足对能力、自主性和相关性的需求来提高用户参与度，反过来，用户参与度又导致了使用、传播应用的更大的意图，进而使消费者能够更为积极的评价应用程序。

五、突发性关键词分析

突发性词汇识别是基于题目、摘要和关键词中随时间推移其频次变化较为显著的词汇以揭示出阶段性的研究热点。突发性强度最大的关键词揭示的往往是由于颠覆式的技术创新、阶段性的宏观、产业政策以及国际政治、经济大环境变化对研究主题带来的冲击。持续时间反映了学界关注这些研究主题的时间窗口，也从侧面反映了这些研究热点对于游戏化营销和实践的发展施加的持续性影响。本书依据关键词突发性强度的大小选取了十个突发性关键词（见图2-6）。

首先，"play"是爆发强度较强（3.55）且持续时间最长（2年）的关键词。营销学者集中关注"play"始于 2017~2019 年。Mikko、Vesa 等基于电脑游戏和游戏理论的启发定义了组织中的游戏化概念，以及探究了如何在组织中实现游戏化，且文章最后建议组织和管理学者可以从研究电脑游戏和游戏理论中获益。

其次，"experience"是爆发强度排在第二位（3.1）的关键词，起始年份和结束年份分别为 2017 年、2018 年，虽然其持续时间不长，但是它反映了 2017~2018 年研究的重点，Hsu 和 Chen（2018）认为，游戏化营销活动属性对游戏化营销的成功至关重要，因此他们研究了感知经验对于消费者行为的影响，结果表明游戏化营销经验对享乐价值和功利价值有显著而积极的影响，尽管"experience"一词的持续关注时间不长，但是在 2020 年，Bauer 等（2020）以游戏化数字购物体验为题，研究了没有金钱奖励的游戏化对客户满意度和忠诚度会产生何种影响，其结果表明与购物相关的游戏化可以提高用户对销售商的满意度以及忠诚度。且在 2022 年 Rialti 等又以游戏化经验为变量，探究了游戏化体验与消费者应用购买意愿之间的关系，这表明游戏化经验、体验等仍是今后研究的重点之一。

最后，"reward"是爆发强度第三（3.06）的关键词，其持续时间为一年，"reward"是指游戏化营销中对于消费者的奖励机制，关键词的爆发表明学者在 2020 年重点关注与游戏化元素——奖励机制相关的影响效果研究一直持续到 2021 年，如 Hwang 等（2020）基于奖励类型，探究了个人忠诚计划与行为规范之间的关系；Mulcahy 等（2021）基于奖励的游戏设计元素了解其在销售中的影响，结果表明，与奖励相关的游戏化元素包括积分、徽章和其他奖励，有助于增强可持续的行为结果。

最强突出引用的排名前10的关键词
(Top 10 Keywords with the Strongest Citation Bursts)

关键词 (Keywords)	年份 (Year)	强度 (Strength)	开始 (Begin)	结束 (End)	2013～2022年
游玩（Play）	2013	3.55	2017	2019	
体验（Experience）	2013	3.1	2017	2018	
回报（Reward）	2013	3.06	2020	2020	
消费（Consumption）	2013	2.48	2019	2019	
主导逻辑（Dominant logic）	2013	2.46	2017	2019	
技术（Technology）	2013	2.42	2017	2020	
环境（Environment）	2013	2.31	2017	2018	
社交媒体（Social media）	2013	2.27	2021	2022	
共同创造（Co creation）	2013	2.21	2018	2019	
模型（Model）	2013	2.12	2016	2018	

图 2-6 游戏化营销国外文献的突发性关键词

六、时区图分析

通过 CiteSpace 的关键词时区分布图（见图 2-7）可以看出，随着研究时间的推移，游戏化营销领域的新的关键词第一次出现的时间，同时可以看到研究热点随时间的动态演变情况。本书将时间切片设置为 1 年、节点类型设置为"关键词"，得到了时间区视图图谱。

在 2013 年 "game design" "consumer" "user acceptance" 这些有关游戏化营销的主题和基本概念相关的关键词就已经出现，这表明 2013 年的研究重点主要集中在消费者对游戏化营销的用户接受度上。2014年有关游戏化营销的文献发文量为0，这表明2013年游戏化营销的概念出现后，2014年有关游戏化营销的主题并未引起学界的关注或者游戏化营销研究进展滞后，而在2015年"game""intrinsic motivation""experience""behavior""framework"等高频关键词相继出现，表明学界越来越重视游戏化营销的概念，其中"内在动机""经验""行为"等表明2015年的研究多是基于消费者行为、消费者动机，探究游戏化营销的效果。

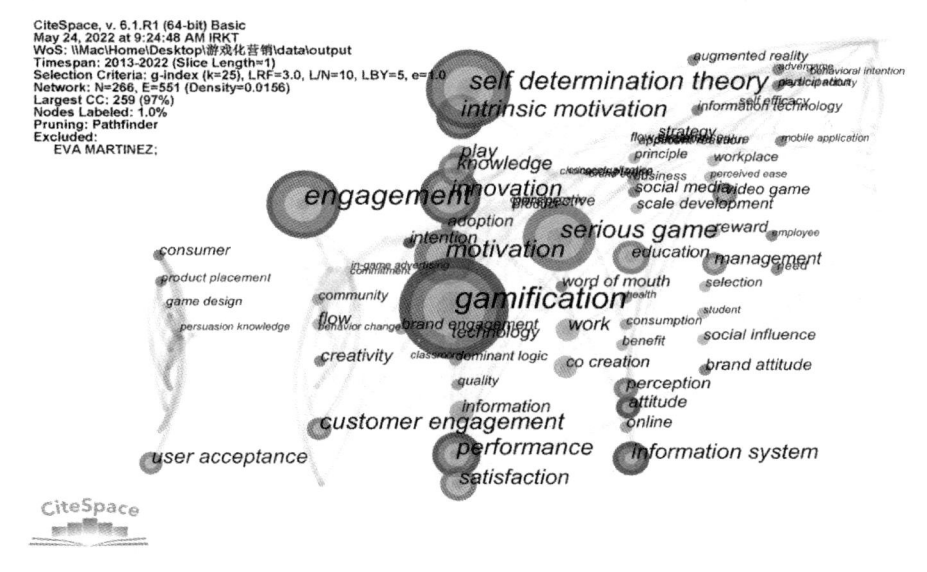

图 2-7　游戏化营销国外文献的时区分布

同时，在2016年文献的关键词"engagement""brand engagement""consumer engagement""impact"中，我们发现这一年的关键词多是与"参与"相关，这表明2016年的研究重点为游戏化营销的影响机制，"参与"是游戏化营销的特性之一，消费者参与和品牌参与可以对应游戏化营销的效果。2017年，我们可以看到如"perspective""business""quality""product""environment""service""innovation"等关注企业绩效、生产、创新的关键词，这表明2017年的研究重点关注游戏化营销对企业自身的影响。2018年出现了以"word of mouth""brand equity""social marketing"等有关营销口碑、社交营销的时代性研究主题。2019年出现的高频关键词有"self-determination theory""information system""system""social medial"，其中自我决定理论成为研究游戏化影响机制的重要理论依据。2020年出现了"physical activity""augmented reality""participation""reward""decision marketing""technology acceptance""online community"，这表明，游戏化营销与增强现实、互联网等新兴技术的联系越来越密切，企业开始使用新兴技术进行游戏化营销。2021~2022年出现了"gender difference""experiential learning""online learning""higher education"等以用户差异为主要研究重点的关键词,这表明研究者的研究重点开始向"用户差异"转移,与此同时也出现了"mobile application""mobile banking""big data"等有关互联网、新兴技术的关键词。

七、时间线分析

本书通过CiteSpace软件将关键词分为了十个聚类,如图2-8所示,根据软件聚类特点,本书将各个聚类所包含的关键词列出,图中不同的聚类代表着研究内容、重点和方法,如表2-5所示。从表中我们可以看到十个聚类:

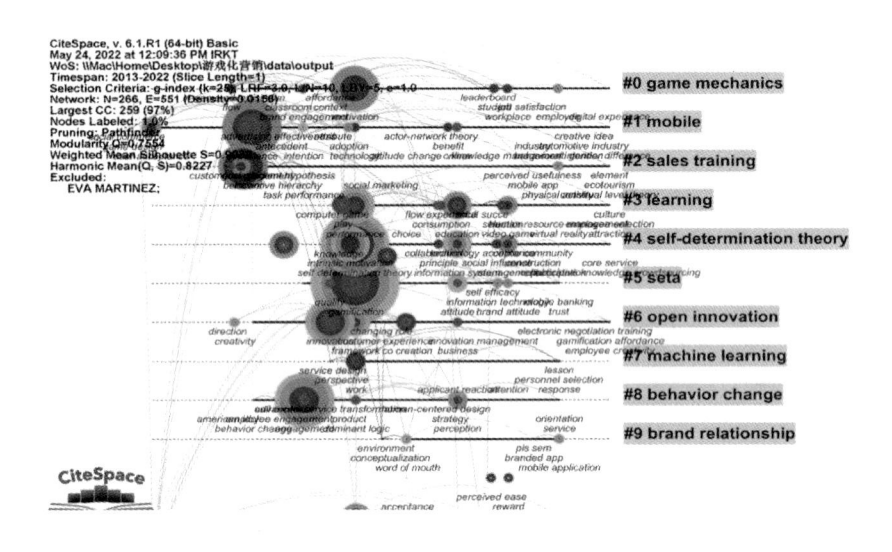

图2-8 关键词聚类时间线

(1) 第一个聚类的关键词多是与学者游戏化机制所处环境和实验方式有关,如实验室和工作环境,其中还有学者基于神经科学设备,对游戏化机制的后效进行研究。例如,Marianna Sigala(2015)探究了软件——TripAdvisor游戏化的设计方式,以激励用户参与其网站并增强用户的在线体验价值和行程规划过程,同时文献还收集了有关此软件的用户相关信息,以调查此软件的娱乐设计对于用户行为的影响。

(2) 第二个聚类中所含关键词包括移动设备、游戏化设计、内隐联想测验、选择性假说理论等,此聚类表明现有关游戏化设计的研究主要是基于移动设备,同时,选用了内隐联想测验的实验方法研究游戏化移动程序中游戏化设计对于企业组织或消费者行为的影响。Roth等（2015）认为，由于移动程序中游戏化设计思维等特定方面的文献不断涌现，因此他们将相关的文献进行了分类，并从创新游戏化的三个案例中进行了背景分析，介绍了创新性游戏化设计对创新管理的贡献。

（3）第三个聚类主要是与游戏化营销理论和消费者相关，其关键词主要有消费者人格、量表测试、用户类型、用户忠诚度（Torres et al., 2022）。消费者是游戏化营销的重要主题之一，消费者对于游戏化营销的行为、认知和态度反应等仍然是研究的重点。

（4）第四个聚类中的关键词主要有学习、严肃游戏、管理、人力资源管理等（Baptista and Oliveira, 2017; Lopez et al., 2021; Suh et al., 2017）。

（5）第五个聚类是以自我决定理论为中心，探究游戏化元素对于消费者内外在动机的影响，主要与游戏化营销的前因相关。

（6）第六个聚类中的关键词有安全教育、意识和心流体验，这些关键词主要与游戏化营销的过程相关，例如，心流体验是用户在游戏化营销参与过程中的一种沉浸式的体验方式，会提高消费者在游戏化营销中的参与度。

（7）第七个聚类中的关键词多是与员工、企业相关，例如，开放式创新是企业在竞争中取得优势地位的一种方式，而游戏化营销就是企业开放式创新的一种；同时，企业还使用游戏化方式进行人员培训和招聘，显著提高了企业的绩效和效率。

（8）第八个聚类中的关键词有机器学习、对于工作的忠诚度、勤奋度等，这是对企业实行游戏化后效的研究。

（9）第九个聚类中的关键词有行为改变、动态、情绪等，此类研究主要是有关用户情绪和行为的研究。

（10）第十个聚类中的关键词主要与品牌相关，且关键词中含有游戏化体验和类游戏化经验的词，这类研究主要是基于消费者的游戏化经验，探究游戏化营销体验水平不同的消费者对于品牌参与度、喜爱度、忠诚度等会有何种影响。

表2-5 聚类关键词

0	game mechanics; neuroscience; laboratory experiment; workplace gamification aesthetics in it
1	mobile; gaming; game design; implicit association test; selectivity hypothesis theory
2	sales training; well-being; social overload; user types; consumer loyalty
3	learning; serious games; video games; management; human resource management
4	self-determination theory; motivation; human computation; need satisfaction; affect
5	seta; security education; design science; awareness; flow

续表

6	open innovation; employee creativity; gamification affordance; organizational entrepreneurship; sensory experiences
7	machine learning; motivation at work; conscientiousness; alcohol education; adolescents
8	behavior change; dynamics; emotions; human-centered design; anchoring work
9	brand relationship; gameful experience; pad model; game-like experience; branded app

八、研究结论与展望

（一）研究结论

近年来，国外学者对于游戏化营销的研究大幅增加，然而对该领域已有文献进行系统梳理的研究相对较少，且主要聚焦于特定视角，尚未对其进行系统全面的梳理。本书主要基于游戏化营销文献的发文量、国家分布图、发文机构分布图、关键词贡献分析、理论基础等方面对国外现有的研究成果进行了文献计量分析，对于 WOS 数据库中游戏化营销发文现状的各个方面进行可视化分析和总结，为国内的学者和实践者提供借鉴。通过对先前文献的梳理回顾，目前游戏化营销研究还处在探索阶段，游戏化营销的发文量较少且在现有研究中对各种游戏元素对玩家心理和行为产生影响的机制缺乏完整的解释。因此，本书主要得出以下三点研究结论和理论贡献：

第一，从发文趋势来看，有关游戏化营销研究主题的文献数量逐年增加，这表明游戏化营销的关注度逐年上升。在研究成果分布方面，形成了以美国和英国为核心，中国、德国和其他欧洲国家为重要力量的国家合作网络；在高被引论文方面，该领域 Top10 文献的研究内容主要聚焦在游戏化营销概念的阐述、消费者参与、员工参与方面（Cardador et al., 2017; Hammedi et al., 2017; Kamboj et al., 2020），为今后游戏化营销的研究奠定了坚实的实践基础；在共被引作者方面，Hamari 和 Sara 两位高被引作者为游戏化营销的研究奠定了坚实的理论基础；同时在研究理论方面，该领域主要以自我决定理论、心流理论为核心，研究重点主要聚集于消费者动机和影响机制（Gimenez et al., 2021; Kim and Ahn, 2017; Miri et al., 2022; Raman, 2021）。综上所述，总体研究概况揭示：一方面未来研究需要注重跨国和跨机构合作，以促进游戏化营销领域的国际化发展。例如，可以尝试对比不同国家用户参与游戏化营销对企业绩效的影响，以揭示基于不同制度情境和文化情境的用户参与的特性。另一方面未来研究需要注重跨领域、跨学科研究。例如，可以尝试将用户参与与计算机科学、人工智能等学科领域相结合。

第二，从游戏化营销的研究热点看，本书将游戏化营销的热点分为两类：一类是基于消费者视角，探究游戏化营销的效果（Rocha et al.，2019；Yang et al.，2017；Yeoman et al.，2017）；另一类是基于企业视角，探究游戏化营销对于企业绩效的影响效果（Rocha et al.，2019）。从消费者视角来看，有关消费者参与、消费者感知的文献较多，且研究主要关注消费者态度和认知等（Legaki et al.，2021）。从企业角度来看，研究多将游戏化营销作为企业创新战略的一个方面，探究其对于企业绩效的影响（Agogue et al.，2015）。此外，在企业视角，众多研究者将游戏化营销作为一个工具应用于员工招聘、员工培训等方面，实证研究表明，游戏化营销确实取得了不错的效果（De Oliveira，2021）。但是，由于消费者特征的多样性，消费者的个人经验、对于新兴事物的接受度等都会对游戏化营销效果产生影响，现有研究重点关注了消费者动机、感知等方面，并未对消费者特性进行质性探讨。与此同时，企业也具有不同的属性和竞争环境，环境和企业属性的不同也会对游戏化营销效果产生不同的影响。因此，可以尝试探究不同属性的企业和不同特性的消费者对游戏化营销的反应。

第三，从研究演进脉络来看，通过构建时间线视图和时区视图，该领域的演进过程可划分为以下三个阶段：第一阶段聚焦于"游戏化营销概念的构建和创新（2013-2015）"（Agogue et al.，2015；Roth et al.，2015；Scheiner，2015）；第二阶段聚焦于"消费者动机、游戏化元素的影响（2016-2018）"（Liang et al.，2017；Poncin et al.，2017）；第三阶段聚焦于"消费者参与的影响机制、游戏化营销与新兴技术、社交网络的结合研究（2019-2021）"（Pour et al.，2021；Raman，2021）。三个阶段的研究依次从游戏化营销的构建到用户参与再到新兴技术和社交媒体的融合，这表明游戏化营销在不断地创新发展，学者除了关注游戏化的过程之外，还关注游戏化营销的适用场景等。此外，通过对游戏化营销关键词聚类的详细梳理，最终形成了"基于游戏化概念构建—游戏化元素设计—消费者参与—品牌态度—消费者行为"的逻辑框架，一方面，有助于企业通过不同的游戏化元素设计吸引用户；另一方面，也表明了游戏化营销属性在现实生活中的实践意义。由此，进一步深化了游戏化营销的理论研究。

（二）研究展望

游戏化营销研究发展至今已有十年的历史，游戏化营销现已处于迅速发展阶段，成为学术界研究的焦点，研究内容和成果不断丰富，研究热点也在不断突破和更新。然而，总体来看，现有研究仍存在需要拓展和完善的地方，具体如下。

研究主体的拓展。探究多元化情境下游戏化营销与主体（消费者、企业、员工等）的良好匹配。在数字经济背景下，对游戏化营销的应用情境的正确认识是决定企业游戏化营销效果的重要因素。现有研究关注的消费者特性主要集中于消费者的游戏化经验、消费者参与度、消费者心流体验、消费者感知价值，并未对消费者的其他特性进行深入探讨。然而，不同消费者特性对游戏化营销因素存在差异，导致消费者参与游戏化营销的影响机制和影响因素的结论尚未达成一致。由此，一方面，未来研究可以基于消费者特性探究消费者参与游戏化营销的中介和情境机制，从而挖掘不同特性的消费者对于游戏化营销效果的不一致结论。例如，消费者对于新兴事物的感知新颖性、专注度等变量在游戏化营销设计或游戏化营销过程中对于营销效果的作用和影响机制。另一方面，未来研究可以对不同行业的消费者参与游戏化营销的效果进行比较，深入探讨消费者参与游戏化营销对企业绩效产生不一致结论的根源。

理论和方法的拓展研究。从研究理论来看，已有游戏化营销的理论研究比较丰富，主要以自我决定理论和心流理论为核心。然而，尽管现有理论涉及管理学理论、心理学理论和社会学理论，但缺乏从整合视角对多理论进行融合以更深入地探讨用户参与的相关研究。此外，现有研究主要局限于从特定视角运用相关理论，忽略了基于该理论提出新的见解。因此，提出以下两个研究方向：一是整合多学科理论视角：针对特定主题，融合管理学、心理学和社会学等学科理论，进行更全面的理论诠释。例如，结合媒体丰富理论、叙事传播理论、技术接受理论等探究在不确定性环境下，企业或消费者认知的局限性对游戏化营销绩效的影响。二是拓展和深化现有理论。今后可以针对现有理论提出新的见解，使其得以被广泛地理解和运用。同时，可以融合两个以上理论构建新的理论框架。例如，针对不同企业或不同消费者使用不同的理论框架。因为具有不同特性的消费者参与游戏化营销可能需要不同的理论逻辑，从而为理论深化和创新提供了可能。从研究方法来看，现有对游戏化营销的研究文献多采用实验法将消费者或企业代表作为参与者进行研究，或对成功企业或针对特定行业进行案例研究，而采用大规模实证研究的文献相对较少，尤其是实证研究的数据来源和研究方法比较单一。总体来说，游戏化营销领域尚未形成系统多元的研究方法体系。由此，本书认为，未来研究需要运用大规模的实证研究。例如，对不同类型的消费者参与游戏化营销的因素和动机进行对比研究，以通过消费者类型确定游戏化营销的动因，从而采取相应策略吸引不同类型消费者参与游戏化营销。

第二篇
游戏化营销影响效果的实证研究

前文已经介绍了国内外游戏化营销的前沿研究现状,需要注意的是,研究主题仍待拓展和完善,例如,关于不同特性的消费者参与游戏化营销的影响机制尚未达成一致,同时国内外在游戏化营销的研究领域尚未形成系统多元的研究方法体系。

游戏化营销是一个整合而完整的过程,然而多元化情境下游戏化营销和主体的良好匹配是复杂的。在本篇中,我们介绍游戏化营销影响效果的实证研究,通过探索游戏化营销对消费者的影响机理将对我们理解其在中国情境下的应用有所帮助。通过阅读本篇,读者可以对以下四个方面的内容有更为深入的了解:

(1) 游戏化营销对用户的购买意愿的短期影响。
(2) 游戏化营销对用户的长期持续意愿的影响。
(3) 期望违背理论下游戏化营销可能存在的负向影响。
(4) 影响游戏化营销效果的核心条件及其复杂组态路径。

第三章 游戏化营销对购买意愿的影响过程研究

第一节 研究缘起

游戏化营销正逐渐成为营销学领域的焦点,它可能将是变革传统营销手段的一次重要契机。"游戏化"一词在 20 世纪 80 年代第一次出现,但 30 年后,学者才界定了它的概念:游戏化就是把游戏因素融入非游戏情境中(Deterding,2011)。CNNIC 数据显示,截至 2022 年 3 月,中国网民规模达到了惊人的 10.32 亿。随着智能手机的普及,人们进行线上游戏、购物的成本越来越低,游戏化游戏体验的参与者快速增多。此外 Markets and Markets 研究公司的一项新研究预测:游戏化在 2018 年会成为一个 55 亿美元的市场(Bloomberg,2014),显然现实中的游戏化市场规模远远超过了这个预测值——游戏化已经成为企业战略决策的重要因素之一。例如,化妆品品牌 Sephora 最新推出的一款"虚拟艺术家"AR 应用程序,让顾客可以在线上体验美肤过程,商家利用游戏程序的多感官体验,加强了消费者与品牌的情感联系,这一方法收获了来自"千禧一代"和"Z 世代"人群的广泛好评。其实游戏化营销的目标受众,也刚好是这一年轻群体,他们大多数生活在衣食无忧的和平年代,对数字化娱乐有着较多频次的体验经历,形成了享乐型、体验型的消费习惯。他们愿意为有趣味的产品或服务买单,是真正为快乐而消费的人群。游戏化营销有效地促进了这一群体的内部动机(Bittner and Schipper,2014)。

但是在实际中,游戏化营销的效果却不尽如人意,官方统计达到预期的游戏化营销仅为 20%。像"黑五"和"双十一"这种全民购物狂欢节,即使主办方斥巨资炒热度来为游戏化营销活动造势,也很难达到消费者的预期。很多消费者反映，游戏化的促销方式在这里被滥用或者错用，本来追求网购便捷性的人群，被定金、津贴、红包、虚拟金币这些要素组合而成的复杂的营销游戏规则，弄得眼花缭乱，疲惫不堪。而其他没有资金、技术、信息调研支持的微小型从业者的游戏化呈现效果则可想而知，营销之路举步维艰。

很多从业者把游戏化营销方式成功概率低的问题归咎于产品本身特性，或是游戏化设计品质问题，认为它们未能调动目标客户的参与性。事实上，游戏化设计本身是复杂的，需要考虑众多因素。一般来说，就产品而言，游戏化营销对各类型产品都有正向作用，但其中享乐型商品对游戏化促销更为敏感。游戏化元素给消费者带来感官刺激，能有效调动消费者对产品的情感归属，而对于一般的功能型产品、实用型产品，消费者更关注产品本身的功能，确定其能否满足自身的基本需要。所以对于享乐型产品来说，如何利用游戏化这种交互手段对顾客品牌感知做正向引导显得尤为关键。

"占领市场必先占领消费者内心"，这是广告大师 Leo Burnett 的一句名言。与游戏化一起走进年轻消费者内心的，还有对"酷"的追求。当物质生活得到极大满足后，人们开始关注内心的满足感和心情的愉悦感。在此背景下，企业抓住这一消费热点，将酷元素融入营销实践。例如，华为特地设定保时捷限量款，利用炫酷的车身设计吸引对尊贵外观设计有需求的高端消费者，这也符合了高端消费者更青睐酷产品的相关消费偏好理论。这也是为什么，近几年我们发现在产品广告、招牌、包装上随处可见酷这类字眼（Mohiuddin，2016）。

同时有关研究发现，很多年轻消费者会把"酷"作为是否购买该产品的心理标准之一，有时甚至忽略其本身实用价值和性价比，毫不犹豫地为酷感消费买单。例如，优衣库、Zara 等快时尚品牌的兴起，表明对于某些产品，消费者的关注点已经从质量转移到精神满足和个人价值体现层面。从业者很快发现这种炫酷式包装下的产品能有效取悦消费者，从而积极影响他们的购买意愿，有时甚至能弥补商品本身的缺陷。在缺乏价格优势或产品功能性单一时，品牌酷感能让消费者忽略这些不足，仍保持一定的购买热情。理论认为，顾客的品牌感知是日常自然形成的过程，优质的品牌管理有助于形成品牌价值、确立市场主导地位和扩大销售及核心竞争力。所以不少从业者都在绞尽脑汁地思考如何把这种对品牌的"酷感知"传递给潜在客户，所以从业者开始了炫酷品牌的打造。因此，研究用户炫酷度感知程度，有助于梳理游戏化唤起消费者内部动机，从而影响用户购买意愿这一过程。

此外，随着现代生活节奏的加快，个体时间的碎片化成为当下消费者必须面临的现实问题，这就是时间贫穷。时间贫穷表现了消费者所感知的时间可支配性及其稀缺程度，即是否有时间做自己想做的事情。这就使人们对娱乐的追求已不及以往狂热，越来越多的人希望得到时间脱贫，获得精神上的自由感和富足感。调研显示，半数以上的消费者因为节约时间而选择网购，时间压力越大，消费者选择网购的意愿越强烈，显然对于时间贫穷度高的消费者来说，对于未知产品的游戏化营销活动，他们的参与意愿表现一般。过高的负面情绪会显著抑制个体的沉浸体验，影响消费者的价值感知和购买意愿。因此，本书将探究时间贫穷程度作为调节变量，是否会影响消费者品牌炫酷度感知和购买意愿。

第二节 游戏化营销效果的影响因素

一、游戏化营销

简单地说，游戏化营销是指通过动机激励因素，为受众提供更好的信息交互的促销方式，用趣味性类游戏体验，为消费者实现价值的过程（Bittner，2014）。即游戏化在识别需要、体验服务和评价服务等消费者参与服务过程的三个阶段中，有效地促成了顾客契合（Conaway and Garay，2014）。游戏设计者把徽章、排行榜、任务奖励、经验值、虚拟人物等游戏元素运用在营销实践中，利用消费者的胜负欲、游戏趣味性、成就获得以及奖励激励等因素，"迫使"消费者在游戏的过程中，在其品牌信息上进行视觉停留，潜移默化地形成品牌价值的感知，进而产生主动参与促销、感知、购买的全过程的行为。从业者通过增强交流、顾客忠诚度和营业额提高的方式，有效占领市场。相比利益物质驱动，游戏化具有低成本特性。游戏作为在规则框架下有目的性质的玩乐方式，会提升消费者价值感知以及消费体验，来有效影响消费者现实中的购买决策行为，实现产品溢价。玩乐是人类的天性，人们在高度沉浸类游戏活动中能产生积极情绪，产生幸福感（Csikszentnihalyi，2000）。而且在玩乐过程中与品牌进行情感的交流，可以使用户黏性更加显著，让用户在感受趣味的同时，增加产品的购买频次，并主动加入产品的优化和众包创新中（Kavaliova，2016）。

二、品牌炫酷度

"酷"的概念被认为与全球消费文化盛行（GCC）相关（Kaleel，2013）。每个人对酷的感知没有绝对的标准，因为它本身就是一个朦胧的定义，但它所代表的品牌意义，被学者认为是具有积极的赞许意味的，酷能明确增加商品的价值，让企业获得显著收益。另有学者认为酷感知可分为内外两个层次：内在的酷感知被认为是当前感知对象的个性、内涵特征，用于满足顾客的实际需要和功能需要。外在的酷感知被认为是当前感知对象的外观特征，用于满足顾客享乐需要和炫耀需要。例如，我们当前研究的酷感知，主要就是产品外在显现出来的特质，用以满足消费者对美的追求以及享乐属性。"酷"是一个让消费者无法抗拒的属性，自然酷产品的吸引力也是与生俱来的。有学者认为这种吸引来源于审美价值和社会认可两个维度，同时由于美的定义与社会变迁造成人价值标准的改变，所以人们对酷的理解随着时代变迁会形成周期性变化。例如，过时的东西会给人老土的体验，但过一段时间又会成为复古潮流，给人以酷感，这种现象给酷带来了灵活多变的属性。

Warren（2019）认为，一个品牌被消费者认为酷，至少说明具有卓越、有美感、充满活力、高端、与众不同、原创订制、真实不做作、时尚、非主流等不同特征，其中时尚这一维度占了主导地位，是衡量品牌炫酷度的重要依据。Runyan和Noh（2017）将产品炫酷感进行了分类：享乐型炫酷包含外表的美观性、造型的奇特性、产品数量的有限性，功能型炫酷包含功能体验的新鲜感、产品质量和功能的多样性。本书主要探讨了游戏促销方式对品牌炫酷度的感知，但实际上营销学内的4P均会影响消费者对炫酷的感知，尤其是产品的外包装、功能、价格方面对炫酷感知的影响机制在学界尚未得到完善，以后可做进一步研究。

更有意思的是，追求酷感不仅是青少年的专利，有研究证明，30多岁的消费者也依旧"臭美"，他们的购买决策、动机、态度也会被酷感引导（Gaskins，2003）。所以，一旦品牌被冠以"酷"的属性就会增值，这将直接影响消费者购买意愿（Wang，2018）。

三、时间贫穷

时间是客观因素，而时间贫穷表现了个体对时间的主观感受。即时间知觉，时间知觉是在自我认知视角下，个体在实际时间和主观感知的时间之间产生不同感受，时间知觉有时受制于个体的精神状态、情绪变化、外部因素刺激。高效率的中国人却经常面临着时间冲突的问题。时间都去哪儿了？其中不仅是社会发展带来的普遍问题，还有诸多个人的原因。时间贫困人群主要有以下两个表现行为：一是生活时间被挤压，二是对时间支配能力的弱化。它表现为对自我时间的有效控制，主流认为时间贫穷是一种负面压力，高时间贫穷会产生生理不适、负面情绪、幸福体验受损等问题。在现实生活中，很多大学生同样都面临"时间贫穷"困境。例如，考前复习时间不够，导致经常熬夜学习，在处理学生工作的时候，难以平衡学习和工作的时间，时间碎片化，无法安排出固定时间进行学习等。

时间贫穷会带来诸多负面影响。例如，在身心健康方面，时间贫穷会带来大量心理压力,导致抑郁水平提高,带来生理上的不适,如失眠、盗汗、神经衰弱。同时,有关研究认为时间贫穷会引发认知行为受阻,注意力涣散,让负面情绪累积。长时间处于此种状态,容易发生短视行为,对现有信息识别障碍,从而影响跨期决策(见图3-1)。因此我们有理由推测在营销场景中,长时间处于时间贫穷状态的人群可能对游戏化营销并不敏感,甚至会产生反向作用,进而影响消费决策。

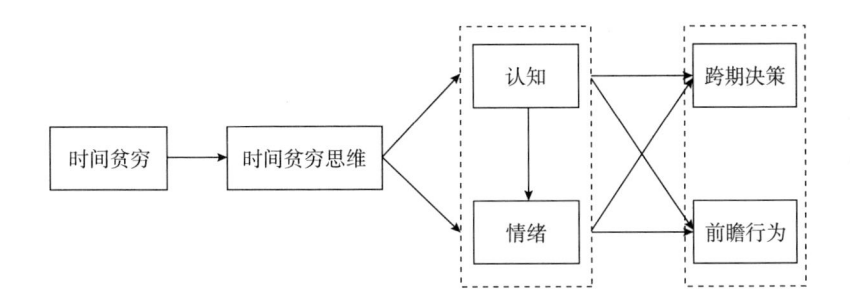

图 3-1 时间贫穷影响跨期决策与前瞻行为的理论模型

第三节 基于时间贫穷和品牌炫酷度的模型构建

一、游戏化营销对购买意愿的影响

企业在进行营销活动时总是利用一切手段博取消费者的眼球,吸引大量的关注,因为一定数量的曝光能够转化成成交额。而在游戏中,各种游戏元素激发了参与者高度的吸引力和内在动机。在游戏的过程中,高度专注的参与者会忽视促销的商业性特征,毫无防备地走入商家设下的品牌感知"陷阱",为下一步接受从业者的消费引导埋下伏笔。基于此过程,有关学者提出了技术接受模型(Jipa and Marin,2014),此模型一般用来分析游戏化如何通过内外部动机影响产品的购买意愿,如图3-2所示。

后来有其他学者进一步提出与外部动机相关的游戏化元素会作用于感知乐趣,从而影响对该产品的购买意愿,游戏元素成为影响购买意愿的重要因素。这一模型成功为游戏化从业者打开了新的研究思路和设计方向。因此本书推断游戏化营销中排行榜、竞争、奖励等游戏因素能够增加用户的炫酷度感知。并且在外在动机与内在动机的作用下，有效提高用户的持续使用意愿。结合其他学者的研究，本书决定将品牌炫酷度感知这一内部动机作为中介变量来研究，将时间贫穷作为调节变量，组建模型，探究游戏化营销中顾客购买意愿的影响机制，如图3-3所示。

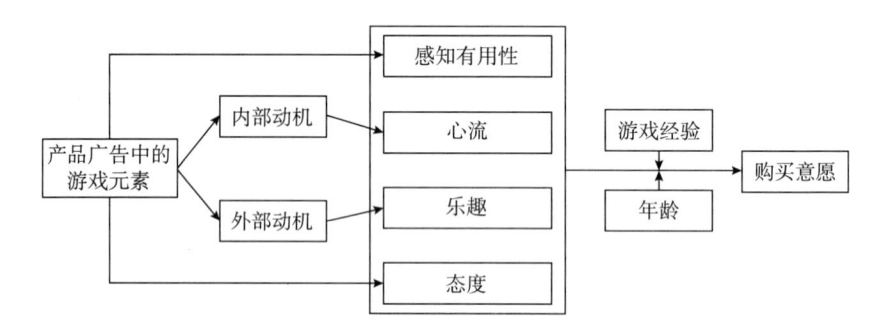

图 3-2　游戏化营销对购买意愿的影响模型

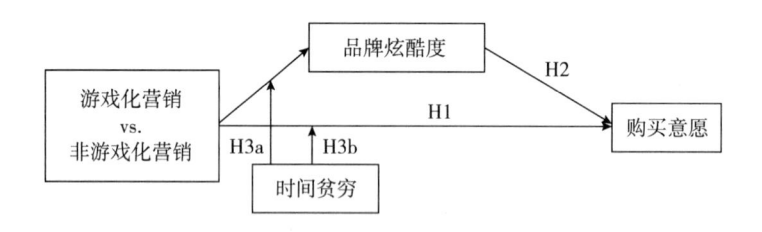

图 3-3　游戏化营销对购买意愿影响的研究模型

二、游戏化营销对购买意愿的影响

良好的类游戏体验可以招揽顾客，并对他们的态度和行为产生积极影响，这种优化方式归功于"心流"，是一种忘我的沉浸体验。在游戏难度与参与者操作能力一致的情况下，就会出现这一心理状态（Csikszentmihalyi，1990），它的出现能有效提升顾客购买意愿。在游戏学研究中，Shang 和 Lin（2013）认为，相比非游戏化，游戏化拥有竞争性、社交属性、娱乐性、暂时性逃避现实、经验升级、满足幻想、拥有超越现实的力量共七个类游戏元素，且都会对购买意愿产生正向影响。这是游戏设计元素对购买意愿影响作用机制的理论研究之一，这类学者认为，游戏化营销是可以作为实现顾客重复购买并产生品牌忠诚的重要手段。在游戏化营销中，一款难易适中的任务挑战让参与者进入沉浸式体验状态，并对参与者的行为和态度产生正向影响，从而大大提高消费者的购买意愿。基于此，本章提出以下假设：

H1：相比于非游戏化营销，游戏化营销更能促进购买意愿。

三、品牌炫酷度在游戏化营销与购买意愿间的中介作用

Norris（1986）认为，在营销实践中，类游戏促销方式在客户和品牌之间产生了强烈的情感联系。因此，在游戏化营销活动中，参与游戏的过程可能会对该品牌的感知价值产生更有利的影响。有学者把这一现象总结为品牌契合，即消费者在品牌互动中，产生的喜爱、满足、偏好并愿意与他人分享推荐等行为。同时一项针对 JIBO 机器人购买意愿的研究报告中提出，消费者酷感知以及有用性感知会正向影响用户的使用意愿（Kim and Park，2019）。本书认为，在游戏促销中，一旦参与者出现酷感觉，就说明他由传统意义上的获取品牌信息，上升到品牌价值的感知，游戏强化了品牌体验，有目的性地把游戏的正面感知转移到品牌上，产生品牌契合，从而提高购买意愿。基于此，本章提出以下假设：

H2：相比于非游戏化营销，游戏化营销更能提升顾客的品牌炫酷感知程度，从而促进购买意愿。

四、时间贫穷的调节作用

有学者认为时间贫穷会对购买决策的制定产生直接的影响，高时间贫穷会让消费者陷入紧张情绪，减少对促销信息的收集和分析，导致消费者决策质量下降，产生怀疑和不信任感，减弱其购买意愿（王大伟，2007）。而且从消费者规避风险角度来看，在高强度的时间压力下，消费者难以形成对产品的全面认知，在对此产品能否满足自身需求的不确定因素下，购买意愿自然比较低。基于此，本章提出以下假设：

H3a：当顾客感知时间贫穷程度低时，游戏化营销显著提升顾客的酷感知程度。

H3b：当顾客感知时间贫穷程度低时，游戏化营销显著提升顾客的购买意愿。

第四节 研究设计

本书主要采取实验法，由于新冠肺炎疫情影响，采用问卷调查的方式收集样本数据。问卷分为七个部分：导语、甄别选项、时间贫穷 TSST 心算实验、炫酷度感知量表、时间贫穷感知量表、购买意愿量表以及个人基本信息。由于是游戏化与非游戏化营销的对照实验，同时还需对时间贫穷高低进行实验操控，所以共发放四种

问卷，形成实验对照组。A1 为游戏化高时间贫穷，A2 为游戏化低时间贫穷，B1 为非游戏化高时间贫穷，B2 为非游戏化低时间贫穷。由于需要游戏化营销产品和炫酷度品牌产品的潜在顾客多为年轻人，所以主要向高校大学生发放问卷。设置情绪状态选项，用于剔除情绪过于低落的被测试者。由于促销产品口红本身的性别特性，设置了产品了解程度题项以及产品喜爱程度题项。其量表部分答案选项采用 7 点评分法进行选择。开头收集个人信息部分设置了性别、年龄、月收入 3 个题项。

一、游戏化与非游戏化营销的控制

为了检验游戏化营销的效果，本书设置了游戏化与非游戏化两组促销广告，在问卷前已用明显的字体告知被测试者需要扫描进入促销场景体验。为确保被测试者完整看完促销广告，体验后特设置促销产品售价题项，用以剔除未进行促销体验的被测试者。促销广告以 H5 形式呈现，为避免已有品牌形成的固有思维，特设置"小鸽叽"，此原创名称为口红品牌。同时为保证实验严谨性、广告前部分产品描述、公司名称、营销口号、促销活动形式、活动时间以及奖励设置都保持一致，进行验证。

（1）游戏化营销。通过扫描二维码，进入提前设计好的小程序，采用近期比较热门的转盘抽口红游戏，参与者可进行不断闯关获取积分，根据游戏积分进行排名。游戏积分排名前 100 名者可获得 1 元优惠奖励，玩家可以查看游戏总排行榜和微信好友排行榜，游戏可多次参与，排行榜只记录好成绩。游戏也可以通过网址链接、二维码共享进行社交共享，顾客参与成本较低，最大限度地发挥促销作用。游戏难度较为适中。小程序融入排行榜、社交、积分等游戏元素，基本满足上文所述游戏化营销的基本要求。

（2）非游戏化营销。通过扫描二维码，点击确认参与活动，前 100 名参与活动的顾客可获得 1 元优惠奖励。为传统线上促销活动，根据时间先后获得奖励。

二、品牌炫酷度感知的测量

本维度题项采用 7 点计分，共 5 个题项，如表 3-1 所示。

表 3-1 品牌炫酷度的测量

题项	来源
参与刚才那种广告会让我看起来很酷	Chen 和 Chou（2019）
当我想到那些很酷的广告时，刚才那种广告就排在中间	
当我看到刚才那种类型的广告时，我的反应通常是："太酷了"	
刚才那种广告有一些很酷的功能	
如果我列一个很酷的广告清单，刚才那个广告会在上面	

三、购买意愿量表

本书维度题项采用 7 点计分，共 3 个题项，如表 3-2 所示。

表 3-2　购买意愿的测量题项

题项	题项来源
如有需要，我会考虑购买该品牌产品	Gilly 和 Wolfinbarger（1998）
我打算在不久的将来购买该产品	
我愿意将该品牌推荐给他人	

四、时间贫穷的实验测量

本章采用学界通用、由 Kirschbaum（1993）开发的 TSST 范式，通过认知压力测量确定被测试者的时间贫穷感知程度。标准的 TSST 范式采用限时公开演讲和限时心算两种方式测量，由于问卷实验的限制性，公开演讲不易实现，故采用限时心算达成测量目标。

实验要求：告知被测试者正在参加一个至关重要的入职面试，面试前被告知面试全程录音录像。面试内容为在规定时间内完成一个口算测试，禁止借助纸笔、计算器等其他工具，一旦错误则需重新开始口算。高时间贫穷实验组被要求在 60 秒内完成从 2063 减 18 并依次循环 6 次的口算题，而低时间贫穷的实验控制组，仅要求在 30 秒内完成 1 加 5 并依次循环 4 次的口算题。

改编自 Lee（2007）的问题题项，用于验证时间贫穷实验操控是否成功。题目采用 7 点计分，共 1 个题项："在过去的一段时间里，您感到匆忙和时间紧迫的频率。"

第五节　实证分析与结果

一、样本特征

本次的问卷主要采用网络问卷获取数据，利用问卷星网站、微信朋友圈、QQ、微博等网络程序传播。本次问卷共发放 257 份，经实际检验完成问卷至少需要 120 秒，剔除作答时间较短的、未完整体验促销过程的、处于极端情绪的、本身对口红没有需求的、根本不了解口红品牌及其市场的，最终的有效数据是184份。有效样本特征及统计如表3-3所示。

表3-3　有效样本特征及统计

特征	分类	样本数	百分比（%）
性别	男生	39	21.20
	女生	145	78.80
年龄	18岁及以下	12	6.52
	19~30岁	159	86.41
	31~45岁	6	3.26
	46~60岁	7	3.80
月收入	1000元及以下	93	50.54
	1001~2000元	43	23.37
	2001~5000元	28	15.22
	5000元以上	20	10.87

二、信度和效度分析

首先，针对信度检验，本章对各变量Cronbach's α系数进行测量（见表3-4）。本次问卷调查的各变量结果均在0.7以上，均为可信，因此可以认为问卷具备良好的信度。

其次，本章利用因子分析进行效度检验（见表3-5）：各量表的方差解释率在65.90%~82.17%，大于60%，说明因子分析是有意义的。各量表的KMO检验值均大于0.6，说明问卷各题项能够很好地衡量其所对应的维度，效度良好。通过成分矩阵（见表3-5），可知各题项的因子载荷均大于0.6，说明量表的结构效度达到基本要求，问卷的题项设置得合理。

表3-4　各变量的Cronbach's α、KMO值、方差解释率

	实验对照	品牌炫酷度	时间贫穷	购买意愿
Cronbach's α	游戏化	0.867	0.715	0.853
	非游戏化	0.929	0.727	0.891
KMO值	游戏化	0.887	0.715	0.746
	非游戏化	0.841	0.727	0.787

续表

	实验对照	品牌炫酷度	时间贫穷	购买意愿
方差解释率	游戏化	0.796	0.762	0.8217
	非游戏化	0.659	0.779	0.7859

表 3-5 各变量成分矩阵

测量维度	实验对照	题号	1	2	3
品牌炫酷度游戏化	游戏化	Q14	0.891	—	—
		Q15	0.863	—	—
		Q16	0.859	—	—
		Q17	0.844	—	—
		Q18	0.811	—	—
	非游戏化	Q14	0.892	—	—
		Q15	0.870	—	—
		Q16	0.867	—	—
		Q17	0.832	—	—
		Q18	0.812	—	—
时间贫穷	游戏化	Q1	—	0.887	—
		Q2	—	0.887	—
	非游戏化	Q3	—	0.872	—
		Q4	—	0.872	—
购买意愿	游戏化	Q23—1	—	—	0.914
		Q23—3	—	—	0.912
		Q23—3	—	—	0.893
	非游戏化	Q23—1	—	—	0.917
		Q23—3	—	—	0.906
		Q23—3	—	—	0.820

三、相关性分析

如表 3-6 所示，是否采用游戏化营销对品牌炫酷度感知、购买意愿之间的 Sig. 值均小于 0.1，它们之间存在显著相关性。同时消费者的时间贫穷感知对品牌炫酷度感知和购买意愿之间 Sig. 值均小于 0.1，且系数为负值，它们之间存在显著的负相关性。消费者品牌炫酷度感知 Sig. 值均小于 0.1，它们之间存在显著相关性，所以实验可以进行下一步检验。

表 3-6　相关性分析

变量	游戏化	时间贫穷	品牌炫酷度	购买意愿
游戏化	1	—	—	—
时间贫穷	-0.194**	1	—	—
品牌炫酷度	0.249**	-0.157*	1	—
购买意愿	0.272**	-0.226**	0.694**	1

注：*、** 分别表示 p 在 0.05、0.01 水平（双侧）上显著相关。

四、实验控制检验

（一）游戏化营销控制检验

为了检验游戏化营销是否操控成功，对不同实验组进行了方差检验（见表 3-7）。

表 3-7　游戏化营销实验控制独立样本检验

游戏化营销	F	Sig.	T	df	Sig.（双侧）	均值差值	标准误差值	95%置信区间 下限	95%置信区间 上限
假设方差相等	0.015	0.903	3.307	179	0.003	-0.193	0.250	0.205	0.967
假设方差不相等	—	—	3.028	174.797	0.003	-0.193	0.250	0.204	0.968

将游戏化作为分组变量（1=游戏化，0=非游戏化），将消费者的游戏化主观感知作为检验变量，做独立样本 T 检验。方差齐性检验 $p=0.903>0.05$，表明无显著差异。所以方差齐次一致，看第二行 $p=0.003<0.05$，有统计学意义。然后进行比较均值，如图 3-4 所示，发现游戏化 4.98 大于非游戏化的 3.49，游戏化和非游戏化实验对照控制成功。

（二）时间贫穷控制检验

将实验提前设定时间贫穷程度作为分组变量（1=高时间贫困，0=低时间贫困），将实验后被参与者主观感受的时间贫穷程度作为检验变量，做独立样本 T 检验（见表 3-8），方差齐性检验 $p=0.187>0.05$，所以方差齐次一致，看第一行 $p=0<0.05$，有统计学意义，并且通过比较均值发现，低时间贫困的均值为 2.31，高时间贫困的均值为 4.35（见图 3-5），有显著差距，所以时间贫穷实验控制成功。

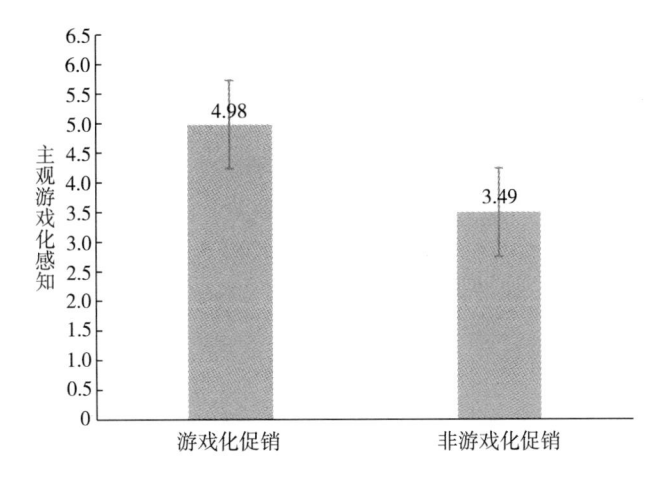

图 3-4 游戏化主观感知实验对照

表 3-8 时间贫穷实验控制独立样本检验

口算中是否有时间紧迫的压力	Levene 检验		均值方程的 T 检验					95%置信区间	
	F	Sig.	T	df	Sig.（双侧）	均值差值	标准误差值	下限	上限
假设方差相等	1.754	0.187	2.536	179	0.012	0.636	0.251	0.141	1.132
假设方差不相等	—	—	2.533	176.905	0.012	0.636	0.251	0.141	1.132

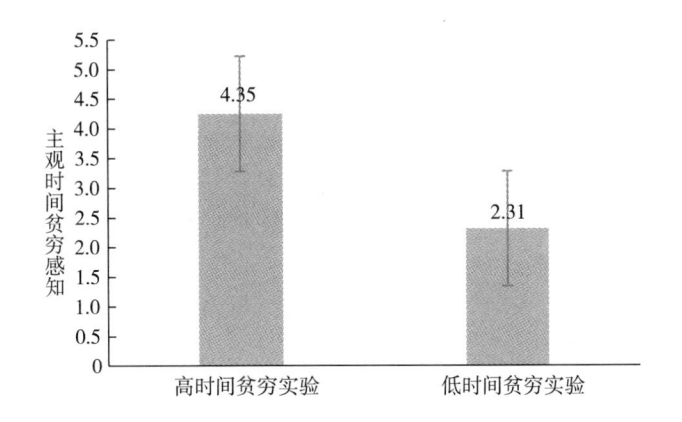

图 3-5 时间贫穷主观感知实验对照

综上所述，游戏化营销、时间贫穷两个变量在实验中控制良好，能较好地检测被测试者在该维度上的主观感知，可以形成实验对照，表明实验结果有意义。

五、主效应检验

为了检验游戏化营销是否能够预测用户的购买意愿，进行了方差检验（见表 3-9）。

表 3-9 购买意愿独立样本检验

购买意愿	Levene 检验		均值方程的 T 检验						
	F	Sig.	T	df	Sig.（双侧）	均值差值	标准误差值	95%置信区间	
								下限	上限
假设方差相等	3.06	0.08	−3.578	179	0.009	−0.664	0.250	−1.158	−0.170
假设方差不相等	—	—	−3.565	175.165	0.009	−0.664	0.251	−1.159	−0.169

将游戏化作为分组变量（1＝游戏化，0＝非游戏化），将消费者的购买意愿作为检验变量，做独立样本 T 检验。方差齐性检验 $p=0.08>0.05$，表明无显著差异。所以方差齐次一致，看第二行 $p=0<0.05$，有统计学意义。然后进行均值比较，如图 3-6 所示，发现游戏化 4.28 大于非游戏化的 2.97，所以 H1 成立，即相比于非游戏化营销，游戏化营销更能促进购买意愿。

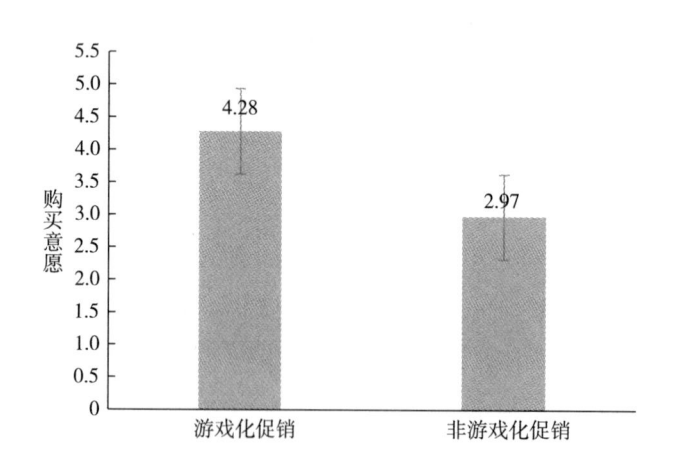

图 3-6 游戏化和非游戏化营销的购买意愿

六、回归分析

首先用游戏化对品牌炫酷度做线性回归分析（见表 3-10），$p<0.05$，表明游戏

化营销对品牌炫酷度有显著影响。其次看游戏化对购买意愿的回归,以及游戏化和品牌炫酷度对购买意愿的回归(见表3-11),X 到 Y 的显著性为 0.07>0.05,M 到 Y 的回归中 M 到 Y 的回归系数为 0<0.05,这说明 X 到 Y 的效应不显著,M 到 Y 的效应显著,由此 X-M-Y 路径得到验证,此中介模型为完全中介模型。

表3-10 促销类型对购买意愿的回归分析

	非标准化系数	标准误差	标准系数	t	显著性
常量	3.433	0.131	—	26.192	0.000
促销类型	0.642	0.187	0.2494	3.433	0.001

表3-11 促销类型和品牌炫酷度对购买意愿的回归分析

模型		非标准化系数	标准误差	标准系数	T	显著性
1	常量	3.489	0.125	—	27.966	0.000
	促销类型	0.672	0.178	0.272	3.776	0.000
2	常量	1.152	0.182		5.992	
	促销类型	0.235	0.129	−0.095	1.826	0.070
	炫酷度	0.681	0.050	0.711	13.655	0.000

为了进一步验证品牌炫酷度的中介作用,我们用 SPSS Model 4(Model 4 为简单中介模型)进行 Bootstrap 的中介检验,如表3-12 所示。

表3-12 品牌炫酷度的中介模型的回归分析

变量	品牌炫酷度 B	T	Bootstrap95%Cl 下限	上限	购买意愿 B	T	Bootstrap95%Cl 下限	上限	购买意愿 B	T	Bootstrap95%Cl 下限	上限
常数项	3.433***	26.192	3.174	3.691	3.489***	27.966	3.243	3.735	1.152*	5.922	0.773	1.531
游戏化	0.642***	3.433	0.273	1.010	0.672***	3.776	0.321	1.023	0.235	1.826	−0.190	0.489
炫酷度	—	—	—	—	—	—	—	—	0.681***	13.656	0.5825	0.7793
R^2	—	0.062			—	0.074			—	0.548		
F (df)	—	11.783			—	14.261			—	107.749		

注:*、***分别表示 p 在 0.05、0.001 水平(双侧)上显著相关。

综上所述,由表3-12 和表3-13 可知,游戏化营销对购买意愿的正向作用显著($\beta=0.672$,$t=3.776$,$p<0.01$),且当放入品牌炫酷度感知后,游戏化营销

对购买意愿的正向作用依然显著（β=0.681，t=13.656，$p<0.01$）。游戏化对品牌炫酷度感知的正向作用显著（β=0.642，t=3.433，$p<0.01$）。同时，游戏化营销对购买意愿的间接效应的Bootstrap95%置信区间的上下限均不包含0（见表3-13），表明游戏化促销能通过顾客对品牌炫酷度感知进而影响购买意愿。该间接效应（0.437）占总效应（0.672）的65.03%。完全中介模型再一次得到验证。假设H2成立，即相比于非游戏化营销，游戏化营销更能促进购买意愿，作用效应如图3-7所示。

表3-13　中介效应的间接效应结果

效应类型	效应值	Boot SE	Bootstrap95%CI 上限	Bootstrap95%CI 下限	相对效应占比
总效应	0.672	0.178	0.321	1.023	—
直接效应	-0.235	0.129	-0.019	0.489	不显著
间接效应	0.437	0.137	0.137	0.182	65.03%

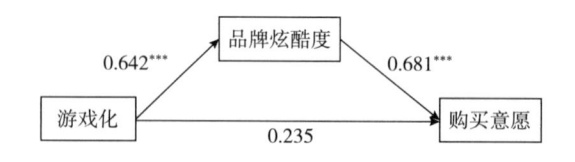

图3-7　品牌炫酷度完全中介效应

注：***表示 p 在0.001水平（双侧）上显著相关。

有调节的中介模型分析如表3-14所示。

表3-14　品牌炫酷度的中介模型的回归分析

变量	品牌炫酷度 B	T	Bootstrap95%CI 下限	Bootstrap95%CI 上限	购买意愿 B	T	Bootstrap95%CI 下限	Bootstrap95%CI 上限
常数项	3.702***	40.574	3.522	3.882	1.037***	4.864	0.616	1.457
游戏化	0.578***	3.166	0.218	0.938	0.124***	1.889	0.151	0.399
时间贫穷	-0.117***	-2.053	-0.229	-0.005	-0.128	-0.626	-0.116	0.060
炫酷度	—	—	—	—	0.738***	13.734	0.631	0.8437

续表

变量	品牌炫酷度				购买意愿			
	B	T	Bootstrap95%CI		B	T	Bootstrap95%CI	
			下限	上限			下限	上限
交互项	-0.354***	-3.122	-0.578	-0.130	—	1.553	-0.037	0.309
R^2	—	0.138	—	—		0.084	—	—
F (df)	—	9.477				15.237		

注：*** 表示 p 在 0.001 水平（双侧）上显著相关。

把因变量购买意愿作为结果变量进行调节效应的回归分析，验证时间贫穷对主效应的调节作用。由表 3-14 可知，p 值显著，且 R 值为 0.826，接近 1，说明模型拟合良好。交互项是自变量游戏化与调节变量时间贫穷的乘积，表示自变量游戏化与调节变量时间贫穷的交互对因变量购买意愿的影响。$p=0.013<0.05$，置信区间的上下限不包括 0，说明调节效应显著，即调节变量在自变量与因变量之间存在调节效应。且根据图 3-8 可知，低时间贫穷感知（M-1SD）的被参测试者，游戏化营销对购买意愿具有显著的正向影响，$\beta=0.762$，$t=3.021$，$p<0.001$。时间贫穷感知正常（M）的被参测试者游戏化营销对购买意愿具有显著的正向影响，$\beta=0.561$，$t=1.761$，$p<0.001$。而对于高时间贫穷感知（M+1SD）参测试者，游戏化营销对购买意愿的影响不显著（$p=0.989>0.001$），且在 95% 置信区间的上下包含 0。表明随着时间贫穷的提高，游戏化营销对购买意愿的积极作用呈逐渐降低趋势，在高时间贫穷下，无论是游戏化还是非游戏化营销，对购买意愿均无影响。所以 H4a、H4b 假设成立。

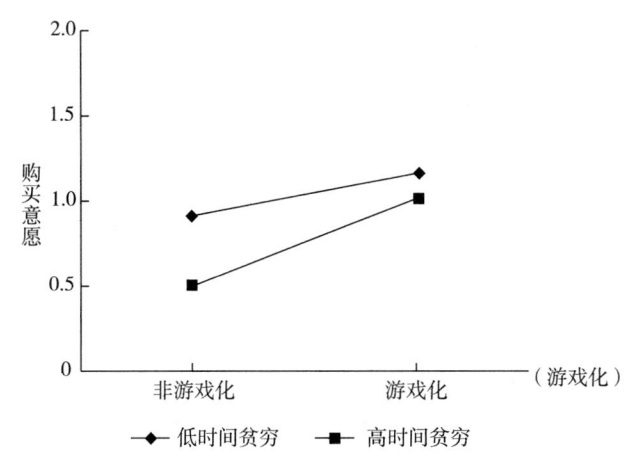

图 3-8 时间贫穷在游戏化促销和购买意愿之间的调节效应

把中介变量品牌炫酷度作为结果变量进行调节效应的回归分析，验证的时间贫穷对品牌炫酷度的调节作用分析。由表 3-14 可知，p 值为 0 显著，且 R 值为 0.372，说明模型拟合一般。交互项是自变量游戏化与调节变量时间贫穷的乘积，表示自变量游戏化与调节变量时间贫穷的交互对中介变量品牌炫酷度的影响。$p=0.021<0.05$，置信区间的上下限不包括 0，说明调节效应显著，即调节变量在自变量与中介变量之间存在调节效应。由图 3-9 可知，低时间贫穷感知（M-1SD）的被参测试者，游戏化营销对品牌炫酷度具有显著的正向作用（$β=1.1224$, $t=1.889$, $p<0.001$）。时间贫穷感知正常（M）的被参测试者游戏化营销对品牌炫酷度具有显著的正向影响（$β=0.578$, $t=3.166$, $p<0.001$）。而对于高时间贫穷感知（M+1SD）的被参测试者，游戏化营销对品牌炫酷度的影响虽然会产生正向影响，但是作用效果很小（$β=0.121$, $t=1.384$, $p<0.001$）。表明随着个体时间贫穷程度的变高，游戏化营销对品牌炫酷度感知的正向作用呈逐渐降低趋势。此外品牌炫酷度感知游戏化营销与购买意愿关系中的中介效应也呈降低趋势，随着被测试者时间贫穷程度的提升，游戏化营销更不容易通过提高品牌炫酷度感知进而诱发其购买意愿的提升。H3a 假设成立，H3b 假设不成立。

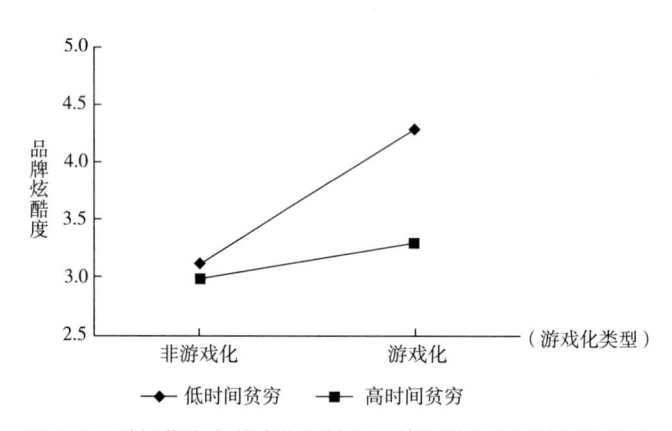

图 3-9 时间贫穷在游戏化促销和品牌炫酷度之间的调节效应

第六节 研究结论与启示

一、研究结论

本书的目的是研究品牌炫酷度和时间贫穷在游戏化营销对购买意愿的影响过

程中的作用，研究对象是中国的各个年龄段有过游戏化营销体验的用户，在地理上包括了全国二十多个省（区、市），主要研究结论如下：

（一）游戏化营销的主效应

游戏化营销对用户购买意愿的直接影响成立。相比非游戏化，游戏难度适中的游戏能让参与者在碎片化的时间里，获得精神的放松，且在有物质奖励和竞争状态下，更能激发参与者的参与热情，产生积极情绪，提升产品的好感度，所以主效应成立。在此应注意的是，游戏难度要与玩家自身能力和游戏的目的相匹配，而且难度要有递进感，加强交互界面的美观性，游戏设计风格尽量与产品保持一致，这样能最大限度促进购买意愿。

（二）品牌炫酷度的中介作用

品牌正向感知是促进购买意愿形成品牌忠诚的重要因素，探讨品牌炫酷度在游戏化营销对购买意愿之间的中介作用，不仅有助于从顾客感知价值理论揭示游戏化营销价值实现的路径，而且有助于梳理购买意愿产生的认知机制。本书将品牌炫酷度作为中介变量构建对购买意愿影响机制的模型，并证明在模型中起完全中介作用。感知品牌的炫酷感，前提是要求游戏本身要有炫酷的体验，才能将体验与品牌的感知相联系。炫酷感的解读是多样的，在实践中要有选择性地着力呈现炫酷的某个维度，要求从业者根据产品本身属性以及目标人群的偏好来决定次维度方向，以此才能取得营销效果。同时该结果论证了以往研究的观点，即品牌炫酷度能增加产品本身的附加价值，增加品牌对产品的吸引力，提高消费者对酷体验的溢价支付意愿。游戏化营销引起的沉浸体验、情绪放松、成就获得，会进一步提升目标群体对品牌的正向感知。

（三）时间贫穷的调节作用

本书基于时间贫穷感知实验，构建了一个有调节的中介模型，对时间贫穷程度在游戏化营销与购买意愿及炫酷度感知之间关系中的调节效应进行了分析。结果发现，时间贫穷不仅能够在游戏化营销对购买意愿影响中起调节作用，而且能够在"游戏化营销—品牌炫酷度—购买意愿"这一中介链条中起调节作用。具体而言，与高时间贫穷消费者相比，游戏化营销对低时间贫穷消费者购买意愿的促进作用更加显著。高时间贫穷会占用个体的注意力，让其无法调用更多注意力资源到游戏性营销活动中，使其对品牌价值认知功能下降。此时游戏不但没有因为娱乐性调动参与者的情绪，反而因为参与者被迫花费本不充裕的时间和专注力，大大增加参与者的抵触情绪，这就使游戏化营销的作用路径受阻。同时高时间贫穷带来的压力感知，会因为营销活动中的商业性因素，导致个体抑郁水平升高，引发大量累积。该结果与以往时间压力相关研究一致。高时间贫穷个体具有更重的时间压力以及较差的时间主导能力，其本身可支配时间较少，难以将时间精力投入到自己喜爱的事物当中，容易出现迫于时间压力不得不主动减少休闲活动的行为。同时，游戏化营销所具有的商业性以及对个体专注时间投入的要求，会进一步放大高时间贫穷个体的消极情绪（如烦躁、抵触等），从而导致购买意愿下降的结果。同时，高时间贫穷人群具有亲社会效应低的特性，一般游戏奖励机制是利用竞争区分，对于时间贫穷者来说，这会增加他们的压力和情绪负担，公开的排行榜会向好友泄露自己的参与情况，个别消费者会产生被侵犯隐私的感觉，增加负面情绪。

而低时间贫穷的个体的生活节奏从容，情绪更为放松，精神更易集中。游戏化营销给予了消费者一个具有奖励机制的游戏目标以及有趣味的游戏过程，能够有效激发心流的产生，与品牌信息产生沟通。能有效将游戏化、图像化、视频化的商业信息进行确认、识别、组合，形成对该品牌的一个主观感知。将正向游戏体验感受与品牌价值感知联系起来，从而大大提升其购买意愿。因此，游戏化营销更容易激发低时间贫穷个体对品牌炫酷度的感知，并提升购买意愿，而非游戏化的促进效应则不明显。所以，游戏化营销的目标人群、发送时机、涉及机制都很重要。

综上所述，本书模型包含体验促销、价值传递、品牌感知、购买决策一个比较完整的营销过程，能有效阐明游戏化的营销价值，给即将或正在采用游戏化营销的从业者以理论支撑。

二、管理启示

第一，游戏化营销已经成为品牌企业增加绩效、扩大社会影响力、增进消费忠诚的有效工具。智能化时代的到来使新事物层出不穷，企业应把握游戏化营销的契机，借此建立与消费者的长效沟通机制，构建一个品牌与消费者的独立空间。进一步地，各企业应积极促进与游戏化营销相关的异质性创新，在紧跟时代脚步的同时展现自身独特性。近年来，随着支付宝蚂蚁森林、拼多多果园种树的崛起，游戏化营销案例越来越普遍。如何在普遍游戏化中创造"不一样"，成为学术界和企业当下要思考的重要问题，未来研究可以就此方向进行更深一步的探究与讨论。

第二，品牌酷炫度有助于实现消费者游戏化体验和消费者品牌感知的联系。游戏化营销与消费者购买意愿之间的作用机制可能存在多项介导调节元素，其中本书已经证明品牌炫酷度在两者之间有完全中介作用，故企业在进行游戏化营销机制设计时，应把握当下流行的酷元素，从游戏元素的酷感知角度针对不同的受众进行设计，以最大化游戏化营销的效能。同时该类元素所特有的享乐性与炫耀性设计对消费者有着天然的吸引力，因此，该类元素的应用在提高顾客转化率的同时又能源源不断地带来新的客户。

第三，在游戏化元素设计过程中应注意缓解当下社会群体的"时间贫穷"。游戏元素及游戏环节的设定应尽可能以消费者良好感知为首要考虑因素，然后在此基础上增加与营销相关的功能化元素。在当下快节奏的生活状态中，"时间贫穷"会使个体经常处于紧张状态，进而产生焦虑、抑郁等不良情绪，甚至会影响人的思维模式，使之陷入时间紧迫的恶性循环，大大降低游戏化营销的有效成果。相比之下，"时间富有"类的轻松感成为社会群体的追逐目标，"旅行青蛙"这类休闲放置类手游的爆火就从侧面反映了社会大众对"时间富有"的偏爱，该游戏的画面精美度及游戏反馈感虽仍存在较大进步空间，但其特有的"时间富有"一枝独秀，为其赢得了大众的好评。游戏化营销中的游戏设计不同于普通游戏，要想在社会群体紧张的学习工作之余吸引其眼球进行产品宣传，就要迎合消费者内心的真实需求，尽量避免"时间贫穷"类紧迫元素的使用。

总之，虽然游戏化营销趣味十足，但是要充分掌握游戏化过程还有很多细节需要注意。前期需要大量信息支撑和知识储备，熟知产品信息、调研目标人群偏好、了解热门游戏、挖掘品牌底蕴、创新促销形式、把控游戏难度等，在此向广大在营销一线的从业者致敬。

三、研究局限

因为资源和能力有限，本书只探究证明了是否进行游戏化营销对购买意愿产生价值作用的短期效果。首先，没有研究特定的游戏因素或者游戏环节对购买意愿的关系。有学者指出，游戏类别会影响消费者参与游戏化促销的频次。团队协作式的游戏能够有效地让消费者对产品保持长时间的关注度，竞争机制的游戏则更适合短期推广宣传。

其次，还有学者提出，随着时间的推移，人们会对游戏产生疲劳感和倦怠感，炫酷度也会因新鲜感降低而使社交机制和消费者的分享意愿显著减弱。所以过长或者过短的游戏促销就具有了一定的研究价值。研究长期性与短期性游戏化对消费者品牌感知、购买行为的影响。另外，对经历游戏化促销的消费者进行购后行为研究也是有必要的，购后行为抛开了短期刺激影响，能有效检验长期性影响的效用，通过这些方式，能检验游戏化促销带来的是理性消费还是冲动性消费。从而能够对游戏化促销创新和优化提出更精准的建议。

最后，本书没有设置消费者对游戏化的主观感知程度的题项，而是默认游戏化是一个二分类变量，在严谨性上有待加强。选择口红作为促销产品，导致性别因素对因变量影响较大。一般男性对口红等美妆产品了解较少，导致很多男性被测试者即使被游戏化广告吸引，也难以产生购买意愿，使有效问卷大量减少。虽然口红符合享乐型产品、年轻化、时尚等因素，但是忽略了男性对炫酷度的感知更为敏感、游戏对男性的吸引力更大这些因素，下次应该把性别因素纳入分析，或是选用其他更为中性的产品。本书调查内容较为笼统，仅能为营销实践提供方向性建议，没有从游戏中的细节元素入手进行研究，相关的游戏设计、奖项设置、发放时机等现实问题还需后续研究证明。

第四章　游戏化移动 APP 驱动用户长期持续使用的影响分析

第一节　研究缘起

随着移动设备终端的持续普及以及移动技术的突破性发展，移动 APP 大量出现并开始渗透到用户生活的各个方面（Tang，2019）。现有研究表明，移动 APP 不仅为用户提供了多元化的使用渠道，而且移动 APP 用户展现了更高的购买频率和金额（Liu et al.，2019）。但是如何才能更持久地驱动用户使用移动 APP 呢？近几年来，在服务提供、网站设计、信息系统管理等方面嵌入游戏化元素或机制正在成为企业越来越喜爱的一种运营方式，这种方式也带来了巨大的收益（Baptista and Oliveira，2017；Morschheuser et al.，2017）。著名的在线服务提供商，包括 Facebook、eBay 等都采用了游戏化的设计元素，使用户更加专注于他们的网站各种应用（Insley and Nunan，2014）。游戏化设计的运营逻辑是通过应用游戏化提高网站/APP 的系统或服务可用性，以满足用户娱乐性需求，从而提高用户相关服务使用的主动性，进而驱动用户契合（Hsua and Chen，2018）。虽然学术界还没形成有关游戏化的统一定义，但大多数学者都认同游戏化是指应用游戏化元素或机制带给用户的类游戏体验以及影响用户行为的总体价值感知，让用户更有效地感知到服务或设计的实用性（Usability）和更愉悦的体验（Hsua and Chen，2018；Huotari and Hamari，2017）。

Gartner 公司在 2013 年就预测了游戏化的快速发展，对全球 2000 名创业企业家进行访谈，结果显示，有 3/4 的企业家表现出对游戏化应用的支持。而 M2Research 预测，游戏化解决方案的市场在未来四年里，每年都会翻三倍，从 6 亿元增长到 190 亿元。但是在实际中，许多使用游戏化交互的网站并没有达到预期的目标，只有20%的游戏化应用获得了一定程度上的成功，其他的应用失败归因于低劣的设计，因此就会导致从业者开始质疑游戏化的有效性。其中一个重要的表现是，游戏化策略对用户保持持续性的吸引力可能存在困难（Huang et al., 2019）。例如，Herrmann 和 Kim（2017）发现，对于健身APP，从第1~3个月是用户使用情况分化的关键时期，很多顾客在3个月后便逐渐失去兴趣，开始流失。因此，如何应用游戏化设计驱动用户的内在动机，进而激发用户的持续使用意愿成为当前游戏化在移动APP研究的一个重要问题。

虽然现有研究已逐渐接受游戏化能够激发用户的类游戏体验，但对为何及如何具体地应用游戏化策略还不是很明确。许多研究倾向于从服务主导逻辑的角度探讨游戏化，并把它应用到服务营销，体验式营销和关系营销的场景（Huotari and Hamari，2017）。大多数学者认为用户的感知价值（功能价值、娱乐价值）和用户体验是驱动用户行为的重要因素（Hsu et al.，2017）。Liu 等（2017）认为，游戏化需要从工具性（Instrumental）和体验性（Experiential）两方面去衡量其设计效果，并认为用户在使用游戏化的信息系统时达成有意义的契合甚为关键（Meaningful Engagement）。有意义的游戏化的核心在于强调个体从事某些行为是受到内在动机驱使，在游戏任务中与游戏情境、其他用户实现有意义的体验，如学习、挑战以及实现社会价值等（Xu et al.，2017）。

综合上述研究，本书认为需要确立一种以用户为中心的游戏化设计思维，目的是满足用户在信息系统使用过程中的意义感知，进而驱动用户的持续使用行为。基于有机整合理论（Organismic Integration Theory）和可供性（Affordances）—心理结果（Psychological Outcomes）—行为结果（Behavioral Outcomes）的研究框架，从用户感知效益（Perceive Benefits）的视角，本书从游戏化设计的交互方式（沉浸交互、成就交互、社交交互）研究其对用户持续使用意愿的影响机制。本书的进行将增进现有文献对游戏化设计对用户行为的影响过程的理解，并为企业将游戏化作为一种激发用户长期行为的策略提供实践指导。

第二节　游戏化交互

一、游戏化

Deterding 等（2011）最早将游戏化定义为将游戏设计元素纳入非游戏环境，即游戏化应注重游戏元素的应用，并且让用户能在使用产品或服务的过程中体会到玩游戏一样的快感与体验。大量研究表明，利用游戏设计元素如经验、奖杯、等级、激励、合作等进行服务设计，这样可以吸引顾客积极参与到营销活动的全过程中，提升用户黏性，提升用户的忠诚度和销售额，进而增加利润（Werbach and Hunter，2012）。但游戏化为何能够吸引用户持续的参与，现有研究对此还不能充分解答（Zhang，2008）。因此，研究用户使用动机与内在需求可能有助于了解游戏化如何影响用户持续使用意愿，有利于增加细腻的用户体验，但整体研究还在起步阶段（Hardwood and Garry，2015）。Werbach 和 Hunter（2012）应用 DMC 金字塔分类方法将游戏元素划分为三个层级：动力（Dynamics）、机制（Mechanics）和组件（Components）。而 Robson 等（2014）在以往的 MDA 游戏设计框架的基础上，提出了 MDE 的游戏设计框架，这更加贴切游戏化用户体验，其中最后的字母 E 代表着情绪（Emotion），指的是用户玩游戏时对游戏机制和设计元素所波动的情绪。Hofacker 等（2016）认为，游戏化的元素包含故事、机制、审美和技术（Technology）等，而消费者因素（如目标、使用情况）都会影响游戏化的结果。总之，现有研究认为游戏化能够驱动个体的竞争、挑战和社交互动的倾向而改变其行为（Zichermann and Cunningham，2011），但是现有对如何利用游戏化来激发用户的持续使用还缺乏清晰的认识。

二、游戏化交互

随着互联网技术和消费者需求的快速发展，用户在使用信息系统时不再仅仅看重系统的效率和功能性（Instrumentality），而且对系统的娱乐性和社交功能给予更高的比重（Fang et al.，2017；Hassan et al.，2019）。Koivisto 和 Hamari（2019）认为，为了提升用户的使用动机，现代的信息系统正在将娱乐化设计和新颖的概念（Notions）融入功能设计中，而成为"Motivational Iss"。现有研究表明，利用游戏化的设计去改造传统的信息系统，能够提升体育用户的 Exercise Flow（Huang et al.，2019），学生课堂教育的契合（Coleman，2018）以及游客的玩乐体验（Xu et al.，2017）。Xi 和 Hamari（2019）提出，将反映游戏设计关键元素以及玩家动机取向的三个主要类别进行区分：分别是沉浸交互、成就交互、社交交互，结合其他学者的研究，本书将这三个因素作为游戏化交互的三个主要维度。

（一）沉浸交互

沉浸体验的概念最早由 Csikszentmihalyi（1975）提出。他将其界定为：个体专注甚至完全陷入当下的活动中时内心体验到的愉悦感受。沉浸体验和其他的积极意识作用相似，能够提高专注力促使个体高效地完成活动。这种状态也可以通过在任务中促进无聊和沮丧之间的平衡来实现，所以游戏元素就被期望能够让个人陷入沉浸体验（Hamari and Koivisto，2014）。而在游戏体验中，当充分发挥个体才能时，个体才会感受到自己有真正参与这个活动流程，只有任务难度在个人能力范围之内，与其相匹配并相对平衡的情况下，才可能使个体产生沉浸体验。沉浸体验的特征通常表现为：对当下的活动高度集中、意识与行为的结合、忘却自我意识、缺失对时间的敏感性等（Hsua and Chen，2018）。当前的很多研究聚焦于沉浸相关理论与游戏化设计，两者相结合如何能够更好地提升用户的沉浸体验，是激发用户游戏化设计的一个未来方向。现有研究表明，那些与沉浸相关的功能通常会引发更高的自主心理投入思考，头像和定制可以为游戏玩家提供自由选择和产生更强的自制的感觉；游戏中的故事叙述或叙事帮助玩家体验自己行为的意义和声音的感觉自愿参与（Xi and Hamari，2019）。

（二）成就交互

成就动机指个体在完成任务的过程中，竭尽全力要获得成功的内在驱使力量，代表的是个体特征中的行动趋势部分，反映了完成任务和目标的计划方式、策略选择和行为过程中的关注点。在游戏化设计中，成就互动是大多数游戏化系统的必要设计元素（Hamari et al.，2014）。在网站游戏化之中可以运用成就动机理论来解释用户希望从游戏当中获得平常网站交互所获取不到的成就感。成就动机理论是由 David Mcclelland 提出的，最早是研究人们在工作中的三种需求：①成就动机需求，解释为不断挑战超越自我的愿望；②领导动机需求，即想要领导他人和影响他人；③社群需求，寻找一定的归属感，渴望和身边的人产生互动和联系。每个人都拥有这三种需求，其中的某一种可能占主导地位。在移动 APP 的游戏化设计中，徽章（Badges）、奖杯（Trophies）、排行榜等给予用户一种清晰的目标设定和行为激励。Groening 和 Binnewies（2019）研究表明，虽然游戏化设计中的成就动机在影响着用户的目标设定，但只有高质量的、难度适中的游戏化设计才能激励用户持续地参与。

（三）社交交互

社交交互可以理解为交互过程中得到社会或者社交网络的反馈。社交反馈被理解为提供行为的社会评价所得到的信息，通常可以从周围的社交圈，如朋友、伴侣、同学之间征求到（Fishbach and Finkelstein，2011）。在大多数情况下，个体会被从社会中得到的反馈信息影响，从而判断某一行为的继续与否，并且影响自我对过往行动的意义评价，如果获得的信息是正面的，就有可能使他们倾向于对过往付出的行动赋予高价值以及获得较高的满足感。

现如今，社交元素几乎存在于每一个线上应用中，结合了创建个人资料和头像的功能，允许用户和朋友或者志同道合的人进行联系，彼此之间能够信息共享，为彼此提供社交反馈（Oinas-Kukkonen et al.，2010）。个人通常在生活的许多方面都接触到并且期待着社交的反馈,仅仅看到朋友们通过在网上分享的东西来交流,就可以鼓励个人对制定更高的目标或者调整自身的行为习惯以向他们的社会群体靠拢(Dwivedi et al.,2015)。

游戏化功能,如群组、消息、相互浇水、点赞、聊天等,通过高频率的沟通、信息共享和互惠,可以给玩家提供更强的连通性和归属感(Francisco-Aparicio et al.,2013)。这些与社交网络相关的特征可以有效地加强人际关系,增强社会参与,此外与其他用户建立关系可以驱使用户想要表现得更加出色(Peng and Hsieh,2012)。其中竞争可创造属于一个群体的感觉(Van Roy and Zaman,2019),增加用户的归属感,而合作则可以培养用户为了共同的目标而一起努力(Werbach and Hunter,2012),如达成目标浏览量为平台客户解锁新关卡等活动。因此,社交交互是游戏化设计激活用户参与的一个重要维度。

第三节　感知利益与用户持续使用意愿

一、游戏化交互与用户持续使用意愿

随着竞争的白热化,用户越来越容易被各种广告和促销信息困扰,企业越来越不容易实现用户保留和忠诚。所以大多数企业试图寻找各种方法来激励用户参与产品或服务体验,以增加用户黏性。在游戏中,人们通常被观察到高度的集中力和内在动机以及能够获得认知、情感和社会效益(Chou and Ting,2003)。当人们在玩游戏时,通常会体验到神秘、喜悦、沉浸或者胜任,所有这些都是人们内在动机的具体特征(Koivisto and Hamari,2019)。因此,游戏化试图联合功能性使用和顾客类游戏化体验,将顾客在严肃游戏中的状态迁移到非游戏场景,以改变用户行为(Rodrigues et al.,2016)。游戏化的设计过程需要按照网站风格和目标群体的特性,选择不同的元素相互配合,灵活运用,将整个交互氛围变得轻松,增强用户体验感,增加用户的持续使用意愿。

本章采取的游戏化交互分别为沉浸交互、成就交互、社交交互三种类型(Koivisto and Hamari,2019)。当用户在一个在线游戏化活动中与不同类型的游戏化元素交互时,根据游戏化的类别,沉浸、成就以及社交三个特性会受到不同程度的影响,也在不同程度上提高了用户的满意度(Xi and Hamari,2019)。例如,Bittner 和 Schipper(2014)研究表明,挑战和排行榜成绩等可以让用户体会到与别人竞争或者合作的感觉,提升用户整体的参与度。而对于有丰富的游戏体

验的人来说，更容易产生沉浸体验以感受到更多的娱乐性。此外，在平台上用户已经熟知规则的情况下，任务的挑战会突出他的贡献度并且增加其参与感，使其有成就感，可以大大提高用户的使用意愿（Seaborn and Fels，2015）。最后，通过竞争、合作、交流等模式，用户之间可以互相产生关联，增加其游戏互动的稳定性（Van Roy and Zaman，2019）。总之，针对不同阶段的目标变化需要不同的游戏化设计来提高用户的沉浸感，减少用户流失。基于此，本章提出以下假设：

H1a：沉浸交互会对用户持续使用意愿产生积极影响。

H1b：成就交互会对用户持续使用意愿产生积极影响。

H1c：社交交互会对用户持续使用意愿产生积极影响。

二、游戏化交互与感知利益

沉浸体验理论一开始就被应用于文学、教育、文娱活动等领域，近几年来也逐渐被用来解读互联网用户行为。综合来说，我们可以推断当用户与沉浸相关的特性进行交互时，他们更容易产生更大的自由感。沉浸体验容易让用户忘却自我，在这个过程中用户通常会运用网络来成为与现实中不同的另一个人（Chou and Ting，2003）。整个游戏化的过程设计给玩家一个不同的现实，如果没有人知道他们是谁，人们往往表现得不同，十分方便让玩家沉浸在自我导向的好奇活动中（Hamari and Koivisto，2014）。在这个过程中可以创建自己的身份，或者至少选择其他人可以看到的部分。其他功能包括化身、角色扮演机制、叙述故事、定制等，都能为用户提供更多的选择来表达自己并且满足自主的需求（Hamari et al.，2016）。因此我们推断当用户与相关功能的交互涉及沉浸体验时，更有可能在游戏化系统中感受到更多的参与感、自由感。基于此，本章提出以下假设：

H2a：沉浸交互会对自我效益产生积极影响。

H2b：沉浸交互会对社会效益产生积极影响。

在游戏化交互设计中有个机制以挑战的形式呈现，这个"挑战"容易激发起用户的好胜心，为了展示成就感，有些游戏会向用户显示积分、徽章、阶段、进度条、更好的装备、胜利等（Hofacker et al.，2016）。没有挑战的徽章或奖杯根本没有意义，并不能带给用户足够的体验感与参与度；如果交互过程只是一个漫长而持续的40小时旅程，而没有明确的阶段来识别成就，那么这个过程也容易变得枯燥，降低用户从中获得的乐趣（Shi et al.，2017）。然而，仅仅因为你看到某些事情的进展并不意味着你感到有成就感，其中的关键是能确保用户克服他们可以引以为傲的挑战。现有研究表明，挑战和限制是让游戏变得有趣的原因，即游戏化体验设置的难度要与自身能力相匹配。用正确的劳动时间来交换奖励比率并不断调整余额以确保人们真正重视积分和货币系统。因为人们在这个过程中投入了时间和精力并"挖掘"了点,所以对于那些不希望花费相同的时间来获得这些积分的人来说,它本身就具有价值(Hwang and Choi,2019)。基于此,本章提出以下假设:

H3a:成就交互与自我效益有显著正向相关关系。

H3b:成就交互对社会效益有显著正向相关关系。

在交互的过程中通过与社交相关功能(团队、合作、社交竞争、社交网络功能等)促进了低成本的信息交换(Dwivedi et al.,2015),用户不仅可以获得更多的技巧与知识,获得成就感,在与游戏化服务中其他人进行沟通的过程中也能轻松地获得需要满足的亲缘关系(Xi and Hamari,2019)。此外,当用户可以通过使用这些社交相关功能与他人建立更加牢固的社交关系时,他们更有动力去进步并获得对自我的肯定。基于此,本章提出以下假设:

H4a:社交交互对自我效益有显著正向相关关系。

H4b:社交交互对社会效益有显著正向相关关系。

三、感知利益与用户持续使用意愿

感知利益(Perceived Benefit)和用户感知的产品或服务的属性相关,而且是决定服务采纳和新产品接受的关键因素(Wang et al.,2008)。用户需要自愿为信息系统的使用付出费用、时间、精力等成本,从而获得愉悦感、高效率等利益,他们最关心的是对体验的整体价值感受(Baptista and Oliveira,2017)。一个好的游戏化的信息系统,需要考虑到不同用户的利益需求,通过提供多重功能性、情感性以及价值性的设计满足用户的差异性需求(Hassan et al.,2019)。一个成功的游戏化设计不仅能够帮助个体在使用过程中体验到个体内心的愉悦、完成任务的挑战、团队的配合以及与社会的联结等,还应该思考任务本身给社会带来的正向价值(Hsu and Chen,2018)。例如,蚂蚁森林通过鼓励用户的绿色低碳行为,为保护环境做出了巨大贡献。Sheng 和 Teo(2012)的研究也表明,用户从商家发起的活动中的评论、互动中不仅获取了娱乐性和实用性价值,也在事实上形成了对商品质量和服务体验的一种客观评价,而对商品或服务的运营管理起到了社会监督的作用。基于此,本章提出以下假设:

H5:自我效益能够对用户持续使用意愿起积极作用。

H6:感知社会效益能够对用户持续使用意愿起积极作用。

有机整合理论认为个体的内在动机能够帮助用户找到自身参与某项活动的理由(Deci and Ryan,2004),特别是当外部刺激与内在兴趣很好地结合时就能激发个体的自主性的长期使用行为。Liu 等(2017)的研究表明,正确的游戏化设计能够将娱乐性、新颖性和社会价值联结起来,满足用户的自主性、胜任性和相关性的需求，其关键在于激发用户的意义体验（Meaningful Experience）。根据 Koivisto 和 Hamari（2019）提出的可供性（Affordances）—心理结果（Psychological Outcomes）—行为结果（Behavioral Outcomes）的框架，本书推断沉浸动机、成就动机、社交动机等特征的交互能够增加用户的感知利益（即自我效益和社会效益），并且外在动机与内在动机的产生能够有效提高用户的持续使用意愿。本书构建的研究模型如图4-1所示。

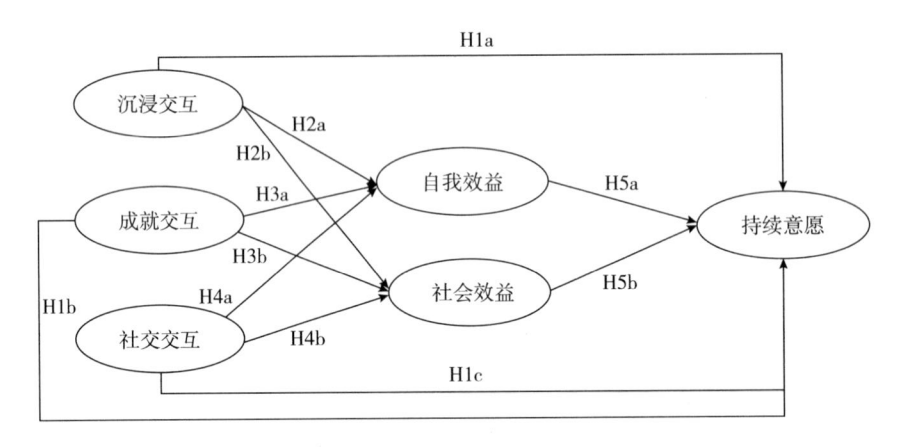

图4-1 研究模型

第四节 研究设计

一、变量测量

本书采用问卷调查法进行数据分析，对所涉及的问卷量表进行了详细的筛选。测量题项均来自成熟量表，经过3位同行业专家的仔细甄别，仅对个别题项表述进行了修改。其中所用网站游戏化交互的测量，改编自 Xi 和 Hamaria（2019）的量表，分为沉浸交互、成就交互与社交交互三个维度，分别用了3个题项、6个题项和3个题项共12个题项来测量。感知利益的量表参考 Hsu 和 Chen（2018）分为自我效益和社会效益两个维度，共6个题项。持续使用意愿的量表改编自 Yang 和 Lin（2017）共3个题项。

二、样本收集与数据描述

本书选择阿里巴巴集团开发的"蚂蚁森林"用户为研究样本。"蚂蚁森林"

是蚂蚁金服在旗下支付宝平台上线的个人碳账户平台,在"蚂蚁森林"中,用户可以通过低碳行为积累在线虚拟"能量",用于浇灌线上的虚拟树,待虚拟树长成之后,蚂蚁金服及其公益合作伙伴就会在地球上种下一棵真实的树。在"蚂蚁森林"中用户可以通过选择低碳出行(如步行,使用共享单车、公交、地铁等)、网络购票、在线缴纳水电煤气费用、使用电子发票等方法积累绿色能量,并用以浇灌线上的虚拟树,待虚拟树长成后即可在现实中种下一棵树。用户可以在规定的时间里偷取好友所产生的"绿色能量",也可以为好友"浇水",将自己的"能量"赠送给好友。在"蚂蚁森林"的页面里,会出现好友偷取能量的动态信息,同时也有所有好友的能量排行榜,点击进入相应好友的"蚂蚁森林"主页,还可以看到自己与这一好友之间的本周能量比拼以及相互"偷能量"和"浇水"的动态。据官方统计,截至2019年4月,蚂蚁森林用户数达5亿,共同在荒漠化地区种下1亿棵真树,种树总面积近140万亩。2019年蚂蚁森林被授予"联合国最高环保荣誉地球卫士奖"以及"行动类别"奖项。

为了获取数据,我们在蚂蚁森林的官方账号下按照规则随机挑选潜在用户。在与调查对象简单沟通后,确定为合适样本的对象,问卷通过链接的方式发给在线社区如百度贴吧。我们在问卷最开始设置了甄别选项,要求用户填写蚂蚁森林账号,而且只有坚持使用了3个月"蚂蚁森林"的用户才能符合要求,每份问卷完成后会随机赠送1~5元的红包。第一轮数据我们测量了沉浸互动、成就互动、社交互动、自我利益和社交利益。第二轮数据我们在3个月后再次测量了以上变量,并且要求被试报告目前的使用状态和持续意愿。最终发放问卷600份,共回收448份。剔除作答时间较短和未完成的问卷,最终的有效数据是367份。其中,有174名男性用户,193名女性用户,18~25岁的137人,占比37.3%,26~35岁的有102人,占比27.8%,而36~45岁的有73人,占比19.9%;工作年限在1年以下的有47人,占12.8%,1~3年的有74人,占20.2%,而3~6年的有128人,占34.9%。样本中有264人已经种完1棵树,占71.9%,135人种完了3棵树,占36.8%,46人种了5棵以上的树,占12.5%。

第五节 实证分析与结果

一、共同方法偏差检验与相关分析

为了克服问卷回收过程中可能存在的共同方法偏差问题,本书在问卷设计程序上采用了设置甄别题项、鼓励多人填写等方式。而且通过 Harman 的单因子检验法检验数据的同源性方法变异程度,将全部测量题项做探索性因子分析,分析发现第一个因子方差解释率为 27.543%,低于 50% 参考标准,表明单一因子没有解释绝大部分变异量,数据的同源性方法变异问题在很大程度上得到了良好控制。通过相关分析,对涉及的主要变量的相关程度进行了测度,如表 4-1 所示。

表 4-1 相关性分析

变量	1	2	3	4	5	6
沉浸动机的交互	1	—	—	—	—	—
成就动机的交互	0.305**	1	—	—	—	—
社交动机的交互	0.492**	0.539**	1	—	—	—
自我效益	0.356**	0.377**	0.446**	1	—	—
社会效益	0.228**	0.359**	0.432**	0.407**	1	—
持续使用意愿	0.256**	0.469**	0.435**	0.336**	0.411**	1
M	3.216	3.597	3.462	3.339	3.745	3.765
SD	0.779	0.698	0.710	0.740	0.676	0.659

注:** 表示 p 在 0.01 水平(双侧)上显著相关。

二、信度和效度分析

本书选用内部一致性系数(Cronbach's Alpha,CA)来评价问卷的信度。数据表明每个量表的 α 值均大于 0.7,其中沉浸交互的 α 值为 0.852,成就交互为 0.891,社交交互为 0.882,自我利益为 0.774,社会效益为 0.792,持续意愿的值为 0.834,这表明研究量表的信度较高。

本书采用了验证性因子分析检验本书测量模型的结构效度,拟合指标如下:$\chi^2/df = 2.007$,GFI = 0.952,RMSEA = 0.076,TLI = 0.933,IFI = 0.964,CFI = 0.963。并通过检验三个因子模型的区分效度,从表 4-2 可以看出,与单因子模型、四因子模型相比,六因子模型对实际数据的拟合结果更为理想,说明本书涉及的六个因子具有良好的区分效度。因此,通过上述分析,本书各变量的信度和效度都处于可接受范围内。

表 4-2 验证性因子分析结果(N=301)

变量	χ^2/df	CFI	GFI	TLI	IFI	RMR	RMSEA
六因子模型	2.007	0.963	0.952	0.933	0.964	0.036	0.076
五因子模型 A	2.235	0.902	0.839	0.665	0.896	0.091	0.080

续表

变量	χ^2/df	CFI	GFI	TLI	IFI	RMR	RMSEA
五因子模型 B	12.355	0.522	0.725	0.385	0.528	0.094	0.231
五因子模型 C	2.235	0.902	0.839	0.665	0.896	0.091	0.080
五因子模型 D	12.355	0.522	0.725	0.385	0.528	0.094	0.231
四因子模型	2.235	0.902	0.839	0.665	0.896	0.091	0.080
三因子模型	12.355	0.522	0.725	0.385	0.528	0.094	0.231
单因子模型	4.127	0.905	0.862	0.897	0.906	0.053	0.094

注：六因子模型：沉浸，成就，社交，自我效益，社会效益，持续意愿；
五因子模型 A：沉浸+成就，社交，自我效益，社会效益，持续意愿；
五因子模型 B：沉浸，成就+社交，自我效益，社会效益，持续意愿；
五因子模型 C：沉浸+社交，成就，自我效益，社会效益，持续意愿；
五因子模型 D：沉浸，成就，社交，自我效益+社会效益，持续意愿；
四因子模型：沉浸+成就+社交，自我效益，社会效益，持续意愿；
三因子模型：沉浸+成就+社交，自我效益+社会效益，持续意愿；
单因子模型：沉浸+成就+社交+自我效益+社会效益+持续意愿。

三、结构方程分析

为了验证本书的模型，本书采用 Amos 17.0 软件进行结构方程分析，模型总体拟合指标如下：χ^2/df = 1.817，GFI = 0.896，RMSEA = 0.050，TLI = 0.907，IFI = 0.914，CFI = 0.922，可见模型总体拟合良好，模型中路径系数如表4-3所示。

表4-3 变量的路径系数估计值

路径	变量间的关系	路径系数	S.E	C.R	p 值	假设情况
H1a	沉浸体验→自我效益	-0.030	0.101	-0.225	0.822	不支持
H1b	成就体验→自我效益	0.308*	0.318	1.991	0.047	支持
H1c	社交体验→自我效益	0.444***	0.137	3.430	0.000	支持
H2a	沉浸体验→社会效益	-0.080	0.091	-0.568	0.570	不支持
H2b	成就体验→社会效益	-0.050	0.269	-0.323	0.746	不支持
H2c	社交体验→社会效益	0.550***	0.135	4.066	0.000	支持
H3a	沉浸体验→持续意愿	0.171	0.088	1.301	0.193	不支持
H3b	成就体验→持续意愿	0.019	0.267	-0.131	0.896	不支持
H3c	社交体验→持续意愿	0.368*	0.152	2.217	0.027	支持
H4a	自我效益→持续意愿	0.449***	0.104	4.431	0.000	支持

续表

路径	变量间的关系	路径系数	S.E	C.R	p 值	假设情况
H4b	社会效益→持续意愿	0.234*	0.081	2.498	0.012	支持

注：**、***分别表示 p 在0.01、0.05水平（双侧）上显著相关。

为了确定中介效应的类型，利用 Mplus 7.0，本书通过 Bootstrap 方法检验感知自我效益和社会效益分别在游戏化交互（沉浸、成就、社交）与用户持续意愿之间的中介作用。由于沉浸交互对用户持续意愿和自我效益、社会效益的影响均不显著，因此本书将不讨论感知效益在沉浸交互与用户持续使用意愿之间的中介效应，仅分析成就交互和社交交互的影响。首先，以成就交互为自变量，用户持续使用意愿为因变量，通过迭代5000次的结果显示，成就交互通过自我效益影响因变量的间接效应显著，95%置信区间=L-0.2314，U-0.0116（不包含0），而且成就交互对用户持续使用意愿的直接效应不显著（$\beta=0.0468$，$SE=0.0983$，$p=0.104$）。由此，自我效益完全中介了成就交互对用户持续使用意愿的影响。同理，成就交互通过社会效益影响用户持续意愿的间接效应不显著，95%置信区间=-0.1923，U-0.0278（包含0），而且成就交互对用户持续意愿的直接效应不显著（$\beta=0.0142$，$SE=0.0962$，$p=0.121$）。由此，社会效益在成就交互与用户持续使用意愿之间的中介效应不成立。其次，以社交交互为自变量，用户持续使用意愿为因变量，通过迭代5000次的结果显示，社交交互通过自我效益影响用户持续使用意愿的间接效应显著，95%置信区间=L-0.2014，U-0.0107（包含0），而且社交交互对用户持续使用意愿的直接效应显著（$\beta=0.1278$，$SE=0.0896$，$p=0.006$）。由此，自我效益部分中介了社交交互对用户持续使用意愿的影响。同理，社交交互通过社会效益影响用户持续意愿的间接效应显著，95%置信区间=L-0.1812，U-0.0262（包含0），而且社交交互对用户持续意愿的直接效应显著（$\beta=0.1278$，$SE=0.0896$，$p=0.006$）。由此，社会效益部分中介了社交交互对用户持续使用意愿的影响。本书绘制了修正后的模型路径图（见图4-2）。

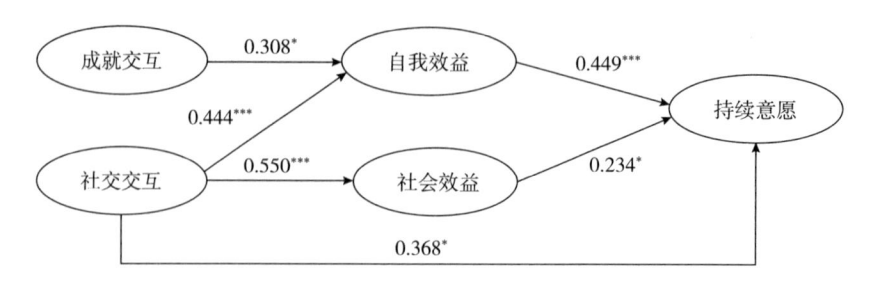

图4-2 修正后的模型路径

注：*、***分别表示 p 在0.001、0.05水平（双侧）上显著相关。

第六节 研究结论与启示

一、研究结论

游戏化试图促进功能使用、有意义的体验和顾客契合的联结，以增加移动 APP 的可用性、效率和满意度，通过创造更加愉悦的体验，改变顾客行为，而产生对企业和社会的积极效果（Hamari and Koivisto，2015；Shi et al.，2017）。本书针对当前有关游戏化是否只能作为短期吸引顾客的战术行为，而不是作为一种长期可持续的战略行为进行了验证（Tarute et al.，2017）。基于"Affordances—Psychological Outcomes—Behavioral Outcomes"的框架，本书从沉浸交互、成就交互、社交交互三方面考虑游戏化设计对用户持续使用意愿的影响，并从用户感知效应（Perceive Benefits）的视角验证了游戏化设计对用户的长期效应。具体来说，本书得到了以下三个结论：①成就交互和社交交互均能对用户的持续使用意愿产生影响，而沉浸交互对用户的持续意愿的直接影响作用不成立；②用户感知自我效益完全中介了成就交互与用户持续意愿的关系，而在社交交互与用户持续意愿之间起到部分中介作用；③感知社会效益在成就交互与用户持续意愿之间的中介效应不成立，而在社交交互与用户持续意愿之间起到部分中介作用。

二、理论贡献

综合前文分析，将研究贡献归结为以下两点：

第一，本书针对游戏化设计的效果的长期性进行了验证，确认了正确应用游戏化设计能够驱动用户的内在动机，进而激发用户的长期持续使用。为了驱动用户的长期行为，游戏化应用应该设计成一段旅程（Journey），帮助用户在理想的情境下持续探索和发现活动的价值，如 Play、Exposition、Choice、Engagement、Reflection、Information Etc.（Nicholson，2015）。例如，Ueyama 等（2014）研究发现，基于游戏化的新型激励机制则可以在降低营销成本的同时，有效提高顾客参与率（从53%提高到73%），而且通过持续的创造游戏化的故事情节、互动场景、美学体验能够激发用户的长期效果。

第二，从意义创新的视角，本书表明以用户为中心的游戏化交互设计必须考虑用户的意义体验。游戏化不是把任何事情都变成游戏，也不是在工作场所或商业场景下玩游戏，它也不同于严肃游戏（网络游戏），它的精髓在于帮助人们认识到游戏在教育顾客和游戏设计带来的强大的玩乐价值（Zichermann and Cunningham，2011）。游戏化是一种特殊的服务集合，是由游戏开发者和玩家共同创造的，通过高质量的服务，为玩家提供娱乐体验、功能体验以及社会体验（Huotari and Hamari，2017）。不同于以往的研究，本书认为需要确立一种以用户为中心的游戏化设计思维，目的是满足用户在信息系统使用过程中的意义感知（自我利益和社会利益），进而驱动用户的持续使用行为。

三、研究启示

本书主要有以下两点研究启示：

第一，恰当的游戏化设计能够驱动顾客对移动 APP 的持续使用意愿。Facebook、Twitter、Fousquare 等领先的互联网巨头都已经将游戏元素纳入顾客服务体系中，以增强顾客的契合性和持续使用场景（Insley and Nunan，2014）。在游戏化设计过程中，应该综合考虑产品的功能、顾客的使用场景，精心设计类游戏化体验，进行深层次的游戏化。当前实践中的游戏化设计过于注重积分、徽章和排行榜等规则的运用，这不是考虑用户意义感知的深层次游戏化，而是将游戏化进行简单的积分化（Pointsification）。游戏化元素如积分、排行榜、徽章等外部动机因素，可能只存在短期效果（Lee et al.，2013）。Hsu 和 Chen（2018）的研究表明，娱乐、时尚、互动、亲密和新颖五个方面都是游戏化产生影响的关键因素。因此，富有竞争性和趣味性的游戏化策略一旦被正确设计和实施，它会对用户忠诚度和参与度产生巨大影响。

第二，游戏化设计要考虑到给用户的直接利益。爱玩是一种天性，在玩乐的过程中会产生具有脱离现实的、短暂的、成瘾性的兴奋，这是个体内心深处向往的一种放松方式，一旦某件事情或产品的设计中加入了游戏化的因素，将会大幅度提升用户的参与感与体验感。Hanus 和 Fox（2015）甚至发现，在教学项目中简单地应用徽章和排行榜还可能对学生的参与动机和成绩有负面影响。Kavaliova 等（2016）对美国芝加哥的无线（Threadless）T 恤公司的案例研究表明，游戏化设计要有效驱动参与者，使他们不断获得乐趣，并持续参与产品开发和众包创新。所以需要全面理解游戏化设计的核心思维，即赋予游戏任务本身以工具性价值和意义性。

本书也存在一些研究局限：首先，游戏化不可能是包治企业各种病症的灵药，它需要在特定的场景下正确地运用才能实现预期目的，过多依赖游戏化可能会产生负面效应，而本书没有考虑游戏化过度的问题。其次，本书仅以中国的"蚂蚁森林"为例，搜集了来自中国的 367 份问卷，可能对其他文化和其他情境的游戏化设计的参考价值有限。未来研究将针对以上问题进一步展开。

第五章 游戏化的另一面：用户心理抗拒和情绪耗竭的双重视角

第一节 研究缘起

新冠肺炎疫情引发了线上游戏娱乐的热潮（Gough，2020），游戏已经不再局限于以往的类型（如模拟类——包括模拟驾驶以及模拟城镇动态等；策略类——通常为扮演一位统治者，来管理国家、击败敌人等）（Apperley，2006）。短视频作为一种新的游戏娱乐平台开始流行。例如，Tiktok2020 年 5 月在全球 App Store 和 Google Play 吸金超过 9570 万美元，较上年同期的增长近 10 倍。短视频吃掉了用户大量碎片时间，有很强的时间黏性，又有很强的内容丰富度和用户交互度且制作门槛不高，能够在短时间内带来较大的流量，这为短视频带来了很大的商业价值（Zhang et al.，2019）。

21 世纪是视觉营销的年代，视频营销是一种高互动的营销渠道，它能快速响应消费者的情感和需求（Sedej，2019）。短视频作为视频的一个类别，短视频营销不仅具有视频的功能和特点，而且由于灵活观看等特征甚至还有所超越。例如，YouTube 就是一个典型的短视频平台，YouTube 上的大多数视频长度都不到 10 分钟，但是有 1/3 的互联网用户（10 亿人）每天都会访问 YouTube，超过 90% 使用 YouTube 视频进行营销的企业表示它们将继续这样做。可见移动短视频已经成为越来越受欢迎的营销工具（Wang，2020）。已有学者在 Instagram 上验证了来源于关注的博主的短视频营销会更容易被目标群体接受（Jans et al.，2020）；Dehghani 等（2016）通过 YouTube 上的短视频营销调查发现娱乐性、信息性和定制性是短视频营销最强烈的积极驱动因素。因此，短视频为企业提供了优质的内容展示平台，并且能够通过游戏化增强内容的娱乐性、信息性和定制性。然而当前学术研究对短视频的游戏化研究还较为缺乏。

短视频领域也开始出现了相当规模的游戏化应用。例如，Tiktok 在 2020 年也推出了"Gamified Brand Effects"活动，允许用户使用面部表情、身体姿势或其他动作来控制品牌游戏元素，并在声音体验中与品牌游戏元素互动，来加强自身与其他品牌的合作，扩大影响力。游戏化营销对短视频游戏也已表现出相当的商业重要性，但这些游戏化并不总能达到预期的效果。随着游戏化发展逐渐进入期望膨胀期，市场上已经开始出现部分游戏化实践并未实现既定商业目标的现象，一些游戏化应用由于低劣的设计最终走向失败，也给企业造成了不利的影响（Hammedi et al.，2021）。例如，经典的案例：游戏化任务管理器——Habitica，就没有聚焦甚至违背了用户最初的管理任务的期望，最终导致与预期相反的结果（Sarah and Annemarie，2019）。并且，在学术界，目前游戏化营销方面的研究多是研究游戏化带来的积极效果，例如，游戏化可以激发用户的动机，以增强用户的使用意愿（BitriÁN，2020），游戏化也可以通过唤醒积极或消极情绪来吸引用户（Mullins and Sabherwal，2020），等等。虽然学术界已经开始注意到了一些游戏化的黑暗面（Koivisto et al.，2019），但是相关的研究，特别是短视频领域关于游戏化黑暗面的研究还很缺乏。

综合文献来看，现有关于 Short Form Video Game 领域的游戏化研究存在以下三个局限：

第一，目前营销领域游戏化文献的理论主要集中于自我决定理论（SDT）、目标设定理论（Goal-Setting Theory）、心流理论（Flow Theory）、认知评价理论（Cognitive Evaluation Theory）等（Siemens，2015；Sepehr and Head，2018；Groening and Binnewies，2019），关于期望违背理论的应用还比较缺乏。根据期望违背理论，玩家在参与线上和线下的社会生活和采取行为时总会带着期望（Byron，2017），期望在指导用户行为方面存在巨大的影响力。一旦期望违背发生，就可能导致各种后果。本书聚焦于用户参加 Short Form Video Game 游戏化互动时可能产生的相关消极期望违背，基于期望违背理论，探究期望违背可能带来的消极行为与其作用机制。

第二，目前关于游戏化作用机制研究多是通过情感（Kuo and Rice，2015）、契合参与（Berger et al.，2017）、吸收沉浸感（Vanwesenbeeck et al.，2015）等来进行的。虽然这些中介变量展现了一定的解释性，但这些研究大都是从认知或情绪的单一视角出发，忽略了认知和情绪两个方面的共同作用。本书使用认知-情绪系统理论来分析游戏化的作用机制，是对游戏化作用的双重机制的实证补充。此外，目前游戏化的研究大部分是研究其积极效果（Koivisto and Hamari，2019），本书从认知-情绪系统理论的视角来探索游戏化期望违背可能带来的消极影响。

第三，当前关于游戏化效果的作用边界条件研究还不够充分（Rapp et al.，2019）。虽然已有关于游戏化作用的调节效果的研究，从时间压力（Berger et al.，2017）到性格和目标（Hofacker et al.，2016）等涵盖了多种情境和个体特质。但是大多忽略了用户道德这一个体价值观对游戏化效果的影响。而正如Effron 和 Conway（2015）的观点：为自身的行为创造许可或者严格自己的道德标准都会让个体保持高道德行为，即道德许可的创建和道德一致性的保持都能让个体保持自认为的高道德行为。用户在参与 Short Form Video Game 的游戏化时，面对期望违背，道德许可特质可能会让用户重新解释面对的道德困境（Merritt，2012），合理化其游戏化互动行为，容忍期望违背，进而影响用户的认知和情绪。本书以道德许可为调节，分析在不同道德许可水平下，游戏化消极期望违背对个体认知情绪系统的影响，对游戏化研究边界进行丰富拓展。

综上所述，本书将期望违背理论应用到短视频领域的游戏化情境中，从认知-情绪系统理论的视角来探索心理抗拒和情绪耗竭可能存在的中介作用和道德许可的调节作用。针对短视频APP——抖音在2020年春节期间的新年活动——"团圆家乡年，瓜分20亿"进行了相关调查研究，收集了320份有效数据，希望可以揭示短视频领域中游戏化的黑暗面，分析其作用机制和相关边界。

第二节 短视频游戏和游戏化盛行

新冠肺炎疫情使在线数字技术（Online Digital Technology）得到了进一步的发展（Brem et al.，2020），这为短视频的发展提供了动力和空间。蓬勃发展的短视频游戏基于数字平台的特点和独特的游戏性使它成了 Video Game 行业的新秀，越来越多的商业活动开始把它们的目标集中到短视频领域（Trhnen et al.，2020）。短视频的独特之处是时间灵活，但内容丰富，吸引眼球，能带来沉浸感、参与感和存在感（Wang，2020），这让短视频具有了相当的营销潜力。Tellis 等（2019）以 YouTube 上的短视频广告为研究对象，发现短视频有着独特的商业价值：它的内容易于共享，并且由于病毒式传播，共享内容可以在短时间内以相对较低的成本到达广大受众，即该短视频具有以相对较低的成本创建有效广告活动的潜力。Van Dam 和 Van Reijmersdal（2019）在 Facebook 平台上对短视频营销进行了研究，发现青少年往往对短视频营销持有赞赏而非批判的观点，即青少年往往会被短视频营销引导。

短视频游戏平台也逐渐成为各类营销的新阵地，例如，新冠肺炎疫情防控期间大热的直播带货、线上营销等。但是当我们使用短视频游戏平台时，常常带着享乐消遣的目的，并且多是在碎片化的闲暇时间进行使用，故而短视频游戏平台这类移动互联 APP 也需要尝试采取游戏化的方式来保持用户黏性，激励用户参加互动（Wang and Hsieh，2020）

游戏化已经成了最流行的营销方式之一（Eisingerich et al.，2019）。游戏化通常是指将游戏设计元素应用于非游戏环境中（Marchand et al.，2013；Mitchell et al.，2020）；游戏化营销是指将游戏设计元素融入营销活动中，通过不同的游戏元素来强化完善服务过程，并为客户的游戏化体验提供支持，从而强化用户的体验和促进用户的价值创造（Huotari et al.，2017；Tanouri et al.，2019）。总体上，现有研究支持了游戏化对营销活动的正向作用：Downes-Le Guin 等（2012）把游戏化应用于营销活动的呈现方式，发现游戏化的视觉效果带来了更大的用户满意度；Robson 等（2016）发现，游戏化营销能创造引人入胜的客户体验，改善客户与品牌或公司互动的方式，游戏化营销可以有效提高用户参与率，并使他们在游戏过程中不断获得乐趣，持续参与产品开发（Kavaliova et al.，2016）；也能提升用户体验，进而实现顾客保留和增加顾客重复购买行为（Hsu and Chen，2018）。

但游戏化并不总导致积极的后果（Koivisto et al.，2019），例如，Gatautis（2014）研究发现，过多地强调游戏化本身并不能给企业带来实际的品牌价值，反而会造成营销效果低下。Attig 和 Franke（2018）发现，游戏化中过多的量化反馈，反而会使用户对量化系统产生依赖，进而导致游戏化的负面作用。Sarah 和 Annemarie（2019）从期望的角度对游戏化营销过度重视游戏化互动过程，而忽视对用户期望的响应，进而导致消极后果的现象进行了分析，指出了期望在游戏化营销中的重要性。因此，现有学者已经认识到游戏化并不能总是带来正向影响，其负面效应也正在显现，而本书将对此进行研究。

第三节　基于违背期望理论的模型构建

一、期望违背理论

期望违背理论（EVT）最早由 Burgoon 和 Jones（1976）提出，认为人们在社会活动中总是带着期望，当期望被违背时，人们会对导致此违背现象的原因格外关注，并且会采取行动来平衡这种认知失调（Bennett and Tikkanen，2020）。随后，EVT被逐渐应用到游戏领域以及短视频等领域，例如，Evans和Bang（2018）将期望违背理论应用到在线游戏中，发现游戏玩家期望（Centrality，Socialness and Features）能正向预测用户对品牌的态度进而正向影响购买意愿。Rui和Stefanone（2018）在Facebook平台上将EVT理论扩展到社交网络印象管理，从个体差异与语境交互的视角，在期望违背理论的基础上来分析面临威胁信息（Face-Threatening Information）对印象管理的消极影响。但是，现有研究有关期望违背理论在短视频游戏平台在短视频游戏化方面的应用研究并不充分，而本书则尝试去应用期望违背理论探究短视频游戏化可能存在的负面效果。

用户在参与短视频游戏平台的游戏化营销时经常会认为自己在参与某种形式的游戏，而身为"玩家"，在游戏中通常会有着愉悦、成长等各种类型的期望（Teng，2018）。在游戏化营销中用户与游戏化的互动可以概括为人际互动和人机互动两类（Hoffman and Novak，2006），故而用户在参与游戏化互动时通常有着这两方面的期望。具体来说可以归类为奖励、成就和竞争这三种最常用游戏化元素（Tobon et al.，2020；Sepehr and Head，2018）。具体到实践中，奖励往往表现为现金红包和虚拟币等；成就元素表现为称号、影响力、关注/点赞/评论量等；竞争往往可以表现为游戏化进度的攀比和对获得的奖励、成就的攀比。奖励类元素属于人机互动的范围；竞争类元素可能会对人际互动产生较大影响；而成就类元素，通常认为它既属于人际互动，也属于人机交互的研究范畴（Xi and Hamari，2020）。

因此本书认为用户对游戏化的期望可以归结为奖励、成就、竞争三个方面。而期望违背可以是积极的，也可以是消极的（Afifi and Metts，1998），当玩家的收获超过预期时就是积极的期望违背，与之相反，如果在短视频游戏化互动中，玩家感知到自己的所得不能匹配自己的付出时，就是消极的期望违背。短视频游戏化中消极的期望违背时有发生，就如中国支付宝春节期间的集五福抢红包（一种完成复杂收集任务，以瓜分现金的游戏化玩法）。用户常常在该活动中付出大量的时间和精力，最后取得的奖励却让人失望。本书就以Short-Form Video Game游戏化营销中玩家对这三类游戏化元素交互的期望为自变量，研究其未被满足即这三类互动期望被消极违背的情况下对用户体验和行为造成的影响。

二、游戏化营销中期望违背的具体形式作为前因

在游戏化设计中，奖励和挑战被认为是最常用的两种机制（Tobon et al.，2020）；Sepehr和Head（2018）在他们的研究中通过对文献的梳理也指出竞争在大多数游戏化中都存在，且也是玩家使用动机的主要来源。这三个元素包含了游戏化的大部分特点，可以代表用户参与游戏化营销时对游戏化的期望。我们将应用最广泛的游戏化元素确认为用户在游戏化营销中对游戏化预期违背的具体形式。根据 Short Form Video Game 游戏化营销的具体特点，将奖励、成就和竞争确定为玩家的三个主要的游戏化元素来研究其是否能满足玩家的期望，具体情况如下：

首先，奖励（Reward）期望是用户参与的外部动机，指个体能够在主观或者客观上获得积极的价值（Deci and Ryan，2000）。一般来说，目前游戏化的奖励通常以积分、排行榜、虚拟币、优惠券或者直接现金红包的形式出现。奖励期望的存在，能够激发个体对特定目标的追求，激励个体的持续使用行为（Jabbar，2015）。例如，在短视频游戏平台的游戏化情境中，用户得到的奖金等收获不符合用户的诉求，就会导致用户的奖励期望违背，进而损害用户参与游戏化的动机（Cruz et al.，2017）。

其次，成就（Achievement）期望是指个体在完成某一任务时，自我投入并奋力实现期望目标的内部驱动力（Mcclelland and Atkinson，2010）。Koivisto（2017）在其游戏化研究中对游戏化元素进行了系统的梳理，发现成就类元素主要包括积分、挑战、徽章、排行、绩效反馈以及增加的难度等。例如，在短视频游戏化中，有称号来表示用户的专业度，如果用户做出很多努力来建立自己的声望却没有得到称号，就可能导致成就期望违背。游戏化过程中用户的参与和互动往往需要付出时间、精力、情绪等资源，如果用户付出了大量的成本，却没有获得成就感和满足感即产生了成就期望的违背。

最后，竞争（Competition）期望是指对提升自我效能和建立信心的追求（Mekler et al.，2017）。Koivisto（2017）在其游戏化研究中，将竞争包括在社交类元素内，解释为个体参与游戏化互动时，在人际交往时，面临的个体之间、团队之间的竞争。竞争关系的出现会驱使用户想要表现得更加出色（Peng et al.，2012），但也有可能降低个体的信心（Lam，2004）。在短视频游戏平台的游戏化营销中，如果用户面临着竞争失败或是外部评价的竞争压力，为了摆脱这种消极的感受，可能会采取消极使用行为。故而本书将竞争期望作为玩家参与游戏化营销的期望元素之一纳入考量。

三、心理抗拒和情绪耗竭作为预期违背产生的心理状态

认知-情绪系统理论是一个包容性的理论框架，可以综合情感和认知过程来解释分析人的体验和行为（Li and Huang，2020）。在游戏化过程中，用户参与游戏的期望会对认知和情绪两方面造成影响（Evans and Bang，2018）。目前游戏化营销领域多是从认知或者情绪单一方面来进行研究，关于综合考虑认知-情绪系

统的视角还比较少见。虽然已有一些学者意识到了认知和情绪的紧密关系，如Mullins和Sabherwal（2020）认为，需要同时考虑游戏化对认知方面和情绪方面的影响。本书从认知-情绪系统理论出发，综合考虑了游戏化过程中对认知和情感两个方面的影响，认为期望违背会对认知-情绪系统带来消极的影响。

在认知-情绪系统理论中，认知理论通常会强调人们通过互动而获得的相对客观和有用的价值来驱动用户满意度和技术使用；情感理论通常强调人们通过与技术交互所获得的相对主观和自我实现的价值（Coursaris and Osch，2016）。在短视频游戏化参与过程中，消极的期望违背会使用户的态度变得消极，造成消极的认知情绪，进而影响消费者的态度和行为（Shen and Dillard，2005）。在认知方面，消极的期望违背会使用户感知不到相对客观和有用的价值，进而使用户终止认知进程，表现为心理抗拒；在情感方面，消极的期望违背会让用户主观上感受到价值损失，导致消极的情绪，进而终止游戏化中情绪的投入，表现为情绪耗竭。本书认为，游戏化营销的奖励违背、成就违背以及竞争违背能够影响用户的认知-情绪系统，进而激发用户产生心理抗拒和情绪耗竭。

四、心理抗拒

心理抗拒理论认为人们都有根据自己意志进行行动的自由，因此在面对与自身意志相左的情况时，可能会导致人们采取消极的行为以恢复本身的自由（König and Neumayr，2017）。用户参与游戏化的过程是认知程度不断加深的过程（Hamari et al.，2014），消极的期望违背会阻碍认知进度的推进，也会使用户无法感知参与游戏化的相对客观的收获，抑或是让用户产生被操控的感觉，进而终止对游戏化的认知，导致心理抗拒。奖励、成就、竞争期望违背对心理抗拒的影响如下：

首先，关于奖励期望违背。如果用户在游戏化营销中不能获得预期的奖励，即外部动机得不到满足，也有可能对认知和情绪产生消极影响（Deci and Ryan，2008），进而导致心理抗拒。同时在游戏化互动情境下，获得奖励的参与方式和时间往往受到限制，用户就会知觉到奖励受到他人干预或控制，即感知到企业对用户自身产生了影响和控制，用户心理上可能会产生强迫性感受（Godfrey，2011），也会使其怀疑营销者的目的，推断营销者是不可靠的、具有显著的操纵意图，这些推断进而会使消费者对游戏化引导产生抗拒（Niesta et al.，2016），最终产生心理抗拒反应。

其次，关于成就期望违背。成就能够为玩家提供学习新技能的机会、设定明确的目标和接收反馈的启示，Xi和Hamari（2019）认为，这会增加对自我实现的满足，因为这些特征清楚地展示了他们的成就和能力。如果用户在游戏化营销中不能获得满足感和成就感，也有可能中止认知进程，产生心理抗拒。此外，如果用户在参与过程中成就感是被动的获得，也会削弱个体的内部动机（Hanus and Fox，2015），个体也会感受到自主性受到了威胁，那么其就有了突破限制的动机，进而心理抗拒被激发出来（Aguirre-Rodriguez，2013）。

最后，关于竞争期望违背。游戏化中的竞争被 Koivisto（2017）归属于社交类元素。个体总有着一种对社会环境的归属感的需求和与他人建立有意义的社会联系的需求（Sailer et al.，2017）。竞争违背社交类元素，能促进个体与他人的联系，这已被证明对动机和游戏乐趣很重要（Gajadhar et al.，2008），而在短视频游戏中游戏化营销的诱导性分享和进度对比等都可能会给用户带来压力和消极认知，甚至成为建立玩家之间联系和社会归属感的阻碍。例如，一些拼团和助力的游戏活动中，迫于游戏设置的要求，用户会面临较大的社交互动压力，尤其是来自他人要求的外在竞争压力，导致心理抗拒。基于此，本章提出以下假设：

H1a：游戏化营销中的奖励预期违背会对用户心理抗拒产生正向作用。

H1b：游戏化营销中的成就预期违背会对用户心理抗拒产生正向作用。

H1c：游戏化营销中的竞争预期违背会对用户心理抗拒产生正向作用。

五、情绪耗竭

情绪耗竭（Emotional Exhaustion）是描述一种筋疲力尽的情绪，是一种耗尽和疲劳的状态，被认为是倦怠的核心组成部分（Kuss and Griffiths，2017）。一旦个体认为或发现其所拥有的资源流失，并且投入的资源无法获得应有的回报，便会产生心理上的失衡，继而产生情绪耗竭，资源包括与个体相关的时间、能量和精力等（Dhensa-Kahlon，2014）。在 Short Form Video Game 的游戏化营销情境下，情绪体验是用户在游戏化中重要的互动体验之一（Liu et al.，2017；Mullins and Sabherwal，2020）。在游戏化互动过程中，如果个体的期望回报无法满足，就可能会导致消极的情绪反应（Mendes et al.，2007）。本书认为，个体的期望回报也可以分为奖励、成就、竞争三个方面，而期望违背会对用户的情绪耗竭产生影响。

首先，当奖励期望违背发生时，用户会陷入情绪耗竭。用户为了完成预期，在获取奖励回报的过程中，往往需要持续付出时间、精力和情绪等资源。当个体发现在游戏化中资源被消耗或者投入的资源并未得到预期回报时，会产生想要阻止资源继续被消耗的动机（Halbesleben，2014）。在游戏化前期，用户都会表现出较好的初始情绪，但在游戏化的进程中，奖励一直达不到预期，用户的情绪资源会渐渐耗尽，进而导致情绪耗竭。例如，我们寄望于成为一个网络红人，在 TikTok 上努力运营，耗费大量的资源，然而曝光度却寥寥无几，这时我们往往会变得厌烦和倦怠，情绪耗竭就这样产生了。

其次，当成就期望违背发生时，也会导致用户的情绪耗竭。用户参与游戏化前，除了期望追求利益，还为了达到目标、完成自我实现，获得成就感和满足感（Sailer et al.，2017）。为此，个体通常会投入大量的成本，如果用户最终没有避免失败，即发生了期望违背现象，可能会引发用户的负面情绪，如沮丧、焦虑等（Jennett，2008），最终导致用户的情绪耗竭。

最后，当竞争期望违背发生时，用户也会产生情绪耗竭反应。用户在追求期望实现的过程中，需要面对竞争压力的感知、应对来自社会比较和人际交往的压力（如被迫参与到病毒式传播中等），而社会需求和压力会降低个体的情感状态（Ilies et al.，2006）。有限的情绪资源会慢慢消耗，最终导致情绪耗竭的发生。基于此，本章提出以下假设：

H2a：游戏化营销中的奖励预期违背会对用户情绪耗竭产生正向作用。
H2b：游戏化营销中的成就预期违背会对用户情绪耗竭产生正向作用。
H2c：游戏化营销中的竞争预期违背会对用户情绪耗竭产生正向作用。

六、用户消极使用行为作为结果

结合游戏化的具体情境，用户的消极使用行为主要表现为忽略和退出等行为。本书认为游戏化期望违背会对认知-情绪系统造成消极影响，造成心理抗拒和情绪耗竭。而用户的行为是由多重情感和认知的维度相互作用决定的（Pessoa，2013），期望违背带来的心理抗拒和情绪耗竭最终会导致消极用户使用行为。

在认知方面，心理抗拒是用户认知的重要表征。游戏化期望违背往往会给用户带来负面的信息，导致心理抗拒，进而造成消极使用行为。而在之前的研究中，有学者证明了心理抗拒反应的产生，会引发个体行为的抗拒（König and Neumayr，2017），即心理抗拒是个体采取相反行为的动机。在用户的游戏化参与互动中，一些形式化的游戏设置往往被认为带有控制性质，用户可能会感受到过度控制，例如，用户需要通过合作或好友助力的方式才能继续游戏化进程等。当用户认为是被迫接受或参与时，产生了期望违背，就会发生心理抗拒（Silvia，2010）。从认知-情感系统理论出发，以认知为导向的过程中，用户会有意识地使用认知资源来处理收到的信息并做出决定（Li and Huang，2020），心理抗拒这种消极的认知会直接引发个体采取消极行为。用户可能会希望"夺回自由"或终止游戏状态，从而增加用户的消极使用行为。基于此，本章提出以下假设：

H3：在游戏化营销中，心理抗拒会导致用户的消极使用行为产生。

H4a：在游戏化营销中，心理抗拒中介了奖励期望违背对用户消极使用行为的影响。

H4b：在游戏化营销中，心理抗拒中介了成就期望违背对用户消极使用行为的影响。

H4c：在游戏化营销中，心理抗拒中介了竞争期望违背对用户消极使用行为的影响。

在情感方面，情绪耗竭是用户情感体验的重要方面。这已在实践中验证，例如快手邀请好友领取奖金的活动中，用户的期望受到了严重的违背，这导致了用户强烈的消极情绪，如沮丧、厌烦等，导致用户采取抵制等消极行为。从认知-情感系统理论出发，以情感为导向的过程会导致消费者对决策活动产生情感反应，情感反应又会对行为产生影响（Li and Huang，2020）。在短视频游戏化互动中，消极的游戏化期望违背会引发消极的情绪反应（Mendes et al.，2007），导致情绪耗竭，这直接表现为个体的疲惫和焦虑感。当用户产生了情绪耗竭时，会变得疏离，个人认为他们缺乏资源来执行他们所需完成的任务，更可能会想要逃离这种处境，避免情绪资源的再次消耗（Hakanen et al.，2018），导致消极使用行为。具体表现为，用户会闲置部分或全部关于游戏化的信息，忽视需要完成的任务，甚至直接退出或终止游戏，拒绝再次参与游戏化活动。基于此，本章提出以下假设：

H5：在游戏化营销中，情绪耗竭会对用户的消极使用行为有显著影响。

H6a：在游戏化营销中，情绪耗竭中介了奖励期望违背对用户消极使用行为的影响。

H6b：在游戏化营销中，情绪耗竭中介了成就期望违背对用户消极使用行为的影响。

H6c：在游戏化营销中，情绪耗竭中介了竞争期望违背对用户消极使用行为的影响。

七、道德许可的调节作用

个体道德在短视频游戏化情境下的研究是缺乏的，但已有研究认为道德可以作为关键边界去理解个体认知和情绪方面的影响。由于短视频游戏数字化平台和社会化媒体的特点，它的用户人际互动比较频繁，这往往会带来道德方面的压力。用户在参加短视频游戏化时，往往无法避免病毒式传播等可能带来道德压力的活动。在实践中往往存在这样一种情况：虽然某人的期望已经受到了违背，但是他却并不会或是较少地表现出认知和情绪方面的负面反馈。例如，拼多多的组团砍价，很多用户已经意识到了其奖励预期无法满足，却为了维护道德形象，仍然参与到团队活动中，并且较少地表现出认知上的心理抗拒和情绪上的耗竭。本书认为道德许可可以作为边界来研究期望违背对认知-情绪系统的影响。道德许可（Moral Licensing）是指人们的道德行为标准不是固定的，而是通过个体自身的道德感知不断发生变化（Nisan，2011）。即当个体在面对道德选择时，往往会根据他以前的经验和行为做参考标准（Schlegelmilch and Philipp，2018）。

高道德许可的人在面对消极期望违背时，会合理化其当前行为，以保持高道德水准。具体原因可以从道德证书（Certificate）的创造和道德一致性来解释。一方面，当个体感知到当前的行为可能会危害自身的道德形象时，往往会夸大其之前的行为来获得心理许可（Effron，2015），或是重新解释当前的道德两难困境（Merritt，2012），以此创造道德证书，合理化当前的行为。另一方面，高道德许可并不总是导致不道德行为，也可能会由于道德一致性促使个体保持相对高道德的行为（Cornelissen et al.，2013）。短视频游戏平台的游戏化情境中，由于奖励有限，并且不道德行为带来的社会压力是不道德行为的收益无法弥补的。故而我们认为在该情境中，用户都更倾向于基于规则而非基于结果的，并且基于规则的用户在高道德许可的情况下，更倾向于遵循道德一致性，保持高道德行为（Cornelissen et al.，2013）。本书认为高道德许可能够加强用户对期望违背的容忍以保持高道德行为（如不退出砍价、拼团活动，即使他们不符合自己的预期和诉求），具体可以从游戏化的认知情绪系统来解释，本书假设其能调节期望违背对心理抗拒和情绪耗竭的影响：

道德许可能调节期望违背对认知（心理抗拒）的影响。一方面，将道德许可应用于游戏化互动领域，当个体在游戏化的过程中时，一些"不道德行为"（如退出团队PK，忽视好友的助力申请等）使他们偏离了自身的道德认可，内心产生了不完美感。那么个体为了实现内心的道德平衡，会为自己创造道德证书（Effron and Conway，2015），以合理化当前行为。也就是说，当用户在游戏化中获得的奖励和回报不如预期时，会导致心理抗拒，但是道德许可特质的存在，会让其合理化这"不完美感"（Cascio，2015），从而减缓心理抗拒反应。另一方面，在游戏化情境中，用户的道德许可程度越高，即其认为自己之前做出了很高的道德行为努力，那么从道德一致性出发，会越肯定和认同当前的自身行为，即使自己获得的奖励和回报不如预期、成就感低落以及在面对来外在的竞争压力时，在心理认知上，也会更加坚定自身的行为（Susewind and Hoelzl，2014）。而用户道德许可水平较低时，个体就不会注重道德形象的保持，面对期望违背就不会维持良好的认知态度，无法缓解个体的心理抗拒。也就是说，在面对"追求这样的奖励、成就和竞争是否合理"的道德存疑行为时，用户的道德许可程度越深，越有可能合理化该行为，减少心理抗拒。基于此，本章提出以下假设：

H7：在游戏化营销中，道德许可会负向调节游戏化特性对心理抗拒的正向作用。

H7a：道德许可会负向调节奖励预期违背对心理抗拒的正向作用。

H7b：道德许可会负向调节成就预期违背对心理抗拒的正向作用。

H7c：道德许可会负向调节竞争预期违背对心理抗拒的正向作用。

道德许可也能调节期望违背对情绪的影响。高道德许可的人通常有着较高的道德自我知觉（Schlegelmilch and Philipp，2018），由于道德一致性，高道德许可用户在游戏化互动中，往往有着较高的道德行为动机（Cornelissen et al.，2013），能够更有效地将个体注意资源分配在目标行为上，进而缓解或忽视自身的情绪反应。也就是说，用户在进行游戏化互动的过程中，道德许可越高，为了实现自身设定的目标，较少关注获得的奖励和回报不如预期、自我成就感实现和对竞争压力的感知，如此，用户对自身情绪资源的消耗程度关注较低，即情绪耗竭效应较慢。另外，用户参与游戏化是认知和情绪相互作用的过程，而情绪是由认知唤醒的（Mullins and Sabherwal，2020），高道德许可会缓解心理抗拒，进而缓解由此引起的情绪耗竭。故而我们推论道德许可也能缓解期望违背带来的情绪耗竭，基于此，本章提出以下假设：

H8：在游戏化营销中，道德许可会负向调节游戏化特性对情绪耗竭的正向作用。

H8a：道德许可会负向调节奖励预期违背对情绪耗竭的正向作用。

H8b：道德许可会负向调节成就预期违背对情绪耗竭的正向作用。

H8c：道德许可会负向调节竞争预期违背对情绪耗竭的正向作用。

八、研究模型

期望违背理论为本书提供了较好的理论基础，基于"期望违背—认知-情绪系统—行为结果"的理论框架，本书试图解释短视频游戏化营销的负面效应的发生机制。期望理论认为用户在参与游戏化互动过程中，奖励、成就和竞争特性的交互，会让用户带着某种期望来参加游戏化互动（Teng，2018）。但如果用户的感知与预期不符或出现过载，即发生了期望违背，其认知-情绪系统会受到消极影响，引发情绪耗竭和心理抗拒。因而，认知与情绪相互作用还会进一步对用户的行为造成影响（Li and Huang，2020），导致消极使用行为。与此同时，从个体道德这一价值观的边界出发，用户自身的道德许可程度可能会在游戏化元素与情绪耗竭和心理抗拒之间起到调节作用。基于此，本书构建理论模型如图5-1所示。

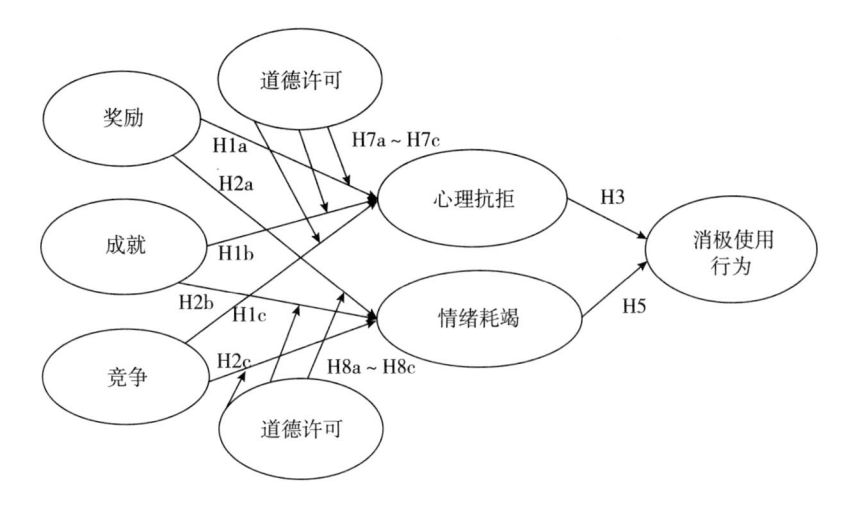

图 5-1 理论模型

第四节 研究设计

本书选取了抖音短视频 APP 作为研究对象，其在 Covid 19 Pandemic 期间用户大量增长，在 2020 年春节期间人均活跃规模相较 2019 年增长 38.9%，达 31767 万，也通过广告、直播带货等创造了巨大的商业价值，成了一个现象级的 Short Form Video Game。最近抖音（TikTok in China）开始应用各种游戏化策略来吸引、激励用户。例如，抖音 APP 在 2021 年春节期间举行了主题为"团圆家乡年，瓜分20亿"的游戏化营销活动：用户打开抖音可以拍全家福、贺岁照、集灯笼，完成任务即可获取奖金；也可以通过集卡合成（成就），互动分享（竞争），在除夕夜瓜分现金（奖励）。

本书在 2021 年 2 月针对抖音的"团圆家乡年，瓜分20亿"活动进行了两轮调查。该活动于 2 月 4 日开始预热，2 月 11 日晚公布现金奖励结果。我们聘请了在中国拥有数百万用户的专业在线调查公司（www.wjx.cn）来发放问卷，研究人员可以通过付费增值服务向他们的目标样本分发问卷，受访者可以在完成调查后抽奖。总共有 523 名受访者完成了调查问卷。本书的测量工具采用李克特 7 点式计分，1 表示完全不同意，7 表示完全同意。通过筛选（即参加过抖音短视频游戏化活动）的问卷结果共 404 份，剔除其中的无效问卷（连续大量选择相同选项、只参加一次调查等），最终得到有效调查结果 320 份，样本情况如表 5-1 所示。

第一次调查（2021年2月8日）的内容包括用户的游戏化奖励期望违背程度、成就期望违背程度、竞争期望违背程度、用户的心理抗拒程度和情绪耗竭程度；第二次调查（2021年2月14日）包括全部量表：奖励期望违背程度、成就期望违背程度、竞争期望违背程度、心理抗拒和情绪耗竭程度、用户消极行为调查量表和道德许可量表。通过两次调查结果的对比，用户游戏化期望违背和其心理抗拒和情绪耗竭程度在第二次调查（春节后，即活动结束之后）与第一次调查相比有显著的差异，具体数值如表5-1所示。经过T-Test，其中成就期望违背和竞争期望违背在0.05（双尾）的水平上显著；回报期望违背、心理抗拒和情绪耗竭在0.01（双尾）的水平上显著。并且可以发现，在活动结束后，被试的平均期望违背水平有明显的增长，心理抗拒和情绪耗竭也是相同的情况。

表5-1　两时间点期望违背差异（均值）

	奖励期望违背	成就期望违背	竞争期望违背	心理抗拒	情绪耗竭
时间1	4.031	3.722	3.988	4.584	4.265
时间2	5.392	4.863	4.456	5.221	5.277

注：时间1为春节前五天；时间2为春节后三天（活动结束后三天）。

一、变量测量

研究量表均来源于前人成熟的研究量表，并采用标准的Translation and Back Translation程序以确保在中国情境下的有效性，Liang（2020）、Chen（2021）等学者在问卷设计部分都采用过该方法，说明该方法是可操作的、有效的。最后我们还要求三个被试检查单词和句子的恰当性，他们的反馈表明这些条目理解得很好，内容效度很好，具体问卷内容见本章附录。并且对调查结果进行信效度分析，结果良好。

本书关于用户的游戏化互动的预期违背由奖励、成就和竞争三个方面构成，问卷内容来自Kankanhalli等（2005）、Yee（2006）以及Ma和Agarwal（2007）的量表，在本书中Cronbach's α为0.902、0.702、0.822。

对心理抗拒反应进行测量，量表参考Lee等（2014），在本书中Cronbach's α系数为0.883。

关于情绪耗竭的测量参考Watkins等（2014）和Trougakos等（2015），在本书中Cronbach's α系数为0.850。

关于道德许可的量表借鉴Lin（2016）和Khan（2006）的研究，在本书中Cronbach's α系数为0.941。

用户消极使用行为作为因变量，测量量表借鉴的是 Ravindran（2014）和 Maier 等（2015）的量表，在本书中 Cronbach's α 系数为 0.816。

二、样本

样本中女性占比 59%，在年龄分布方面，30 岁以下的占 64%。总体来说较为年轻化，且女性稍微偏多，这比较符合互联网调查机构 Questmobile 公布的 2020 年抖音新安装用户画像。此外，调查对象的使用频率为每月 10~20 次的占比 32%，每日至少一次的占比 35%。月消费水平小于 2000 元的占比 54%，2000~3000 元的占比 26%，总体消费水平偏低。在受教育程度方面，有 56% 取得了本科学位，24% 取得了硕士及以上学位。具体如表 5-2 所示。

表 5-2 人口变量描述性统计

项目	类别	频率	百分比（%）	项目	类别	频率	百分比（%）
性别	男	131	41	年龄	20 岁以下	51	16
	女	189	59		20~30 岁	154	48
了解程度	非常不了解	16	5		31~40 岁	70	22
	不太了解	18	6		40 岁以上	45	14
	一般了解	80	25	月消费水平	1000 元以内	62	19.50
	比较了解	142	44		1000~2000 元	112	35
	非常了解	64	20		2000~3000 元	84	26
使用频率	每月 1~3 次	32	10		3000 元以上	62	19.50
	每月 3~10 次	74	23	受教育程度	大专及以下	64	20
	每月 10~20 次	102	32		本科	179	56
	每日至少 1 次	112	35		硕士及以上	77	24

第五节 实证结果与分析

一、相关分析与共同方法偏差（CMV）

预测模型各变量的均值、标准差和相关系数如表 5-3 所示，可见奖励、成就、竞争期望违背的均值都大于4,说明在该短视频游戏平台的游戏化营销中,用户普遍认为自己的期望(奖励、成就、竞争)受到了违背。并且关于消极使用行为的均值为5.277,显著大于4,也侧面表明了我们研究对象的游戏化营销结果可能是消极的。

采用"Harman's Single-Factor Test"进一步检验共同方法偏差的可能性(Podsakoff et al.,2003)。本书将所有题项装入探索性因子分析,共析出7个变量,其中第一个出现的没有旋转的因素是常用方法方差的代表,占比小于50%,这表明没有单一因素在测量的协方差中占主导地位,表明没有实质性的CMV。其次,表5-3中变量之间的相关系数都小于0.8,没有高度相关,表明没有CMV的证据(Lowry and Gaskin,2014)。这说明了数据中没有明显的共同方法偏差。

表5-3 相关性分析

	1	2	3	4	5	6	7
奖励动机	0.864						
成就动机	0.576**	0.812					
竞争动机	0.190*	0.266**	0.805				
情绪耗竭	0.344**	0.347**	0.318**	0.725			
心理抗拒	0.408**	0.375**	0.281**	0.661**	0.709		
消极使用行为	0.285**	0.393**	0.066	0.558**	0.588**	0.754	
道德许可	0.360**	0.334**	0.104	0.581**	0.610**	0.703**	0.806
M	5.392	4.863	4.456	5.221	5.277	4.992	5.717
SD	1.501	1.272	1.526	1.243	1.185	1.134	1.228

注:*、**分别表示p在0.05、0.01的水平(双侧)上显著相关。对角线为AVE平方根值。

二、信效度分析

信度分析见表5-4,首先通过Cronbach's α来观测:回报、成就、竞争期望违背的Cronbach's α值为0.902、0.702、0.822;情绪耗竭和心理抗拒的Cronbach's α值为0.850、0.883;消极使用行为的Cronbach's α值为0.816;道德许可的Cronbach's α值为0.941。各变量的Cronbach's α值都大于0.7。并且所有变量的组合信度CR都大于0.7(Nunnally and Bernstein,1994):回报、成就、竞争期望违背的CR值为0.899、0.794、0.843;情绪耗竭和心理抗拒的CR值为0.847、0.802;消极使用行为的CR值为0.901;道德许可的CR值为0.881。同时各题项的标准因子载荷都大于0.5,说明各个量表都通过了信度检验,达到了量表信度要求。

在表 5-4 中，效度分析各变量的 AVE 值均大于 0.50，说明其收敛效度良好；同时 AVE 的均方根和相关系数被用来分析区分效度，在表 5-3 中，斜对角为 AVE 平方根，可见其大于行列上的相关系数，表明区分效度良好（Fornell and Larcker，1981）。

表 5-4 信效度分析

变量		题项	标准因子载荷	CR	AVE	Cronbach's α
游戏化期望 (Gamification Expectation)	奖励 (Reward)	RE1	0.881	0.899	0.747	0.902
		RE2	0.868	—	—	—
		RE3	0.844	—	—	—
	成就 (Achievement)	AE1	0.857	0.794	0.660	0.702
		AE2	0.764	—	—	—
	竞争 (Competition)	CE1	0.893	0.843	0.648	0.822
		CE2	0.885	—	—	—
		CE3	0.602	—	—	—
情绪耗竭 (Emotional Exhaustion)		EE1	0.781	0.847	0.525	0.850
		EE2	0.764	—	—	—
		EE3	0.707	—	—	—
		EE4	0.685	—	—	—
		EE5	0.681	—	—	—
心理抗拒 (Psychological Resistance)		PR1	0.755	0.802	0.503	0.883
		PR2	0.732	—	—	—
		PR3	0.674	—	—	—
		PR4	0.673	—	—	—
消极使用 (Negative Use)		NU1	0.791	0.901	0.569	0.816
		NU2	0.79	—	—	—
		NU3	0.738	—	—	—
		NU4	0.596	—	—	—
		NU5	0.871	—	—	—
		NU6	0.811	—	—	—
		NU7	0.645	—	—	—

续表

变量	题项	标准因子载荷	CR	AVE	Cronbach's α
道德许可 (Moral Licensing)	ML1	0.832	0.881	0.649	0.941
	ML2	0.807	—	—	—
	ML3	0.804	—	—	—
	ML4	0.780	—	—	—

注：SD Factor Loading 为 Standardized Factor Loading。

三、结构方程分析

为了验证研究假设，借助于 AMOS 22.0，本书采用了结构方程的分析方法。整体模型的拟合指数显示模型拟合良好（$\chi^2/df = 2.432 < 3$，CFI = 0.901，TLI = 0.907，IFI = 0.909，RMSEA = 0.064 < 0.08）。由图 5-2 可知，游戏化互动的三种预期违背都能够显著正向影响心理抗拒（$\beta_{Rp} = 0.321$，$p<0.05$；$\beta_{Ap} = 0.35$，$p<0.01$；$\beta_{Cp} = 0.218$，$p<0.05$），而且也对情绪耗竭产生了正向影响（$\beta_{Re} = 0.285$，$p<0.05$；$\beta_{Ae} = 0.339$，$p<0.01$；$\beta_{Ce} = 0.259$，$p<0.05$）。此外，心理抗拒与情绪耗竭对负向使用行为的影响也得到了显著支持（$\beta_{Pr} = 0.363$，$p<0.01$；$\beta_{Ea} = 0.271$，$p<0.01$）。

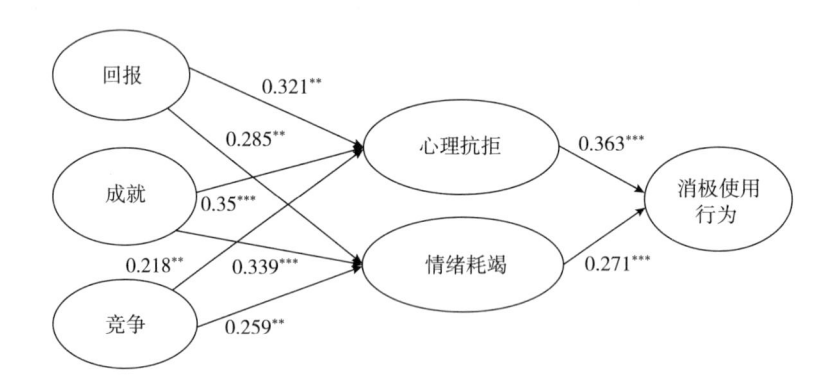

图 5-2 结构方程模型结果

注：**、*** 分别表示 p 在 0.05、0.01 水平（双侧）上显著相关。

四、中介效用分析

利用 Bootstrap 的方法，迭代 5000 次，对心理抗拒、情绪耗竭在奖励、成就、竞争动机与消极使用行为之间关系的中介效应进行检验。通过表 5-5 可以看出，

第五章 游戏化的另一面：用户心理抗拒和情绪耗竭的双重视角

在中介效应检验时，奖励期望违背的直接效应Bootstrap95%上下限为（-0.081，0.124），包含0；间接效应的总效应Bootstrap95%上下限为（0.100，0.322），其中间接效应关于心理抗拒的部分Bootstrap95%上下限为（0.049，0.237）；关于情绪耗竭的部分Bootstrap95%上下限为（0.029，0.161），这三者都不包含0。这表明奖励预期违背不可以直接预测消极使用行为，但是能够通过情绪耗竭和心理抗拒的中介作用来预测消极使用行为。该中介效应占总效应的89.98%。

成就期望违背的直接效应Bootstrap95%上下限为（0.034，0.268），不包含0；间接效应的总效应Bootstrap95%上下限为（0.112，0.342），其中间接效应关于心理抗拒的部分Bootstrap95%上下限为（0.053，0.239）；关于情绪耗竭的部分Bootstrap95%上下限为（0.032，0.182），这三者都不包含0。这表明成就预期违背可以直接预测消极使用行为，其相对效应占比为43.03%；成就期望违背也能够通过情绪耗竭和心理抗拒的中介作用来预测消极使用行为。该中介效应占总效应的56.94%。

竞争期望违背的直接效应Bootstrap95%上下限为（-0.211，-0.021），不含0，且值为负值（-0.116），故而我们不计算相对效应占比，但它的总效应为正（0.049）；间接效应的总效应Bootstrap95%上下限为（0.080，0.294），其中间接效应关于心理抗拒的部分Bootstrap95%上下限为（0.032，0.172）；关于情绪耗竭的部分Bootstrap95%上下限为（0.035，0.158），这三者都不包含0。这表明竞争预期违背可以直接预测消极使用行为；竞争期望违背也能够通过情绪耗竭和心理抗拒的中介作用来预测消极使用行为。同时还可以发现竞争期望违背的效应值为负（-0.116），且通过了Bootstrap检验（-0.211，-0.021）。即数据分析结果表示竞争期望的违背对用户消极使用行为存在一定的直接负向影响。或许可以从短视频的社交和娱乐属性来理解，在短视频游戏化参与中，用户对竞争的期望可以理解为对社交互动的期望，而非在相对激烈的竞争中胜利的渴望。用户可能更期望相互分享比对游戏化参与进度和收获，而非打败某一个人。

表5-5 中介效应的Bootstrap结果

期望违背类型	效应类型		效应值	Boot SE	Bootstrap 95%CI下限	Bootstrap 95%CI上限	相对效应占比（%）
奖励期望违背	总效应		0.216	0.058	0	0.102	100
	直接效应		0.022	0.052	-0.081	0.124	10.02
	间接效应	总间接效应	0.194	0.056	0.100	0.322	89.98
		心理抗拒	0.117	0.045	0.049	0.237	
		情绪耗竭	0.077	0.032	0.029	0.161	

续表

期望违背类型	效应类型		效应值	Boot SE	Bootstrap 95%CI 下限	Bootstrap 95%CI 上限	相对效应占比（%）
成就期望违背	总效应		0.35	0.065	0.221	0.479	100
	直接效应		0.151	0.059	0.034	0.268	43.14
	间接效应	总间接效应	0.199	0.055	0.112	0.342	56.86
		心理抗拒	0.116	0.044	0.053	0.239	
		情绪耗竭	0.084	0.035	0.032	0.182	
竞争期望违背	总效应		0.049	0.059	-0.067	0.166	100
	直接效应		-0.116	0.048	-0.211	-0.021	—
	间接效应	总间接效应	0.165	0.051	0.080	0.294	—
		心理抗拒	0.085	0.034	0.032	0.172	
		情绪耗竭	0.080	0.029	0.035	0.158	

五、调节效用检验

本书对有调节的中介模型进行了检验，最终结果如下所示。

首先，本书通过构建三种预期违背与道德许可的交互项对心理抗拒的回归模型。从表5-6中可知，奖励与道德许可的乘积项对心理抗拒的预测作用显著（$\beta=-0.084$，$p<0.01$），说明道德许可能够调节奖励预期违背对心理抗拒的预测作用；成就与道德许可的乘积项对心理抗拒的预测作用边缘显著（$\beta=-0.051$，$p<0.1$），说明道德许可在成就预期违背对心理抗拒预测作用中起到了负向调节作用。同理，模型3表明，道德许可能调节竞争预期违背对心理抗拒的预测作用（$\beta=-0.074$，$p<0.05$）。

表5-6 道德许可在预期违背与心理抗拒之间的调节作用

	模型1		模型2		模型3	
	系数	Se	系数	Se	系数	Se
常数项	-0.966	0.95	0.105	1.021	-0.509	0.924
奖励	0.66***	0.187	—	—	—	—
成就	—	—	0.475*	0.225	—	—
竞争	—	—	—	—	0.613**	0.214
道德	0.933***	0.166	0.754***	0.179	0.864***	0.152

续表

	模型 1		模型 2		模型 3	
	系数	Se	系数	Se	系数	Se
奖励×道德	−0.084**	0.031	—	—	—	—
成就×道德	—	—	−0.051+	0.038	—	—
竞争×道德	—	—	—	—	−0.074*	0.035
R^2	0.44		0.412		0.436	
F	40.776		36.49		40.252	

注：*、**、***分别表示 p 在 0.05、0.01、0.001 水平（双侧）上显著相关。+表示 p 在 0.1 的水平（双侧）上显著相关。

进一步对心理抗拒路径的调节效应进行简单斜率分析，如表 5-7 所示，道德许可水平较低（M−1SD）的被试，奖励预期违背对心理抗拒具有显著的预测作用，而对于道德许可水平较高（M+1SD）的被试，奖励对心理抗拒的预测作用不显著，说明随着个体道德许可程度的提高，奖励预期违背对心理抗拒的预测作用逐渐降低，最终不显著了。同理，道德许可水平较低（M−1SD）的被试，成就和竞争对心理抗拒具有显著的预测作用，而对于道德许可水平较高（M+1SD）的被试，成就和竞争对心理抗拒的预测作用不显著，说明随着个体道德许可程度的提高，成就和竞争预期违背对心理抗拒的预测作用逐渐降低，最终不显著了。

表 5-7 道德许可在预期违背与心理抗拒之间的简单效应分析

	道德许可	Effect	Boot SE	Bootllci	Bootulci
奖励--->心理抗拒	Eff1（M−1SD）	0.103	0.040	0.033	0.186
	Eff2（M）	0.065	0.029	0.021	0.130
	Eff3（M+1SD）	0.028	0.030	−0.016	0.115
成就--->心理抗拒	Eff1（M−1SD）	0.081	0.045	0.011	0.185
	Eff2（M）	0.060	0.029	0.016	0.130
	Eff3（M+1SD）	0.039	0.028	−0.004	0.105
竞争--->心理抗拒	Eff1（M−1SD）	0.111	0.041	0.041	0.211
	Eff2（M）	0.076	0.026	0.035	0.138
	Eff3（M+1SD）	0.04	0.025	−0.004	0.093

同样地，检验道德许可在成就对情绪耗竭作用路径中的调节效应。具体结果如表 5-8 所示。奖励与道德许可的乘积项对情绪耗竭的预测作用不显著（$p=$

0.581），说明道德许可并没有在奖励预期违背对情绪耗竭的预测作用中起到调节作用。成就与道德许可的交互项对情绪耗竭的预测作用也不显著（$p=0.615$），说明道德许可在成就预期违背对情绪耗竭之间的调节不成立。同样地，道德许可不可以调节竞争预期违背对情绪耗竭的预测作用（$p=0.619$）。

表5-8　道德许可在预期违背与情绪耗竭之间的调节作用

	模型4		模型5		模型6	
	系数	Se	系数	Se	系数	Se
常数项	0.949	1.065	0.855	1.114	0.621	0.995
奖励	0.24	0.21				
成就			0.288	0.246		
竞争					0.324	0.23
道德	0.627***	0.186	0.621**	0.195	0.636***	0.164
奖励×道德	-0.019	0.035				
成就×道德			-0.021	0.041		
竞争×道德					-0.019	0.037
R^2	0.359		0.365		0.405	
F	29.147		29.836		35.393	

注：**、***表示p在0.01、0.001的水平（双侧）上显著相关。

其次，进一步对道德许可在预期违背对情绪耗竭路径的调节效应进行简单斜率分析，同样可以发现三种预期违背的调节效应均不成立，结果如表5-9所示。

表5-9　道德许可在预期违背与情绪耗竭之间的简单效应分析

模型	道德	Effect	Boot SE	Bootllci	Bootulci
奖励--->情绪耗竭	Eff1（M-1SD）	0.042	0.029	-0.010	0.105
	Eff2（M）	0.035	0.020	0.004	0.089
	Eff3（M+1SD）	0.029	0.023	-0.008	0.085
成就--->情绪耗竭	Eff1（M-1SD）	0.048	0.035	-0.006	0.132
	Eff2（M）	0.042	0.024	0.008	0.106
	Eff3（M+1SD）	0.036	0.025	-0.008	0.094
竞争--->情绪耗竭	Eff1（M-1SD）	0.074	0.037	0.018	0.167
	Eff2（M）	0.067	0.024	0.031	0.131
	Eff3（M+1SD）	0.06	0.021	0.025	0.104

第六节 研究结论与启示

一、研究结论

新冠肺炎疫情防控期间的限制接触给线上游戏娱乐行业的发展注入了强大动力，Video Game 行业蓬勃发展，各类游戏如 XBOX 等的用户就得到了大量的增长（Gough，2020）。预计到 2023 年，视频产业将超过 2000 亿美元的市场规模（Wijman，2020）。游戏娱乐行业带来的巨大商业价值和对疫情防控的助力让政府（Tian et al.，2019）和世界卫生组织（Canales，2020）开始重新调整对游戏娱乐行业的态度，越来越重视游戏娱乐行业。短视频平台在发展时也越来越多地验证了游戏化的方式带来的积极效果，但短视频游戏领域的游戏化黑暗面研究还比较匮乏。本书从期望违背理论出发，通过对一个短视频游戏化活动的调查研究，分析游戏化在短视频领域造成消极后果的原因和作用机制。本书主要研究结论如下：

首先，用户在短视频平台的游戏化互动中，关于奖励、成就与竞争的交互预期违背均可以对用户的认知方面的心理抗拒和情感方面的情绪耗竭产生正向影响。本书从认知-情绪系统理论的视角，探究游戏化期望违背对认知和情绪的双重消极影响。在认知方面，个体在游戏化中，一些带有控制性质形式的游戏化设置，会让用户知觉缺乏自主参与感。如获得奖励的参与方式和时间受到限制，成就感的来源比较被动，或者受到一些来自他人要求的外在竞争压力，在这些情况下用户在游戏化中的互动体验感知就发生了期望违背，用户会产生强迫性感受，怀疑商家有操纵自身使用或购买行为的意图，导致心理抗拒的产生（Ma et al.，2019）。在情感方面，个体在游戏化中如果资源被消耗过多，或者投入的资源并未得到回报，会产生想要阻止资源继续被消耗的动机，导致情绪耗竭（Dhensa-Kahlon，2014）。并且，个体为了应对来自游戏化中社会比较和人际交往的竞争压力，情绪资源也会慢慢消耗完，最终导致情绪耗竭的发生。正如 Sriwilai（2016）探索和证明了社交媒体的成瘾性和社交压力会造成用户情绪耗竭，Short Game Video Game 在游戏化营销时不可剥夺的社交属性和成瘾性让其也无法避免对用户造成情绪耗竭。

其次，心理抗拒和情绪耗竭在 REV、AEV、CEV 对消极使用行为的影响中起到了中介作用。本书应用了认知情绪系统理论框架，综合考虑了期望违背对认知和情绪的影响，检验证明了心理抗拒和情绪耗竭的中介作用。用户在参与游戏化互动时,与奖励特性、成就特性和竞争特性交互,如果回报不如预期,就会发生期望违背。期望违背会对用户的认知和情绪产生消极影响,进而导致情绪耗竭和心理抗拒反应,而心理抗拒会导致个体的消极态度,如不满和转换意图以及焦急和沮丧的情绪(Chang and Wong, 2018),这种感知会直接引发个体采取行为来平衡认知失调(Ma et al., 2019),从而进一步导致用户的消极使用行为。同样地,情绪耗竭也会促使用户采取行动:当个体有价值的资源不断流失或受到威胁,并被认为不能满足需求或不能够产生预期的回报时,他们就会产生情绪耗竭,并可能通过退出等消极行为来中止情绪损耗(Chen et al., 2020)。

最后,道德许可作为调节变量,也部分验证了道德许可在期望违背对认知-情绪系统的影响过程中的调节作用,即道德许可会负向调节奖励、成就和竞争期望违背对心理抗拒的预测作用。当个体认为自己之前做出了道德行为努力、拥有更高的道德许可程度时,那么即使自己获得的奖励、成就和竞争体验不如预期,在心理认知上也会更加坚定自身目标,进而减缓或降低心理抗拒反应,这也和Susewind(2014)的研究结论一致。这也呼应了关于高道德许可并不总是导致不道德行为的研究(Effron and Conway, 2015)。在短视频平台的游戏化情境中,高道德许可的个体也往往会由于道德一致性保持高道德行为,这在某种程度上呼应了认知一致理论中对于高道德自我知觉会保持高道德行为的观点(Conway and Peetz, 2012)。但遗憾的是,关于情绪耗竭方面,在本书的研究中,道德许可并没有在奖励、成就和竞争对情绪耗竭的预测作用中起到调节作用,该现象或许可以从认知-情绪系统理论视角来解释,认知和情绪是多维度共同作用的,但也并不相同,而高道德许可的人无论是从道德证书的创造还是道德一致性视角来合理化其道德两难行为,都只是对其认知进程(Process)的强制维持,而无法缓释用户的负面情绪。这一研究结果也为游戏化对用户的影响机制提供了参考价值。

二、理论贡献

本书主要有以下三个方面的理论贡献:

首先,基于期望违背理论,本书将游戏化营销应用于短视频的情境,丰富了游戏化营销的应用场景和实证发现。本书在一定程度上证实了伴随疫情经济大热的短视频平台是游戏化营销的天然载体,丰富了游戏化的应用领域。消费者的时间碎片化、生活社交化,使短视频 APP 这种短视频游戏平台的商业价值也被进一步开发,各类营销主体都在短视频 APP 上通过短视频来进行营销实践(Trh-nen et al., 2020)。为了增加娱乐性、互动性,短视频营销也需要用游戏化的方式来激励用户的参与。揭示了在短视频游戏平台情境中的游戏化营销可能带来的用户消极行为和其作用机制。同时本书不仅拓展了游戏化营销的应用场景,也增加了对游戏化黑暗面的效果研究。目前游戏化领域关于期望违背理论的应用还比较缺乏。本书从游戏化营销可能带来期望违背,最终导致用户的消极使用行为的事实出发,聚焦于短视频游戏平台的场景,对其导致的消极后果和作用机制进行了探索。也呼应了前人的研究,正如 Hamari、Koivisto 和 Sarsa(2014)提出的:游戏化并不是灵丹妙药,即游戏化并不总是带来积极的结果。

其次,本书以认知-情绪系统理论来分析期望违背可能带来的用户体验,阐述了心理抗拒和情感耗竭可能存在的双中介作用。目前学术界关于游戏化营销的研究多是从认知或者情绪单一方面出发,如审美(Suh et al.,2017)、希望(Eisingerich et al.,2019)等,但忽略了认知和情感的交互,综合考虑了认知和情感两方面的影响,应用了认知系统理论框架来分析期望违背可能带来的消极后果和作用机制。从用户体验的角度切入,这与 Sheng 和 Teo(2012)、Whittaker(2021)的观点相同,认为用户体验对于提高用户对品牌资产的感知至关重要,并且在他们的基础上对用户体验进行了拓展和应用,引入认知-情绪系统理论,用心理抗拒和情绪耗竭来描述期望违背带来的用户体验。在明确了游戏化可能导致的消极后果(用户消极行为)的基础上,进一步从认知和情绪的角度揭示了其中的作用机制即用户体验(心理状态和情绪状态)发挥的作用,丰富了游戏化领域关于游戏化作用机制的研究。

最后,本书以道德许可为研究边界,把个人的道德特征应用到游戏化的机制研究当中,丰富了游戏化研究的边界条件。道德特征会影响用户行为(Gollwitzer and Melzer,2012),用户常常会采取道德行为来保持积极的道德自我形象(Gholamzadehmir et al.,2019)。并且面临道德困境时,用户可能会重新解释他面临的困境,来为自己的行为创造许可(Effron and Conway,2015),合理化他的行为。本书聚焦于短视频游戏平台中游戏化营销的情境,认为在该情境中道德证书的创造和道德一致性可以解释道德许可对期望违背消极后果的缓释作用。发现高道德许可的个体由于道德一致性会保持高道德行为来维系自己的道德形象,这与通常的道德许可现象相反,但在其他领域已经有了一定的研究:Cornelissen 等(2013)认为,规则导向的高道德许可个体会由于道德一致性保持高道德行为。这会为后续道德许可因素在游戏化领域的应用提供一定的参考。

三、管理启示

本书的研究结论,为未来短视频游戏企业在应用游戏化策略提供了以下三个方面的管理启示:

(1)游戏化激励的方式满足用户的期望。"玩家一代"的消费者作为短视频游戏的消费主力军,非常重视游戏化参与过程中的娱乐和情感体验。因此,营销者在游戏化设计时，要满足用户的期望。可以参考快手（Kwai）2020年1月在中国开展的"快手状元"大型直播答题活动，游戏规则简洁明了，奖励丰富，也有着较好的成就元素和竞争元素设计，最终很好地扩大了品牌的影响力，扭转了品牌的形象。

（2）要理解用户在游戏化交互过程中的认知心理和情绪状态。游戏化交互是用户认知和情绪多维交织的过程（Mullins and Sabherwal, 2020），要关注用户的心理和情绪特征。避免一味地激励用户参与，忽视用户的感受，从而对用户心理和行为产生负向影响。具体来说，可以在游戏化措施实施之前进行内部测试，对不合理的部分进行修改；合理设计，简化规则和说明，避免用户因为复杂的规则、玩法等导致消极的认知和情绪状态。例如，游戏化任务管理器——Habitica，该软件就一味地利用游戏化元素激励用户参与，却忽视了过分强调游戏化元素对用户期望与用户的认知情感状态的影响。于是玩家在参与该软件的游戏化时无法很好地满足原本的期望（任务管理），带来了消极的认知和情绪状态。

（3）游戏化互动要适当关注用户的道德许可状态。如果游戏化元素中关系到个体的对外道德形象，就要考虑用户在追求个人利益的同时，也希望保持良好的道德形象。因此，要从道德这一特质具体来对游戏化在社交互动环境下进行有约束的推广设计，避免过多的、可能导致用户反感和道德不适的分享等互动或者给予用户道德行为的选项来增加用户的道德许可。例如，在支付宝的蚂蚁森林中，如果你窃取了别人的绿色能量之后，对该用户"浇水"来赠与能量进行补偿，这就增加了玩家的道德许可强度，避免消极使用行为。

四、不足与展望

本书也存在以下不足和需要改进之处：

首先，本书的研究对象为TikTok这类短视频游戏，因此潜在的限制了将结果推广到其他疫情防控期间同样大力发展的类似视频流游戏如直播、视频网站和YouTube等的游戏化营销活动中。未来的研究可以丰富研究对象的种类，探究游戏化黑暗面在不同平台之间的差异。

其次，游戏化期望违背对用户的认知和情绪的影响存在一定的时间效应，随着时间的推移，这些影响也会发生改变，在春节前后各进行了一次调查，时间跨度约为一周，其间调查对象的认知和情绪可能产生波动或是平复，这些内在认知和情绪的变动难以很好地被调查。本书虽然通过两轮调查进行了尝试，但是还可以通过更长时间的持续追踪调查来完善。

最后，本书的样本基本集中在中国，由于文化差异，限制了把研究结果推广到更广阔的地区和情境。之后我们可以在更多的国家（地区）和文化背景下进行进一步的研究。

附录

问卷量表

变量	题项
奖励特性	没有让我获得应有回报
	让我获得的奖励不如预期
	很难让人获得预期的奖励
成就特性	没有让我获得预期的成就感
	任务成功后不想把结果告诉其他人
竞争特性	需要和其他用户竞争商品或时间
	会在意并比较自己所在组与他组的表现
	看到他人积极参与，竞争意识会受到影响
情绪耗竭	过多的砍价或助力活动使我精神疲惫
	我觉得自己帮其他人砍价或者助力太多次了
	我觉得自己参与砍价或助力活动太卖命了
	过多地参与砍价或助力活动会使我感觉疲倦
	砍价/助力结束后我感到精疲力竭
心理抗拒	我认为这些商家的砍价/助力活动在试图操纵我的使用行为
	我认为这些商家的砍价/助力活动的实行是为了达到其自身的目的，而不是为了帮助我做出最优决策
	我认为这些商家的砍价/助力活动在一定程度上是强迫我参与的
	我认为这些商家的砍价/助力活动使我不能集中注意力浏览其他购物 APP
用户消极使用行为	有些好友发送需要帮忙砍价/助力的消息，我会假装没看见
	有些好友发送需要帮忙砍价/助力的活动，我不会去完成它
	这些拼购商家发布了新的活动，我不会立即查看（关注）
	我对这些拼购商家的使用频率下降，它们在手机中处于闲置状态
	我打算或已经卸载与拼购相关的 APP
	我打算或已经删除一些总是让我帮他砍价/助力的朋友
	我打算或已经退出一些砍价/助力群
道德许可	拒绝参与拼购商家的砍价或者助力活动在道德上是合理的
	不愿意接受帮忙砍价/助力活动的邀请在道德上是情有可原的
	不愿意参加拼团砍价/助力活动在道德上是不应该受到责备的
	拒绝帮他人参与砍价或助力在道德上是无可厚非的

第六章 基于游戏化可供性对高质量游戏化效果的组态分析

第一节 研究缘起

中国游戏产业年会披露的报告显示，2021年中国游戏市场的实际销售收入高达2965.13亿元，收入总额依然保持增长状态，不过同比增幅受"宅经济"效应减退、新冠肺炎疫情反复等因素的影响，略有下降。游戏产业正在逐渐发展成为独立的闭环生态系统，游戏元素与营销、管理、教育、医学等领域元素的结合应用也正在成为新的焦点。特别是在市场营销领域，随着数字经济与新媒体技术的不断发展，社会大众对产品质量与产品营销方式等方面的要求也在不断改变，传统的纸媒和广告等单向宣传方式对当代社会大众的吸引力正在日益下降，在用户诉求为"简单好用还要好玩儿"的社会背景下，富有参与感与娱乐体验的"游戏化"正在成为营销领域的后起之秀，例如，支付宝的蚂蚁森林、微信的运动排行榜、抖音的奖励分享等。因此，对游戏化营销作用路径的探索具有良好的理论与实践价值。

目前虽然已有大量研究证明了不同类别的游戏化营销条件会对结果产生积极或是消极的影响，但缺少从整体视角对各游戏化条件产生结果的组合分析，实践指导与理论建设都有待进一步完善。现有研究主要存在以下两个不足：一是各个游戏化条件变量之间的关系相互依赖而非独立，但大多数研究主要基于传统的二元及多元统计方法研究各因素的独立作用或各因素的交互作用，该类方法限制了游戏化营销各个条件变量的动态组合效果分析。二是虽然已有研究为游戏化营销提供了丰富的理论支持，但是现实中仍存在部分差异化案例组合无法被合理解释。针对以上不足，本书考虑采用以集合组态为研究视角的定量与定性相结合的定性比较分析法来探究游戏化营销各前因条件间的组态关系。

因此，本书首先基于游戏化营销领域的相关定性研究确定了主体研究框架，其次以筛选自 Web of Science 的 51 篇实证文献为案例，在前人研究的基础上使用定性比较分析法分别以消费者与企业品牌为主体进行了多重组态分析。本书选取了五个条件变量：体验挑战类享乐性元素、竞争合作类社交性元素、奖励反馈类有用性元素、消费者主体环境、品牌固有环境，运用清晰集定性比较分析法，分析不同条件的动态组合路径对消费者的认知、情感、意愿和行为倾向以及对品牌资产产生的影响效果。根据不同的解释构型，本书所列示的四种游戏化营销结果：消费者的认知状况、情感状态、意愿及行为倾向和品牌资产的增加均可在不同类型的条件组合下实现。其中，有用性元素的高水平存在可作为核心条件促成消费者的积极认知效果；享乐性元素与有用性元素可作为核心联合条件实现消费者的积极情感状态。各项结果均存在多条可实现组态路径。最后，本书结合研究结果给出了可指导实践的管理启示，为企业现实实践提供可供参考的理论支持。通过探讨不同前因条件之间的组态关系，一方面丰富了游戏化营销领域的相关理论研究，另一方面从组态视角为企业政策的制定提供了新的思路。

第二节 基于 MDE 模型的研究框架构建与条件选取

一、研究框架

学术界内现有许多学者针对游戏化营销展开了定性研究并提出了可应用型框架。游戏化 MDE 框架是由 Robson 等（2014）在传统的 MDA 游戏设计框架的基础上稍加调整得到的适用于描述游戏化机制的一个新框架。其中，M 为机制（Mechanics），D 为动力（Dynamics），E 为情绪（Emotions）。Robson 等（2014）将美学（Aesthetics）更改为情绪（Emotions）有助于在研究中更好地将游戏化机制与游戏化接收者联系起来，同时也恰当地阐释了游戏化为消费者带来的积极心理状态与类游戏体验。同时，Werbach 等（2012）也曾提出 DMC 金字塔分类法将游戏化元素划分为动力、机制和组件三个方面。游戏化机制作为游戏化的主体部分，其对游戏化营销的效果不可忽视。此外，也有实证研究表明，利用游戏设计元素如经验、奖杯、等级、激励、合作等进行服务设计，在提升用户黏性、增加品牌资产等方面的作用显著（Werbach and Hunter，2012）。故本书将游戏化机制与元素设计作为影响游戏化营销效果的重要条件之一。

个体行为是个体动机与个体所处环境的函数，这是勒温所提出的动力心理学的主要观点。因此除了诱发个体不同行为动机的多种游戏化元素外，个体所处环境也是影响游戏化效果的重要前因条件之一。根据"可供性—心理结果—行为结果"的研究框架（Koivisto and Hamari，2019），游戏化机制与元素设计可作为可供性设计，在行为环境的影响下导致进一步的心理结果与行为结果。故主体环境也将被纳入本书的条件范围内。

综上所述，本书将基于 MDE（Robson et al.，2012）的游戏化设计框架和"可供性—心理结果—行为结果"的研究框架（Koivisto and Hamari，2019），分别以消费者层面与品牌主体层面为结果变量，构建影响游戏化效果的理论模型框架。考虑到游戏化效果受多种因素的混合作用，本书采用以集合组态为研究视角的定量与定性相结合的定性比较分析法（Qualitative Comparative Analysis，QCA）对该问题的多条作用路径进行检验，以确定游戏化高绩效下的组态条件。本书的分析模型如图 6-1 所示。

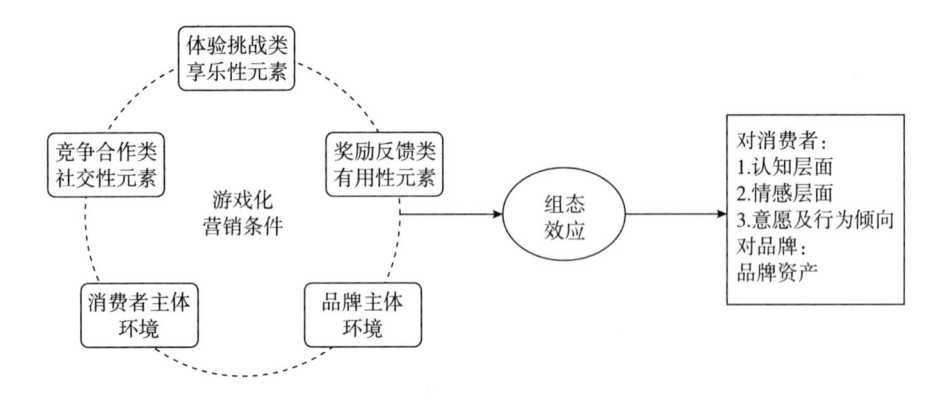

图 6-1　分析模型：游戏化可供性机制及环境背景对游戏化营销效果的组态效应

二、变量选取

（一）条件变量的选取

结合前文所述，条件变量的选取将从两个方面进行：

一方面，参考了 Robson 等针对消费者的游戏化体验提出的 MDE 框架，其中的条件变量 M 即表示游戏化机制（Mechanics），主要包括挑战、竞争、合作、奖励、取胜、反馈等元素，它通过引起动机（D：Dynamics）的变化进一步产生作用结果（E：Emotion）。以此为切入点，本书发现，机制（Mechanics）在游戏化前因条件研究中获得了主要关注，Palmer 等（2012）也曾依据行为经济学的相关理论，将游戏化元素划分为关于挑战和故事的发展路径元素（Progress Paths）、注重玩家乐趣的用户体验元素（Interface and User Experience）、基于合作竞争关系的社交元素（Social Connection）与基于虚拟及真实奖励的反馈元素（Feedback and Reward）。同时，Werbach 等（2015）基于情感角度分析发现消费者会出于享乐主义、社交主义和功利主义而主动参与到游戏化中，故企业可以根据消费者情绪目的的不同适当调整游戏化机制设计，以更好地达成企业目标。综上所述，本书在前人研究的基础上，基于不同元素的功能差异性概括选取了"体验挑战类享乐性元素""竞争合作类社交性元素""奖励反馈类有用性元素"作为条件变量。

另一方面，根据勒温提出的动力心理学的主要观点，个体行为是个体动机与个体所处环境的函数。因此除了诱发个体不同行为动机的多种游戏化元素，个体所处环境也是影响游戏化效果的重要前因条件之一。为使组态结果更具可靠性，本书将个体所处环境进一步细分为主观环境与客观环境。其中，主观环境是指消费者的年龄、性别、能力、自主性、使用频率、过往体验等受消费者自身影响的条件；客观环境则是指与品牌和企业相关的条件，例如，企业规模、品牌声望、游戏产品一致性、产品相关性等。综上所述，"消费者主体环境"与"品牌主体环境"也将作为条件被纳入本书游戏化营销的组态分析路径。以下将对各前因条件逐一展开论述，各条件所包含的实证变量类型如表 6-1 所示。

表 6-1　条件变量选择及赋值依据

体验挑战类 享乐性元素	竞争合作类 社交性元素	奖励反馈类 有用性元素	消费者 主体环境	品牌固有环境
Playfulness	Competition Mechanics	Reward	Tenure	Social Influence
Immersion-Related	Social Interaction	Achievement	Age	Stereotype
Sense of Control	Cooperation Mechanics	Point	Weekly Use	Game Speed
Goal Clarity	Social Contact	Prompts	Losing Experience	Brand Influence
Curiosity	Social-Related Elements	Symbolic Benefits	Gender	Brand Recall
Challenge	Online Reviews	Incentive Provision	Specific Skills	Brand Recognition
Feedback	Social Connection	Leaderboards	Expressive Freedom	Gaming Background
Aesthetic	—	—	Gaming Device Platform	Game Customization
Progression	—	—	Perceived Ownership	Social influence
Autonomy	—	—	Privacy Risk	—

体验挑战类享乐性元素。 体验挑战类元素以满足消费者的享受欲为目的，主

要通过要求参与者克服已经预先设定好的障碍来激发消费者的内在动机,使消费者的心理达到满足状态,以强化或改变消费者的意愿及行为倾向(Harwood and Garry, 2015)。此外,不同难度的体验挑战类元素还会增加挑战结果与所获奖励的不确定性,这会使消费者的紧张刺激感与心流体验进一步增加(Malone, 1981)。这与 Baptista 等 2018 年的研究结论相契合:满意度与享乐性是影响用户是否愿意接受或持续使用当前产品的首要因素。并且当消费者无法在当前环境中或体验中找到乐趣时,他们会转向其他方向以寻找新的乐趣点(Hsu et al., 2017;Hsiao et al., 2016)。

竞争合作类社交性元素。竞争合作类社交性元素包括竞争晋级、合作任务、在线评论、好友确认、好友互动等。该类元素与体验挑战类享乐性元素最大的不同在于其携带的社交属性,它鼓励多人参与,是一种基于社会网络和在线互动的传播性元素(Toda, 2018)。多方参与者在互动的过程中可以实现现实世界与虚拟世界的有机融合,消费者在这一过程中也可以感受到需要与被需要的心理状态,内在动机的满足会使消费者继续采取进一步的行动(Landers, 2017)。竞争合作类社交性元素在满足消费者游戏体验的基础上为消费者的现实社交提供了用于交谈的"虚拟货币",同时,这在某种程度上为品牌信息的"疯传"创造了条件。

成就反馈类有用性元素。成就反馈类元素包含积分、点数、排行榜、徽章、奖励等,与游戏设计的三个基本元素 Points、Badges、Leaderboards(PBL)类似。这类成果导向性元素包含了对参与者能力的肯定及嘉奖,消费者所获奖励会进一步激励其参与接下来的环节,与体验挑战类享乐性元素相辅相成(Stock et al., 2015)。更重要的是,该类元素可以为消费者提供积极的心理反馈,刺激消费者产生自我提升动力,增加用户黏性。

消费者个人环境。本书此处涉及的可能会对游戏化营销后果产生影响的消费者个人因素,包括年龄、性别等个体特征,使用频率、过往游戏化体验、游戏设备等交互特征,以及隐私关注度、性格等个人特质。

品牌固有环境。由表 6-1 可得,本书此处考虑的品牌特征包括企业规模、企业知名度、品牌识别度、品牌回忆等可能会对消费者的游戏化体验及游戏化效果产生影响的企业品牌主体因素。

(二)结果变量的选取

在对样本案例中所涉及的变量进行归纳整理的过程中发现,样本案例中出现的结果变量包括"感知利益""感知成本""感知有用性""感知易用性""感知真实性""感知所有权""契合度""品牌熟悉度""品牌识别""品牌知名度""口碑""品牌态度""品牌喜爱""满意度""顾客参与""购买行为""下载行为""推荐程度""可持续消费""行为改变"等，初步分析得出，可以依据作用主体的不同将以上变量分为作用于消费者与作用于品牌方两类，故本书结果变量的选取分别从消费者与品牌方两个角度进行考虑（杨扬，2017）。

首先，基于消费者层面，认知行为理论（Cognition and Behavior theory）认为个体行为研究可以从"认知—情绪—行为"三个层面分析。同时，靳闵等（2019）认为，游戏化机制的确会对消费者的认知、情感和内部动机以及顾客的参与行为三方面产生影响。又根据 Terlutter 等（2013）对游戏化广告的综述，游戏化广告对消费者的影响可以从认知（Cognition）、情感（Emotion）、意愿（Intention）三个方面归纳，本书结合前述关于结果变量总结，最终确定从消费者的认知层面、情感层面以及意愿和行为倾向三个角度分别分析游戏化营销对消费者的积极作用（见表6-2）。

其次，基于品牌层面，品牌管理大师 Aaker（1991）曾提出：品牌忠诚、品牌熟悉度、品牌口碑、品牌知名度、品牌影响力是品牌资产的重要表现方面。品牌资产能够为企业带来源源不断的营销增量（宁昌会和奚楠楠，2017）。故本书此处将"品牌熟悉度""品牌识别""品牌知名度""品牌口碑"等品牌相关变量归纳为"品牌资产"，作为结果变量之一进行 QCA 组态分析。

表6-2 结果变量选择及赋值依据

消费者			品牌
认知	情感	意愿倾向	品牌资产
Attitude	Emotional BE	Loyalty	Brand Awareness
Cognitive BE	Hope	Social BE	Brand Word-of-Mouth
Utilitarian Motives	Satisfaction	Co-Creation	Sales and Downloads
Knowledge	Enjoyment	Purchase	Brand Equity
Self-Development	Flow	Behavioral Intention	Brand Familiarity
Effort	Affecting	Willing To Pay	Brand Loyalty
Perceived Usefulness	Hedonic Value	Customer Commitment	—
Perceived Difficulty	Brand Love	Customer Referrals	—
Psychological Benefits	Resistance To Negative information	Involvement	—
Perception of Authenticity	Joy	Intention To Use	—
Warm vs. Competent	Fun	Choice	—
—	—	Continental intention	—

第三节 不同游戏化路径的组态效应分析

一、研究方法

相较于基于"自变量—因变量"二元关系的传统统计方法,本书采用以集合组态为研究视角的定量与定性相结合的定性比较分析法(Qualitative Comparative Analysis,QCA)。定性比较分析法(QCA)由查尔斯·C. 拉金教授于1987年首次提出,现已被广泛应用于管理学、社会学、政治学等多领域。该方法结合了传统定量与定性研究的优缺点,首次从集合的角度对复杂因果类问题进行分析(谭海波等,2019)。该方法的核心要义在于以条件组态的组合分析思维取代自变量及因变量之间的净效应相关关系的传统思维,也即从一个整体的视角审视影响游戏化营销的各条件间的组态路径效果,它既保留了各样本案例内部条件的关系复杂性,又最大限度地实现了案例路径的简化与不同案例间条件路径的可比性(杜运周和贾良定,2017)。QCA 认为各原因条件间的内在联系与动态组合构成了多重并发因果关系(Multiple Conjunctural Causation)(Rihoux and Ragin,2009),这有助于更加全面地理解各类游戏化条件组态的差异化效果。游戏化营销作为一项受多方因素共同影响的新型营销手段,其结果绩效的高低无法用传统的单因素或多因素分析手段准确衡量,因此,为获取更具说服力的逻辑路径关系,本书决定在以往大游戏化营销相关研究的基础上,选取具有代表性的实证文献案例,运用定性比较分析的方法以确定游戏化营销高绩效的组态路径。

当前定性比较分析法的核心技术主要为清晰集 QCA(cs QCA)、多值集 QCA(mv QCA)、模糊集 QCA(fs QCA)三类,其中,清晰集 QCA(cs QCA)对数据编码的方式采用二分法(使用[0]、[1]对变量编码),只允许二分变量存在;模糊集 QCA(fs QCA)则是对各变量在0~1之间进行连续性划分,使变量的变化途径更为严谨准确;多值集 QCA(mv QCA)的编码准确度介于两者之间,允许多值变量的存在。考虑结果的可实现性与数据适配性,本书选取 cs QCA 对游戏化在市场营销中的条件路径进行组态分析。

首先,本书从文献库中筛选出所需游戏化样本案例,并对筛选所得的样本案例中涉及的变量及实证模型进行归纳整理;其次,依据现有理论框架及前人综述等权威结论对归纳所得的游戏化相关变量进行概括、提炼、总结,以确定 cs QCA 的条件变量和结果变量;再次,借鉴德尔菲法向多位专家匿名函询各条目案例中不同条件的赋值水平，需多轮归纳反馈以达到赋值一致的真值表；最后，使用 fsQCA 软件对数据进行必要性和充分性分析，以获得积极结果下的各游戏化条件的组态路径。

二、数据构建

（一）案例收集

本书所选用案例文献检索的目标范围为 Web of Science 中的 Web of Science Core Collection 数据库。首先，本书以"Gamification""Gamified""Gaming""Gami*"等作为关键词或主题词对 2016 年至今发表的文献进行检索，检索获得各个领域内游戏化的相关文献共计 6703 条目。其次，添加逻辑关系词"Marketing""Advertising"等对检索结果进行再次细化，以搜寻关于市场营销领域内与游戏化相关的主题文章，筛选获得相关文献共计 490 条目。再次，本书将该 490 篇文献导出后做进一步分析，发现文献主要分布于"Business and Economics""Social Sciences""Psychology""Education and Educational Research""Computer Science"等领域，其中以"Business and Economics"最为突出，在所得的 490 篇文献中取"Business and Economics""Social Sciences""Psychology"领域内的游戏化营销高相关的文献共计 221 篇。最后，通过对高相关文献论述内容的逐一审阅，选取被引频次相对于发表年份较多的文献，本书筛选出与市场营销相关的待分析游戏化实证文章共计 51 篇（见表 6-3）。

（二）数据赋值及真值表构建

本书结果变量的选取从消费者与品牌两个角度进行考虑，消费者角度为："是否对消费者的认知情况产生正向影响""是否对消费者的情感变化产生正向影响""是否对消费者的意愿和行为倾向产生正向影响"，如产生影响，则赋值为 1，否则赋值为 0；品牌角度为"品牌资产是否增加"，如品牌资产增加，则赋值为 1，否则赋值为 0。

本书的条件变量为"体验挑战类享乐性元素""竞争合作类社交性元素""奖励反馈类有用性元素""消费者主体环境"及"品牌固有环境"。以"体验挑战类享乐性元素"为例，如样本案例中已证明该类元素会对消费者及品牌的某些方面产生显著影响，则赋值为 1，否则赋值为 0，以此类推。

赋值过程由三位专家分别独自进行，赋值完成后对三组赋值数据进行整理、归纳、统计，然后将不一致的赋值数据再次反馈给各位专家重新赋值。反复多轮后，最终发现有 5 条样本案例仍无法达到一致，经专家集中讨论后对该 5 条数据做删除处理，最后余 36 条样本案例。最终构建的真值表如表 6-4 所示。

表6-3 样本案例

案例编号	文章题目	被引次数	文献来源	发表年份	作者
1	Examining the impact of gamification on intention of engagement and brand attitude in the marketing context	125	Computers in Human Behavior	2017	Yang 等
2	How gamification marketing activities motivate desirable consumer behaviors: Focusing on the role of brand love	63	Computers in Human Behavior	2018	Hsu 和 Chen
3	Having fun while receiving rewards?: Exploration of gamification in loyalty programs for consumer loyalty	61	Journal of Business Research	2020	Hwang 和 Choi
4	Does gamification affect brand engagement and equity? A study in online brand communities	51	Journal of Business Research	2020	Xi 和 Hamari
5	The boundaries of gamification for engaging customers: Effects of losing a contest in online co-creation communities	40	Journal of Interactive Marketing	2018	Leclercq 等
6	Hook vs. Hope: How to enhance customer engagement through gamification	39	International Journal of Research in Marketing	2019	Eisingerich 等
7	Catch them all and increase your place attachment! The role of location-based augmented reality games in changing people–place relations	39	Computers in Human Behavior	2017	Oleksy 和 Wnuk
8	Impacts of hedonic and utilitarian user motives on the innovativeness of user-developed solutions	37	Journal of Product innovation Management	2015	Stock 等
9	Gamification and the impact of extrinsic motivation on needs satisfaction: Making work fun?	36	Journal of Business Research	2020	Mitchell 等
10	The effects of gamified customer benefits and characteristics on behavioral engagement and purchase: Evidence from mobile exercise application uses	34	Journal of Business Research	2018	Jang 和 Kim
11	Using gamification to transform the adoption of servitization	30	industrial Marketing Management	2017	Shi 等
12	Designing gamified apps for sustainable consumption: A field study	27	Journal of Business Research	2020	Mulcahy 等

续表

案例编号	文章题目	被引次数	文献来源	发表年份	作者
13	Experiences that matter? The motivational experiences and business outcomes of gamified services	26	Journal of Business Research	2020	Wolf 等
14	Gamified in-store mobile marketing: The mixed effect of gamified point-of-purchase advertising	24	Journal of Retailing and Consumer Services	2019	Hogberg 等
15	Designing gamified transformative and social marketing services an investigation of serious m-games	22	Journal of Service theory and Practice	2018	Mulcahy 等
16	The role of gamification in enhancing intrinsic motivation to use a loyalty program	22	Journal of Interactive Marketing	2017	Kim 和 Ahn
17	Level up! The role of progress feedback type for encouraging intrinsic motivation and positive brand attitudes in public versus private gaming contexts	22	Journal of Interactive Marketing	2015	Siemens 等
18	Analysing mobile advergaming effectiveness: The role of flow, game repetition and brand familiarity	19	Journal of Product and Brand Management	2019	Catalan 等
19	Transformative gamification services for social behavior brand equity: A hierarchical model	18	Journal of Service theory and Practice	2019	Tanouri 等
20	Consumer attitudes towards electric vehicles: Effects of product user stereotypes and self-image congruence	15	European Journal of Marketing	2018	Bennett 和 Vijaygopal
21	The impact of gamification adoption intention on brand awareness and loyalty in tourism: The mediating effect of customer engagement	12	Journal of Destination Marketing & Management	2021	Abou-Shouk 和 Soliman
22	Transformative value and the role of involvement in gamification and serious games for well-being	11	Journal of Service Management	2021	Mulcahy 等
23	Gamification in sport apps: The determinants of users' motivation	10	European Journal of Management and Business Economics	2020	Bitrian 等

续表

案例编号	文章题目	被引次数	文献来源	发表年份	作者
24	Factors driving consumer engagement and intentions with gamification of mobile apps	9	Journal of Electronic Commerce in Organizations	2020	Kamboj 等
25	Playing in the backstore: Interface gamification increases warehousing workforce engagement	9	Industrial Management & Data Systems	2020	Passalacqua 等
26	Enhancing user engagement: The role of gamification in mobile apps	7	Journal of Business Research	2021	Bitrian 等
27	Examining the deferred effects of gaming platform and game speed of advergames on memory, attitude, and purchase intention	7	Journal of Interactive Marketing	2021	Ghosh 等
28	Goal achievement, subsequent user effort and the moderating role of goal difficulty	7	Journal of Business Research	2020	Gutt 等
29	Influence of virtual csr gamification design elements on customers' continuance intention of participating in social value co-creation the mediation effect of psychological benefit	6	Asia Pacific Journal of Marketing and Logistics	2020	Jun 等
30	Moving beyond the content: The role of contextual cues in the effectiveness of gamification of advertising	5	Journal of Business Research	2021	Sreejesh 等
31	The role of gamification in brand app experience: The moderating effects of the 4rs of app marketing	5	Cogent Psychology	2019	Lee 和 Jin
32	Engaging shoppers through mobile apps: The role of gamification	4	International Journal of Retail & Distribution Management	2021	De Canio 等
33	Increasing consumers' willingness to engage in data disclosure processes through relevance-illustrating game elements	4	Journal of Retailing	2020	Bidler 等
34	Examining the importance of gamification, social interaction and perceived enjoyment among young female online buyers in India	3	Young Consumers	2021	Raman
35	The gamification of branded content: A meta-analysis of advergame effects	3	Journal of Advertising	2021	Van Berlo 等

续表

案例编号	文章题目	被引次数	文献来源	发表年份	作者
36	Let me entertain you? The importance of authenticity in online customer engagement	3	Journal of Interactive Marketing	2021	Eigenraam 等
37	Gamification and customer experience: The mediating role of brand engagement in online grocery retailing	2	Nan Kai Business Review International	2021	Pour 等
38	Influence of gamification on perceived self-efficacy: Gender and age moderator effect	2	International Journal of Sports Marketing & Sponsorship	2021	Polo-Pena 等
39	The effects of gamification on tourist psychological outcomes: An application of letterboxing and external rewards to maze park	2	Journal of Travel & Tourism Marketing	2021	Kim 等
40	How gamified branded applications drive marketing effectiveness?	1	Marketing intelligence & Planning	2021	Tseng 等
41	Gamification in tourism and hospitality review platforms: How to ramp up users' motivation to create content	1	International Journal of Hospitality Management	2021	Bravo 等
42	On improving the engagement between viewers and tv commercials through gamification	1	Multimedia Systems	2020	Furini 和 De Michele
43	Game on! Pushing consumer buttons to change sustainable behavior: A gamification field study	0	European Journal of Marketing	2021	Mulcahy 等
44	Consumers' psychological reactance and ownership in in-game advertising	0	Marketing intelligence & Planning	2021	Malhotra 等
45	Impact of gamification elements on user satisfaction in health and fitness applications: A comprehensive approach based on the kano model	0	Computers in Human Behavior	2022	Yin 等
46	Advergame for purchase intention via game and brand attitudes from antecedents of system design, psychological state, and game content: Interactive role of brand familiarity	0	Journal of Organizational Computing and Electronic Commerce	2022	Hsiao 等
47	Having fun while receiving rewards?: Exploration of gamification in loyalty programs for consumer loyalty	61	Journal of Business Research	2020	Hwang 和 Choi

续表

案例编号	文章题目	被引次数	文献来源	发表年份	作者
48	When gamification backfires: The impact of perceived justice on online community contributions	18	Journal of Marketing Management	2020	Leclercq 等
49	Can gamification increases consumers' engagement in fitness apps? The moderating role of commensurability of the game elements	9	Journal of Retailing and Consumer Services	2020	Feng 等
50	How playable ads influence consumer attitude: Exploring the mediation effects of perceived control and freedom threat	3	Journal of Research in Interactive Marketing	2021	Hu 和 Wise
51	How does a brand's psychological distance in an advergame influence brand memory of the consumers?	2	Journal of Consumer Behaviour	2021	Sreejesh 等

表 6-4 真值表

最终编码	体验挑战类享乐性元素	竞争合作类社交性元素	奖励反馈类有用性元素	消费者主体环境	品牌固有环境	认知层面	情感层面	意愿与行为倾向	品牌资产充盈度
1	1	1	1	0	0	0	1	1	0
2	1	0	1	0	0	1	1	1	1
3	0	0	1	0	1	1	0	1	0
4	1	1	1	1	0	1	1	1	1
5	0	1	0	1	0	0	0	0	0
6	1	1	1	1	0	1	1	1	1
7	0	1	0	0	0	0	1	1	0
8	1	0	1	1	1	0	0	0	0
9	0	0	0	0	1	1	0	1	0
10	0	1	0	1	0	0	0	1	0
11	1	1	1	0	0	0	0	0	0
12	1	0	1	0	0	1	1	1	1
13	0	1	1	0	0	0	1	1	1
14	1	0	1	0	0	1	0	1	0
15	1	0	1	0	0	1	1	1	0
16	0	0	1	0	0	1	0	1	0
17	1	1	0	0	0	0	1	0	1
18	1	1	1	0	1	1	1	1	1
19	1	0	1	0	0	1	1	1	1
20	0	0	1	1	1	1	0	1	0
21	0	1	1	0	0	0	1	1	1
22	1	1	0	0	0	0	0	0	1
23	1	0	1	1	1	0	0	0	0
24	1	0	1	0	0	1	1	1	1
25	1	0	0	0	0	0	0	1	0
26	1	1	1	0	0	1	1	1	1
27	1	1	1	1	1	1	1	1	1
28	0	0	1	0	0	1	0	1	0

续表

最终编码	条件变量					结果变量			
	体验挑战类享乐性元素	竞争合作类社交性元素	奖励反馈类有用性元素	消费者主体环境	品牌固有环境	消费者			品牌
						认知层面	情感层面	意愿与行为倾向	品牌资产充盈度
29	0	0	1	0	1	1	0	1	0
30	0	0	0	1	1	0	1	1	1
31	1	1	1	0	1	1	1	1	0
32	1	1	1	0	0	0	0	1	0
33	1	0	1	0	0	0	1	1	1
34	1	0	1	1	0	1	0	1	0
35	1	1	1	0	0	0	0	1	0
36	1	0	1	0	1	1	1	1	0
37	1	1	1	0	0	0	0	1	0
38	1	0	1	1	0	1	0	0	0
39	1	1	0	0	0	1	1	0	1
40	1	0	1	0	0	1	1	1	1
41	1	1	1	0	0	0	0	1	0
42	1	0	0	0	0	0	0	1	0
43	0	0	0	0	0	1	0	0	0
44	1	0	0	1	0	1	1	0	0
45	1	1	1	0	0	0	1	1	0
46	1	1	1	1	1	1	1	1	1

第四节　组态结果与分析

一、消费者认知层面的数据分析与实证结果

（一）单个条件的必要性分析

在进行条件组态分析前，本书就何种因素会对消费者的认知层面产生积极影响这一问题，对各个条件（包括其非集）的"必要性"（Necessity）进行逐一检

验。其中,"必要性"是指当预期结果发生时,如某种条件始终存在,那么该条件即构成预期结果的必要条件。关于各影响因素对消费者认知层面影响的必要性分析结果如表6-5所示。由表6-5可知,有用性元素的一致性水平为0.925,大于0.9,证明有用性因素是影响消费者产生积极认知的必要性因素;品牌低影响力在认知层面非高影响的一致性水平为0.842,虽然不足0.9,但是非常接近,证明品牌低影响力对认知层面非高影响存在一定的解释能力,也即品牌影响力是解释消费者认知层面变化的重要影响因素;除此之外,其他前因条件的一致性水平都小于0.9,不满足必要性条件的水平,均不构成必要条件。

表6-5 消费者认知层面的必要性分析

条件	认知层面积极影响		认知层面非积极影响	
	一致性	覆盖度	一致性	覆盖度
高享乐性元素	0.741	0.606	0.684	0.394
非高享乐性元素	0.259	0.538	0.316	0.461
高社交性元素	0.259	0.333	0.737	0.667
非高社交性元素	0.741	0.800	0.263	0.200
高有用性元素	0.925	0.694	0.579	0.306
非高有用性元素	0.075	0.200	0.421	0.800
用户积极环境	0.296	0.615	0.263	0.385
用户非积极环境	0.704	0.576	0.737	0.424
品牌积极环境	0.333	0.750	0.158	0.250
品牌非积极环境	0.667	0.529	0.842	0.471

(二)条件组态的充分性分析

不同组态路径的充分性分析试图揭示不同组合的路径是否为积极结果的子集。一致性可用来衡量组态的充分性状态,其具体水平可以根据具体的研究情境确定。Schneider等(2012)研究表明,确定充分性的一致性水平不应大于或等于0.75,且频数阈值应根据样本量来确定。结合本书的研究背景,该条件组态最终确定一致性水平为0.8,考虑到本书研究样本总数,确定频数阈值为1(张明等,2019)。

如表6-6所示,共呈现了六种组态,除组态一存在一例矛盾组态(案例33)外,其余组态均保持较高一致性,总体解的一致性水平为0.9630,总体解的覆盖度为1,该六种组态均可视为导致消费者积极认知水平的充分条件。

由"组态一"可知,消费者积极认知=非高享乐性元素×高有用性元素×非高有用性元素，有用性元素的存在为该组态的核心条件。当该条件存在时，其他条件的重要性会相对减弱。因此，有用性元素的存在对促成游戏化营销中消费者的积极认知尤为重要，故本书将该组态命名为"有用性元素驱动型"。这也就意味着在"有用性元素"存在时，可以弥补其余类型游戏化元素缺失带来的不足，本书推测是因为有用性元素的存在激活了消费者的认知层面相关价值感知，使消费者感知到参与游戏化营销的收益大于成本，同时这也与 Mulcahy 等（2019）、Hogberg 等（2019）的研究结果相一致。这也就意味着，如果企业在设计游戏化的过程中多关注"有用性元素"的设计与安排，就能够弥补自身品牌影响力较小、游戏可玩性不足等缺点的消极作用，同时该举措还能够冲抵消费者因过往游戏化体验较差产生的抵触心理，使消费者更好地参与到企业游戏化营销中来，有助于企业目标的达成。例如，拼多多砍价这种可玩性不足但奖励条件极具吸引力的游戏化程序虽然被大众诟病，但是依然能源源不断地吸引客户群参与。该条组态的原始覆盖度高达 0.538，唯一覆盖度达 0.461，表示约有 53.8%的案例能够被该条组态路径解释，46.1%的案例只能被该条组态路径解释，足以见得有用性元素对消费者积极认知的重要程度。

组态二、组态三和组态四的覆盖度均为 0.115，相对其他路经来说覆盖度较低，并且组态二与组态四的唯一覆盖度不足 0.1，故本书此处仅就组态三做检验分析。在组态三中，享乐性元素存在与用户积极环境共同组成了消费者高认知状态的核心条件，表明在用户具有良好的游戏化背景或与品牌主体有积极关联时，享乐性元素的存在同样可以促成消费者的积极认知，故可将其命名为"用户积极环境下的享乐驱动型"。

组态五，消费者积极认知=高享乐性元素×高社交性元素×高有用性元素×用户积极环境；组态六，消费者积极认知=高享乐性元素×高社交性元素×高有用性元素×品牌积极环境。由这两条组态路径可得，当三类元素同时存在的情况下，社交性元素存在为核心条件，享乐性元素、有用性元素此时发挥辅助作用。由此可得，消费者在感知到游戏化的享乐性与有用性的同时，社交性元素对消费者积极认知的核心作用会被凸显。故本书认为，在推行游戏化过程中，企业可在满足消费者的各类需求后重点关注社交性元素的设计，以提高消费者认知层面的感知状况。天猫每年"双十一"的各种组队游戏就是该条组态的合适例证，消费者在红包与猫猫挑战赛的驱使下主动与亲朋好友联合参与游戏，游戏化效果显著。此外，由表6-6可知，组态五与组态六分别覆盖了 19.2%与 15.3%的原始案例，另外，由 11.5%的案例仅能被组态五解释，7.7%的案例仅能被组态六解释。

表 6-6　消费者认知层面积极影响的组态分析

条件组态	有用性元素驱动型		用户积极环境下的享乐驱动型		用户积极环境下的享乐社交型	品牌积极环境下的社交驱动型
	组态一	组态二	组态三	组态四	组态五	组态六
享乐性元素		⊗	●	⊗	●	•
社交性元素	⊗	⊗	⊗	⊗	●	●
有用性元素	●			•	•	•
用户积极环境	⊗	⊗	●			
品牌积极环境	●	⊗	•			●
一致性	0.933	1	1	1	1	1
覆盖度	0.538	0.115	0.115	0.115	0.192	0.153
唯一覆盖度	0.461	0.038	0.115	0.038	0.115	0.077
解的一致性	0.9630					
解的覆盖度	1					

注：•与●表示条件处于高水平，⊗与⊗表示条件处于非高水平，●与⊗表示核心条件，•与⊗表示边缘条件，空白代表条件可能处于高水平，也可能处于非高水平。

二、消费者情感层面的数据分析与实证结果

（一）单个条件的必要性分析

游戏化营销中影响消费者情感层面的单因素必要性分析结果如表 6-7 所示，情感层面中所有条件变量的一致性水平都小于 0.9，各变量均无法作为结果的必要性条件而存在。

表 6-7　消费者情感层面的单因素必要性分析结果

条件	情感层面积极影响		情感层面非积极影响	
	一致性	覆盖度	一致性	覆盖度
高享乐性元素	0.84	0.636	0.571	0.364
非高享乐性元素	0.16	0.307	0.429	0.692
高社交性元素	0.56	0.667	0.333	0.333
非高社交性元素	0.44	0.440	0.667	0.560
高有用性元素	0.80	0.556	0.762	0.444

续表

条件	情感层面积极影响 一致性	情感层面积极影响 覆盖度	情感层面非积极影响 一致性	情感层面非积极影响 覆盖度
非高有用性元素	0.20	0.500	0.238	0.500
用户积极环境	0.28	0.500	0.333	0.500
用户非积极环境	0.72	0.563	0.667	0.438
品牌高影响力	0.24	0.500	0.286	0.500
品牌非高影响力	0.76	0.559	0.714	0.442

(二) 条件组态的充分性分析

如表6-8所示，游戏化营销中消费者积极情感的组态路径共七种，这七种组态路径均可视为导致消费者积极情感的充分条件，表中所示总体解的一致性为0.920，总体解的覆盖度为0.958。其次，如表所示，组态六与组态七的覆盖度均处于较低水平，仅为0.04，可能是由选择案例的异质性和偏斜性导致的，本书此处不做讨论。

组态一的元素组合方式为：消费者积极情感＝高享乐性元素×非高社交性元素×高有用性元素×用户非积极环境。组态一显示，享乐性元素的存在与有用性元素的存在发挥了核心作用。这意味着享乐性元素存在与有用性元素的同时存在可以掩盖其余元素或条件不足可能产生的消极影响，其他条件在该组态路径下的作用无关紧要，故可将该组态命名为"享乐—有用导向型"。更重要的是，该条组态的案例覆盖度达0.36，远高于其他类型组态，这表示该条组态可以覆盖36%的原始案例，且这36%的原始案例只能被该条组态解释。

组态二和组态三的详细信息如下所示，组态二，消费者积极情感＝高社交性元素×非高有用性元素×用户非积极环境×品牌非积极环境；组态三，消费者积极情感＝享乐性元素缺失×社交性元素存在×用户非积极环境×品牌非积极环境。由以上两条组态可得，社交性元素存在是消费者积极情感状态的核心条件。也就是说，当社交性元素核心存在时，会导致游戏化营销的消费者积极情感状态，此时可暂且忽略其余元素处于低水平的负面影响，社交性元素的存在可破除其他条件对消费者积极情感状态的抑制作用。本书认为，社交性元素的存在为消费者在游戏化中的状态带来了积极心理反馈，社交关注度使消费者的心理认同感得到满足，正是这种社交满足感促成了最终的积极效果。

组态四的路径为：高社交性元素×高享乐性元素×高有用性元素×用户积极环境。其中，高享乐性元素、高社交性元素和用户积极环境为该组态的核心条件，有用性元素存在为重要的辅助条件。该组态的一致性水平为1，原始覆盖度为

0.2，唯一覆盖度为0.12，该组态大约可以解释20%的原始案例，且12%的原始案例仅能被组态四解释。

组态五的路径为：高社交性元素×高享乐性元素×高有用性元素×品牌积极环境。该路径与组态四类似，在该路径下，高社交性元素和品牌积极背景是核心条件，高享乐性元素与高有用性元素起到了辅助作用。该组态的一致性水平为1，原始覆盖度为0.16，唯一覆盖度为0.08，该组态大约可以解释16%的原始案例，且8%的原始案例仅能被组态四解释。

表6-8 消费者情感层面积极影响的组态分析

条件组态	社交—有用性元素驱动型	有用性元素驱动型					
	组态一	组态二	组态三	组态四	组态五	组态六	组态七
享乐性元素	●		⊗	●	•	•	⊗
社交性元素	⊗	●	●			⊗	⊗
有用性元素	●	⊗		•	•	⊗	⊗
用户积极环境	⊗	⊗	⊗			●	●
品牌积极环境		⊗	⊗	●		⊗	•
一致性	0.9	1	1	1	1	1	1
覆盖度	0.36	0.12	0.12	0.2	0.16	0.04	0.04
唯一覆盖度	0.36	0.08	0.08	0.12	0.08	0.04	0.04
解的一致性	0.920						
解的覆盖度	0.958						

注：•与●表示条件处于高水平，⊗与⊗表示条件处于非高水平，●与⊗表示核心条件，•与⊗表示边缘条件，空白代表条件可能处于高水平，也可能处于非高水平。

三、消费者意愿与行为倾向的数据分析与实证结果

（一）单个条件的必要性分析

游戏化营销中影响消费者意愿与行为倾向的单因素必要性分析结果如表6-9所示，由表6-9可知，单个因素的一致性水平均小于0.9，无法单独解释结果出现的原因，所以本书认为消费者意愿与行为倾向的变化是受到多因素共同作用的结果。

表6-9 消费者积极意愿与行为倾向的单因素必要性分析

条件	情感层面有影响 一致性	情感层面有影响 覆盖度	情感层面无影响 一致性	情感层面无影响 覆盖度
高享乐性元素	0.667	0.788	1.00	0.212
非高享乐性元素	0.333	1.00	0.00	0.000
高社交性元素	0.487	0.904	0.286	0.095
非高社交性元素	0.513	0.800	0.714	0.200
高有用性元素	0.820	0.889	0.571	0.111
非高有用性元素	0.179	0.700	0.429	0.300
用户积极环境	0.256	0.714	0.571	0.286
用户非积极环境	0.744	0.906	0.429	0.094
品牌高影响力	0.256	0.833	0.286	0.167
品牌非高影响力	0.744	0.853	0.714	0.147

(二) 条件组态的充分性分析

由于消费者的意愿及行为倾向易受到各方因素的影响,故在探究消费者积极意愿与行为倾向的过程中,不同于其他三类的频数阈值为1,本书将其频数阈值提高为2,以增加结果的精确度。

由表6-10可知,游戏化营销中影响消费者积极意愿与行为倾向的组态路径共五种,这五种组态路径均可视为导致消费者积极情感的充分条件,表中所示总体解的一致性为0.971,总体解的覆盖度为0.846,可以解释97.4%的原始案例。其次,如表所示,组态五的覆盖度处于较低水平,仅为0.051,本书此处暂不做讨论。

组态一指出消费者积极意愿与行为倾向=高有用性元素×用户非积极环境×品牌非积极环境,三个条件均为边缘条件,不存在核心条件,表示在环境条件较差时有用性元素的存在能驱动消费者产生购买或是消费意愿,故可将该组态命名为"非积极环境下有用驱动型"。该组态能解释51.3%的原始案例。组态二表示,当社交性元素与有用性元素居于核心地位、联合享乐性元素居于边缘地位时,即可使消费者产生积极的行为倾向,此时环境的好坏不会对结果产生影响,故可将该组态命名为"社交-有用性元素驱动型"。该组态能解释35.9%的原始案例,其中仅能被该组态解释的案例占比17.9%。组态三与组态四的路径类似:非高社交性元素与用户非积极环境为两者的核心条件,加之以高享乐性因素或高有用性因素为辅助条件,即可触发消费者产生行为反应。

表 6-10 消费者积极意愿与行为倾向的组态分析

条件组态	有用性元素驱动型	社交-有用性元素驱动型			
	组态一	组态二	组态三	组态四	组态五
享乐性元素		•	•	⊗	⊗
社交性元素		●	⊗	⊗	•
有用性元素	•	●		•	⊗
用户积极环境	⊗		⊗	⊗	
品牌积极环境	⊗		⊗		⊗
一致性	0.952	0.933	1	1	0.909
覆盖度	0.513	0.359	0.256	0.128	0.051
唯一覆盖度	0.051	0.179	0.051	0.051	0.051
解的一致性	0.971				
解的覆盖度	0.846				

注：• 与 ● 表示条件处于高水平，⊗ 与 ⊗ 表示条件处于非高水平，● 与 ⊗ 表示核心条件，• 与 ⊗ 表示边缘条件，空白代表条件可能处于高水平，也可能处于非高水平。

四、品牌资产的数据分析与实证结果

（一）单个条件的必要性分析

游戏化营销中影响品牌资产的单因素必要性分析结果如表 6-11 所示，由表可知，单个因素的一致性水平均小于 0.9，无法单独解释结果出现的原因，所以本书认为品牌资产的增减变化是受到多种因素共同作用的结果。

表 6-11 品牌资产积极影响的单因素必要性分析

条件	品牌资产积极影响		品牌资产非积极影响	
	一致性	覆盖度	一致性	覆盖度
高享乐性元素	0.842	0.485	0.630	0.515
非高享乐性元素	0.158	0.230	0.370	0.769
高社交性元素	0.526	0.476	0.407	0.524
非高社交性元素	0.474	0.360	0.593	0.640
高有用性元素	0.842	0.444	0.741	0.556
非高有用性元素	0.158	0.300	0.259	0.700

续表

条件	品牌资产积极影响		品牌资产非积极影响	
	一致性	覆盖度	一致性	覆盖度
用户积极环境	0.318	0.429	0.296	0.571
用户非积极环境	0.684	0.406	0.704	0.594
品牌高影响力	0.211	0.333	0.296	0.667
品牌非高影响力	0.789	0.441	0.704	0.559

（二）条件组态的充分性分析

由表6-12可知，游戏化营销中影响消费者积极意愿与行为倾向的组态路径共五种，这五种组态路径均可视为导致消费者积极情感的充分条件，表中所示总体解的覆盖度为0.947，可以解释94.7%的原始案例。

组态一可命名为"用户积极环境下享乐社交驱动型"。组态一表明高享乐性元素、高社交性元素和用户积极环境是品牌资产增加的核心条件，同时高有用性元素作为边缘条件对这一组态进行补充。该组态的原始覆盖度为0.513，唯一覆盖度为0.051，表示该组态能够解释一半以上的原始案例。换句话说，在企业重点建设游戏化中的享乐性和社交性元素时，处于积极状态的消费者会对企业品牌形成良好印象，进而促进品牌资产的增加，这种情况下，品牌影响力、品牌规模等品牌自身固有特征的作用并不重要。处于初创期的中小企业可以适应该组态路径中享乐性元素与社交性元素的要求来吸引部分活跃用户，以实现在短期内传播扩散，增加品牌资产的目的。

组态二与组态四的条件组合类似。组态二，用户积极意愿与行为倾向=高享乐性元素×高社交性元素×非高有用性元素×用户非积极环境×品牌非积极环境；组态四，用户积极意愿与行为倾向=非高享乐性元素×高社交性元素×高有用性元素×用户非积极环境×品牌非积极环境。对于组态二来说，高享乐性元素、高社交性元素与非高有用性元素共同组成了该路径的核心条件，互补用户和品牌同时处于非积极环境，产生用户积极的意愿与行为倾向，而组态四的核心条件为非高享乐性元素、高社交性元素与高有用性元素，边缘条件与组态二相同。组态二和组态四的原始覆盖度均为0.359，唯一覆盖度分别为0.026和0.179，表示两种组态的原始案例数量大体相同，均为35.9%。根据两条组态路径，针对处于非积极状态的消费者，企业规模与影响力较小的企业可以采取重点建设享乐性元素与社交性元素、暂时忽略有用性元素或者重点建设社交性元素与有用性元素、暂时忽略享乐性元素的方式来谋求自身发展。社交型元素的加强可以既增加用户游戏化过程中的心流体验，又侧面推动了企业信息传播，享乐性元素与有用性元素的取其一建设既加强了用户的游戏化体验,又降低了企业的实现成本,符合中小企业的实际生产条件。

组态三,用户积极意愿与行为倾向=高享乐性元素×非高社交性元素×高有用性元素×用户非积极环境×品牌非积极环境。该路径下所有元素均处于核心地位,意味着对那些用户环境较差且自身条件严重不足的企业,须同时加强享乐性元素与有用性元素的建设,确保消费者在体验到游戏可玩性的同时还能获取有用性奖励,以提高仅存客户群体的用户黏性。此时,社交性元素的建设应处于非高水平,因为企业自身环境较差,加之仅存客户群体的适应度较差,社交性元素缺少内在动力的支撑,已无存在意义。该组态的原始覆盖度为0.128,唯一覆盖度为0.077,仅能被该组态解释的案例占比大约为7.7%,在实际生活中较为少见。

组态五可命名为"环境驱动型"。组态一表明当各类游戏化元素均处于非高水平时,积极的用户环境与品牌背景依然可以实现品牌资产的扩增。该组态的原始覆盖度为0.256,唯一覆盖度为0.051,表示该组态能够覆盖25.6%的原始案例。该路径对环境要求较为严格,要求用户与企业同时处于正向条件,也从侧面反映了企业自身影响力的强大可以弥补游戏化元素的设计不足。

表6-12 品牌资产积极影响的组态分析

条件组态	用户积极环境下享乐社交驱动型	享乐—社交性元素驱动型	享乐—有用性元素驱动型	社交—有用性元素驱动型	环境驱动型
	组态一	组态二	组态三	组态四	组态五
享乐性元素		⊗	●	●	•
社交性元素	●	●	⊗	●	⊗
有用性元素	⊗		●	•	⊗
用户积极环境	⊗	⊗	⊗	●	●
品牌积极环境	⊗	⊗			⊗
一致性	0.952	0.933	1	1	0.909
覆盖度	0.513	0.359	0.128	0.359	0.256
唯一覆盖度	0.051	0.026	0.077	0.179	0.051
解的一致性	0.947				
解的覆盖度	0.947				

注:•与●表示条件处于高水平,⊗与⊗表示条件处于非高水平,●与⊗表示核心条件,•与⊗表示边缘条件,空白代表条件可能处于高水平,也可能处于非高水平。

(三) 结果稳健性检验

本书对以上四种结果的组态路径分别进行了稳健性检验(张明和杜运周,

2019)。首先,对于消费者认知层面、情感层面,以及品牌资产这三类组态路径,本书将其案例阈值由 1 增加至 2,产生的核心条件基本保持一致;其次,对以上四类组态条件,将 PRI 一致性由 0.8 增加至 0.85,产生的组态结果依然保持一致。由此,结果通过稳健性检验。

第五节 研究结论与启示

一、研究结论

本书首次运用 csQCA 的方法以实证研究为样本对游戏化营销效果的前因条件展开了组态研究,探究了游戏化可供性机制与游戏化环境的联动效应及驱动机制,揭示了影响游戏化营销效果的核心条件及其复杂组态路径。

第一,对消费者来说,有用性元素的高感知是其认知波动的必要条件,并且这一元素在影响消费者的情感及意愿行为方面也发挥了普适作用。同时,有用性元素的高水平存在在该三类组态条件的多条路径中都有迹可循,也就意味着该类型元素对消费者的"认知—情绪—行为"的每个阶段都会产生影响,其中以"认知"这一初始阶段最为显著。因此,有用性元素的高水平设计是吸引消费者初始参与企业互动的重要因素。

第二,对企业来说,本书发现了五种可以提高企业品牌资产的组态条件,这五种组态条件分别阐述了不同类型环境下企业的建设重点以及建设重点组合方式。对于当下处于初创成长期的企业来说,加强游戏化机制设计至关重要,在三类元素中实现两类即可实现品牌资产的积极增长;对于正处于扩张期的企业来说,现阶段已经拥有较好的用户环境,此时三类元素需同时建设,特别是享乐性及社交性元素的探索;而对于已经处于成熟期的企业来说,已经拥有了良好的企业影响力与用户群体,但是组态路径显示此时大范围地进行游戏化建设反而会对品牌力造成负面对冲(张洪等,2022)。

二、理论贡献

相较于其他游戏化营销的相关研究而言,本书主要的理论贡献有如下三点:

第一,将游戏化营销积极效果的问题研究从关注游戏化机制元素、消费者心理状态等单一视角转向游戏化可供性、游戏化环境联动匹配的整体视角。基于 MDE(Robson et al.,2012)的游戏化设计框架和"可供性—心理结果—行为结果"的研究框架,以集合组态的视角探究了多重前因条件的匹配效应,进一步加深了研究者对游戏化营销积极效果背后复杂机理的理解,丰富了游戏化相关理论的解释范围与解释力度。此外,分别就消费者与企业两个视角展开探究,既检验了不同类型游戏化元素条件的组合方式,又针对不同的企业环境给出了建设性策略。

第二,首次将csQCA的方法引入游戏化营销的全过程研究。在对已有传统实证研究梳理综述的同时发现了新的作用路径,同时为游戏化营销成功案例背后的各条件之间的复杂互动和因果不对称提供了一种整体的视角,为领域内新理论的形成奠定了基础。

第三,本书将实证案例作为研究对象,元分析使结果更具可信度。通过对各个条件的路径研究,发现游戏化营销可以通过满足玩家消费者的内在需要唤起认知动机,激励他们主动参与营销活动,也可以通过驱动外部动机鼓励他们加入带有乐趣元素的营销活动(Werbach and Hunter, 2015),证明高绩效游戏化是一则多路径结果。

三、管理启示

本书的研究结论为实现游戏化营销的高绩效结果提出了以下三个方面的决策建议:

第一,各企业应加强组织内各项条件要素的协同作用,应从"整体性"视角出发,全面统筹各要素条件,不能过度强调单一条件的重要性而忽略其他因素。

第二,企业管理者可根据企业自身状况"因地制宜"。即在企业各类游戏化元素建设情况受限的情况下,企业也应根据自身发展状况进行多路径探寻,以探求是否存在可行的高绩效路径,或是在合理匹配各类资源的基础上探寻游戏化营销的长期效应路径,以最大化企业利益(朱永明等,2021)。

第三,企业管理者应根据消费者群体的特征进行细化分类,"因材施教"。不同客户群体的用户忠诚度与用户黏性各不相同,企业应考虑不同群体间的异质性,根据不同消费者特征制定不同的营销策略。例如,针对企业新用户,根据本书结论企业应加强对有用性元素的建设,刺激消费者产生积极认知,以带动消费者的积极情感与购买参与行为;针对成熟企业的忠诚用户,此时游戏化元素的高度建设或许不是最优选择,产品质量、服务水平等其他非游戏化元素应当列为策略重点。

四、不足与展望

本书也存在以下研究不足,未来研究可以从以下三点进行补充:

第一，以实证案例为研究基础为企业游戏化营销的中短期效应提供了理论补充与实践启示，但是受限于现有实证研究的数目与类型，对其长期效应的探索存在部分缺失，未来可以收集更多游戏化营销长期效应方面的实证案例，以对产生游戏化高绩效的条件组合（路径）进一步分析。

第二，所选取的样本均为已经发表案例库中的实证案例，样本整条质量较高但是为数不多，故在结论推行中可能存在代表性差、以偏概全的风险，因此未来研究可以基于现实企业实践对本书的结论组态进行再次检验，提升结论的准确度与可用性。

第三，聚焦于分析企业游戏化营销的高绩效组态，得到了不同类型环境下各类企业的高水平组态路径，未来研究可以基于定性比较分析的思想对企业的其他类似项目计划展开条件组态分析，以更好地指导企业实践。

第三篇
游戏化营销的应用场景及实证研究

在第二篇中，我们介绍了对游戏化营销影响效果的实证研究，验证了游戏化设计的环节即明确用户核心动机、设计正确的反馈系统和清晰的沟通系统，结合营销与主体相互匹配的机制，基于中国的游戏化营销实践针对不同类型的企业从如何提升消费者购买意愿、驱动长期使用促进消费者参与等方面提出营销建议。应"互联网+公益"日益成熟的技术而生的虚拟CSR共创，是数智时代下独特的营销应用场景，具有典型性，本篇以虚拟CSR共创为游戏化营销的研究情境，对数智时代游戏化营销的应用场景、用户消费体验过程进行讨论。通过阅读本篇，读者可以对以下两个内容有更为深入的了解：

（1）虚拟CSR共创质量对用户游戏化愉悦的影响研究。

（2）虚拟CSR共创情景下心理模拟对消费者参与的影响。

第七章 虚拟 CSR 共创质量对用户游戏化愉悦的影响研究

第一节 研究缘起

近年来随着信息技术的进步和消费者的成熟，越来越多的企业改变了营销策略，从传统营销转向数字营销平台，特别是移动营销。为了留住消费者，众多企业通过设置一些简单上手的小游戏来进行相关产品或活动的营销推广企业社会责任，与顾客进行虚拟 CSR 共创。游戏式共创是指用户以玩家身份参与到企业开发的游戏化社会责任活动中，与企业一同进行履责实践。例如，阿里巴巴旗下的蚂蚁森林因为带动超过 6 亿人的低碳行为，而获得联合国颁发的"地球卫士奖"。虽然游戏化营销能够给消费者带来新鲜感，使消费者在这个过程中增强用户体验，对品牌有更深的认识，但是当大量的营销活动都开始采用游戏化的形式时也带了一些不可避免的问题，如即使是像蚂蚁森林这样有大量用户基础的游戏，也暴露出用户交流渠道单一、互动受到限制、游戏模式影响社交体验感等问题。于是出现了很多企业花费很大心力设计虚拟 CSR 共创提供给消费者，但结果却适得其反的情况。如何设计虚拟 CSR 共创使消费者在游戏化的过程中增强用户体验，并且达到企业宣传社会责任的目的成为企业必须思考的问题。

现有研究表明，玩家体验是决定游戏式共创最重要的因素之一，玩家在游戏中感受到的沉浸感和"心流"状态等积极体验影响了玩家对于游戏的积极评价，而且有挑战性的关卡更能激发和传递玩家的积极情绪，从而导致游戏销量的增加。因此，负面体验导致游戏濒临死亡，能让用户产生愉悦感的营销游戏才是用户自愿参与与使用营销游戏应用的主要原因。Zichermann 和 Linder（2010）曾提出"趣味件环"（Funware Loop）的概念，认为游戏设计元素如积分、徽章、排行榜、挑战等可以组合成一个带有趣味的"圆环",给玩家带来愉悦感,从而成功驱动用户持续参与企业营销活动。Eppmann 等(2018)认为,游戏化愉悦就是用户能够通过游戏抑制住消极的情感并且获得积极的情绪(如享受、快乐、自豪等),他们进一步研究出引发用户积极的情绪才是游戏化应用程序的主要目标,因此让用户产生游戏化愉悦才是开发营销游戏化应用的关键目的。

已有研究表明,移动营销游戏也可视为一个虚拟 CSR 共创信息系统,而 D&M 信息系统成功模型为虚拟 CSR 游戏式共创的科学设计提供了一个有力的理论框架。在信息系统成功模型中,信息系统的成功取决于两个方面:系统质量和信息质量。本书认为,从用户对虚拟 CSR 共创的参与意愿来看,人们选择参与虚拟 CSR 共创时最重视的两个系统因素是其感知易用性和感知有用性,当感知易用性和感知有用性都较高时,消费者才更有可能去使用该游戏应用。此外,虚拟 CSR 共创的信息质量决定了用户能否对游戏满意进而产生愉悦感受。虚拟 CSR 共创的信息质量在游戏中的表现主要为用户能够拥有高度的自主选择权、可以充分展现自己的能力以及在游戏中能够与他人建立联系和互动,即用户感受到的社会互动和成就感。因此,本书借鉴了 D&M 信息系统成功模型,从系统质量和信息质量两个维度考虑了虚拟 CSR 共创质量对用户游戏化愉悦的影响,并基于顾客契合的视角考察了其可能存在的中介作用。用户在游戏中与品牌的互动会影响其对于游戏的感受,合适的营销方式才能实现顾客与品牌的"契合",表现为用户的活力、奉献、吸收和互动能力,增加对品牌的满意,即实现顾客契合,顾客契合不仅能够使消费者增强用户体验,达到愉悦状态,还会提高用户的品牌忠诚度。本书的研究结论不仅丰富了游戏化愉悦体验影响因素的相关理论,而且也为通过虚拟 CSR 共创增加顾客契合,提高消费者对企业的黏性,增强企业的虚拟 CSR 共创提供一些有价值的启示。

第二节 信息系统成功模型

最初的信息系统成功模型是 Delone 和 Mclean 在 1992 年对 180 篇关于信息系统成功测量的文献进行分析之后提出来的,经过后续各领域的学者的研究和修正,如今它已成为解释用户持续使用信息系统的主要理论之一。当时他们把信息系统成功模型评价划分成三个部分:第一部分是"系统质量"和"信息质量",用来评价系统自身特征;系统特征会影响用户对系统的使用和满意,于是得到第二部分"系统使用"和"用户满意"指标;第三部分测量系统使用的结果,分为"个人影响"和"组织影响"两方面（见图7-1）。2003年，Delone和Mclean针对模型中存在的问题对模型进行了进一步的修正，将服务质量引入模型中，还将个人影响、组织影响以及系统产生的其他影响，如社会影响等合并为净收益，形成了更符合当前电子商务环境的新的D&M模型。本书结合Delone和Mclean前后对信息系统成功模型的研究，对用户游戏化愉悦体验进行了探究。过去的研究已经证实，信息系统的系统质量、信息质量以及服务质量是影响其是否成功的决定性因素。

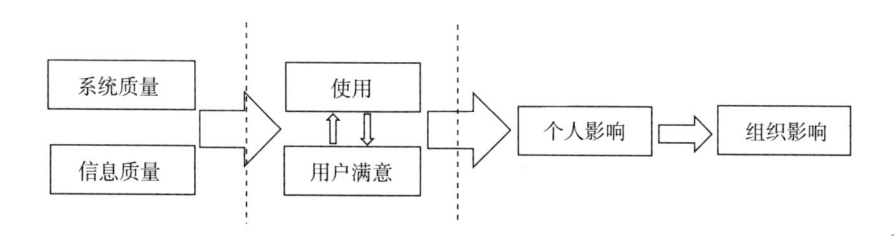

图7-1　初始D&M信息系统成功模型

目前D&M信息系统成功模型已经被应用于分析如学习系统、政务系统、商务系统、学术系统等各种信息系统。其中，用户行为领域是学者应用D&M信息系统成功模型最为广泛的领域，并将用户满意度、信息系统采纳意向以及持续使用意愿和行为等作为结果变量进行研究。虽然D&M信息系统成功模型应用十分广泛，但将其应用于游戏系统的研究数量还较少，主要是因为学者认为D&M模型及其各维度是否适合游戏系统等娱乐系统还需要进一步研究。焦娟妮等（2019）从顾客与企业交互时间对虚拟CSR共创模式进行了文献综述分析。但从本质上来讲，虚拟CSR游戏式共创活动可以视为一种管理信息系统，虚拟CSR共创系统的易用性、功能的直观性、可靠性、灵活性、游戏的相关性、准确性、可理解性、游戏的操作方式、给用户带来的成就感和满意度等都会影响用户对虚拟CSR共创质量的感知。因此，本书尝试将D&M信息系统成功模型应用到移动营销游戏化领域，用来测量虚拟CSR共创的质量。

从系统质量和信息质量两个维度对虚拟CSR共创质量进行分析，虚拟CSR共创的系统质量是指用户感知到的系统的易用性和有用性。感知易用性是指使用这项技术或产品的便捷程度，也被认为是影响人们行为意图和态度的重要因素，易用性的主要特征是"简单"，无论是在理解性、互动性、可访问性或者操作方面都具有简单特征。感知有用性主要体现有效性，是指使用者认为该技术或产品可以在多大程度上提高任务表现。感知易用性和感知有用性决定了人们对信息技术及其产品的接受程度。系统质量是指系统输出的理想特征，虚拟CSR共创的游戏信息质量主要是指用户感知到的社会互动和成就感。在游戏化的研究中，社会互动被建议用于预测玩家的意图和态度，在游戏过程中与他人竞争和合作能够影响玩家对游戏的态度和体验。

第三节 虚拟 CSR 共创质量与游戏化愉悦

一、系统质量与用户游戏化愉悦

根据 D&M 信息系统成功模型，信息系统的成功首先需要用户的采纳和接受，即需要用户对信息系统的感知易用性和感知有用性都较高。在过去关于网络游戏的研究中指出，玩家对游戏平台感知到的易用性和有用性可以直接预测玩家对该平台的持续使用意愿，虚拟商品的感知易用性和有用性会正向预测玩家的消费意愿。Yang 等（2017）在调研用户对营销环境中的游戏化的看法后发现，游戏化中的感知有用性能够正向预测人们的参与意图和品牌意愿。在信息系统的应用上，感知易用性和感知有用性也得到了广泛研究，如常桂林等（2017）发现，图书馆微信公众号平台的感知易用性和感知有用性对公众号的持续使用意愿具有正向影响，李月琳和孙鹏飞（2019）通过对 811 名移动互联网服务用户的在线调查数据进行实证研究，发现感知易用性和感知乐趣会影响用户在采纳信息技术后的持续使用行为。

在虚拟 CSR 共创过程中，企业设计营销游戏的最终目的是使用户在游戏过程中获得愉悦的感受。通过虚拟 CSR 共创不仅能够满足现代消费者的需求，也可以帮助企业提高竞争优势，它通过将分数、成就、等级、奖励、竞争等游戏元素用于营销活动当中，吸引用户自愿参与营销实践的全过程，提高顾客忠诚度，展示品牌实力和提高消费者的活动参与度，从而将用户的游戏体验转化为对可持续行为的积极认知，有效扩大利润空间。消费者在游戏中获得愉悦感受需要游戏的设计元素、设计机制和设计原则让消费者容易接受，对新手友好的小游戏通常能够拥有大量新客户群体，能让用户感受到自我提升的小游戏则更受欢迎。而如果是规则复杂、难度过大则会降低他们的参与意愿，进而不可能实现愉悦体验，达到企业的营销目的。基于此，本章提出以下假设：

H1：感知有用性与用户游戏化愉悦之间存在显著正向关系。

H2：感知易用性与用户游戏化愉悦之间存在显著正向关系。

二、信息质量与用户游戏化愉悦

虚拟 CSR 共创的信息质量指用户在游戏中感受到的社会互动和成就感。过去的研究发现，社会互动会直接影响到企业品牌形象、知名度和关系，移动应用中如果包括吸引消费者注意力的社会功能，既可以增加移动应用的使用规模，又可以让消费者在社交中吸收企业的理念。游戏体验通常由游戏中发生的互动组成，玩家可以与其他玩家、非玩家角色、环境以及游戏中的其他对象进行交互。虚拟 CSR 共创中的社会互动可以分为两大类：第一类互动是指消费者与移动应用之间的互动，如系统发放奖励、玩家完成任务等；第二类互动是指消费者与消费者之间的互动，如蚂蚁森林中的"偷能量"、微信小游戏中邀请新人领取奖励等。Hudson 等（2019）的研究表明，游戏中的社会互动增加了用户的满意度和忠诚度，社交方面的体验也增强了玩家的沉浸感和参与度，最终导致积极游戏玩家体验的增加。

成就感是一种内在的动机，是指人们在参与网络游戏或社区的活动中，可以感到愉快的、建立信心的、令玩家满意的东西。如果在线游戏玩家有清晰的目标和即时反馈、有挑战性的游戏难度和足够的技巧、有操作和意识的结合，玩家就会集中精力，达到沉浸和"心流"状态。玩家在进行虚拟 CSR 游戏式共创的过程中会不断地完成各种"任务"和"挑战"，用来解锁游戏进度或者提高分数和排名，而完成挑战和提高排名都会满足用户的内在需求，使用户获得成就感，这时用户更容易达到愉悦状态，获得信心，得到满足。此外，根据自我决定理论，能够带来成就感和社会互动的游戏能够满足消费者的内在需求，当他们的需求得到满足时，也会增加他们的参与动机，进而提高他们的游戏化愉悦感和满意度。基于此，本章提出以下假设：

H3：社会互动与用户游戏化愉悦之间存在显著正向关系。

H4：成就感与用户游戏化愉悦之间存在显著正向关系。

三、顾客契合的中介作用

顾客契合（Customer Engagement）中"契合"一词与行为和意图有关，过去的研究认为顾客契合存在三种方式：一是顾客对品牌或企业超越购买行为的行为表现；二是导致顾客产生品牌忠诚度的心理过程；三是一种心理状态，其特点表现为消费者的活力、奉献精神、吸收能力和互动能力。本书将顾客契合定义为用户在虚拟 CSR 共创过程中与营销主体进行互动而产生的一种活力、奉献、吸收和互动的心智状态，进而能够影响游戏的满意和后续的使用行为。在过去的研究中，顾客契合的前置因素主要集中在顾客、企业和环境三个层面。在顾客层面，顾客满意、顾客信任、满足社交需要和能够获得自我提升更有利于顾客契合的形成；在企业层面，品牌形象、品牌信息可靠性、品牌创新性、品牌声誉等能够影响顾客契合；在环境层面，社会、经济、竞争和社会等都会影响顾客契合。而对顾客契合行为的影响研究表明，顾客契合能够提升顾客自身对品牌和企业的满意度和信任感，可以帮助企业改进现有产品或开发新产品，还可以影响其他顾客对企业和品牌的感知，进而帮助企业获取新顾客。

企业设计虚拟 CSR 共创的目的不仅是达到用户愉悦状态，还是向用户灌输产品或品牌信息，增加品牌接触，促使游戏参与者了解这些信息。用户在游戏中与品牌的互动会影响其对于游戏的感受，尤其是游戏还是企业形象和企业态度的象征，用户在玩游戏的过程中会自动与感知到的企业形象进行匹配，如果发现企业的营销游戏十分有趣，并且认为自己与企业传达的价值观相近，则会产生与企业的"契合"，即实现顾客契合。Yang 等（2017）通过考察一些虚拟 CSR 共创的成功案例发现，这些成功的游戏可以有效地改善消费者的品牌态度，而且游戏与品牌之间的联系和互动能创造出一个有用的品牌推广机制。通过营销小游戏，用户对品牌的熟悉度和认可度会显著上升，且用户更可能会持续地参与到营销游戏中。因此，用户在玩游戏的过程中，感知到游戏是简单易用且有效的，而且游戏还能满足顾客的基本内在需求，即自主性得到支持，有胜任感且能够有愉悦的社交体验，用户则更有可能和品牌或者企业达成契合状态，从而把对企业的态度带入到游戏中，对企业的积极情绪会使用户有更愉悦的游戏体验。基于此，本章提出以下假设：

H5：顾客契合在感知易用性、感知有用性、社会互动和成就感与用户游戏化愉悦之间起到中介作用。

根据 D&M 信息系统成功模型，系统质量和信息质量对信息系统成功起基础性作用，良好的信息质量以及系统质量是用户满意、系统使用的前提，用户满意与系统使用两个因素共同作用带来净收益，对个人、组织和社会起到正面或负面效应。对于虚拟 CSR 共创用户来讲，获得游戏化愉悦体验是其满意的表现，而顾客契合决定了用户使用该游戏的意愿，感知易用性和感知有用性作为系统质量衡量指标，社会互动和成就感作为虚拟 CSR 共创信息质量衡量指标，共同影响了用户的顾客契合和游戏化愉悦体验。基于前文的分析，本书以感知有用性、感知易用性、成就感和社会互动作为自变量，用户游戏化愉悦作为因变量，顾客契合作为中介变量构建了以下研究模型（见图 7-2）：

第七章　虚拟 CSR 共创质量对用户游戏化愉悦的影响研究

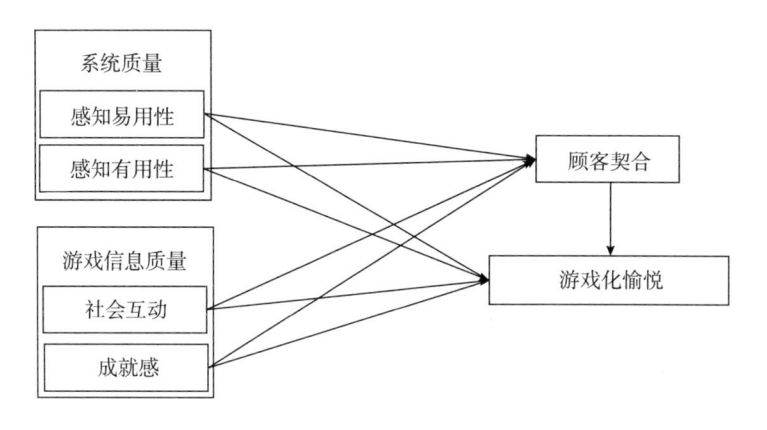

图 7-2　本书的研究模型

第四节　研究设计

一、变量测量

本书主要采用问卷调查法，所有涉及的变量题项均借鉴国内外研究中已使用过的具有较高信度和效度的成熟量表。感知有用量表和感知易用量表采用 Hsu 和 Lu（2018）的量表，进行了改编和整理，最终分别得到三个题目，感知有用性题目如 "这个游戏营销活动让我有效地联想到了该公司的品牌"，感知易用性题目如 "对我来说，学会玩这个营销游戏并与他人竞争是一件十分简单的事情"；社会互动的量表采用了 Zhao 和 BalaguÉ（2015）的量表，包括人机互动和人际互动两个类别，代表题项如 "通过使用这个营销游戏，我能了解到他人在这个游戏的动态""通过使用这个营销游戏，我可以与我的朋友分享信息"；成就感的量表借鉴了李月琳和何鹏飞的研究，并根据研究内容进行改编整理，最终得到三个题项，代表题项如 "我享受在营销游戏中打败对手的感觉"；顾客契合的量表使用了 Hollebeek 等（2019）中对于顾客契合度影响的量表，代表题项如 "每当我必须使用游戏时，我通常会使用这个营销游戏"；游戏化愉悦采用了 Eppmann 等（2018）建构的游戏化愉悦体验量表，共包含六个题目，代表题项为 "这个游戏很有趣""我喜欢玩这个游戏" 等。

二、数据收集

本书主要采用问卷调查法进行数据收集，鉴于蚂蚁森林和蚂蚁庄园为受众十分广泛的支付宝的公益社交小游戏,符合本书提出的企业为虚拟 CSR 共创而专为顾客设计的小游戏特征,所以本次研究发放问卷的对象为玩过蚂蚁森林和蚂蚁庄园的支付宝用户。蚂蚁森林的粉丝群体主要是大学生青年群体,28 岁以下的用户占到蚂蚁森林总用户的 60%。已有 2500 万名在校大学生在蚂蚁森林里种树,全国 28 个省份的 300 多所高校拥有自己的高校公益林。本书主要在微信群、朋友圈、百度贴吧、蚂蚁森林和蚂蚁庄园的玩家交流 QQ 群等进行了问卷发放。共发放 405 份问卷,删去没有玩过营销游戏的和填写问卷时间过短的问卷,最后获得有效问卷 297 份,调查问卷有效率为 73.3%。在最终样本中,男性占 61.3%,女性占 38.7%,符合艾瑞咨询公司对网络游戏玩家中男性占有绝大多数这一调查结果。首先调查样本主要是年轻人(年龄在 18~30 岁的居多,占比 58.6%),这也基本符合目前中国网络游戏玩家年龄的分布,其次是 31~45 岁,占比 34.3%,学历以大专和本科生为主,共占比 78.1%。

第五节 实证结果与分析

一、同源方差检验和描述性统计

由于样本来自同一主体,可能存在共同方法偏差(CMV)。在量化分析上,本书首先采用 Harman 单因素检验方法进行共同方法偏差检验。将感知有用性、感知易用性、社会互动、成就感、顾客契合、用户游戏化愉悦的题项进行探索性因子分析,结果显示,在没有旋转的情况下,总量表累计方差解释率为 64.66%,有 6 个因子的特征值大于 1,其中第一个因子的解释率为 32.1%,低于 50% 的临界标准,表明同源方差的问题可控。

运用 SPSS 26.0 对测试变量进行了 Pearson 相关分析,并报告了研究变量的均值、方差、相关系数及显著性水平等描述性统计结果(见表 7-1)。结果表明,变量间相关系数在 0.01 水平(双侧)上显著相关,样本数据适合做进一步的实证检验。

表 7-1 描述性统计分析及各变量间的 Pearson 相关系数

	1	2	3	4	5	6	均值	标准差
感知有用性	1.00	—	—	—	—	—	3.856	0.607
感知易用性	0.561**	1.00	—	—	—	—	3.915	0.560

续表

	1	2	3	4	5	6	均值	标准差
社会互动	0.618**	0.672**	1.00	—	—	—	4.045	0.565
成就感	0.563**	0.631**	0.657**	1.00	—	—	4.071	0.717
顾客契合	0.504**	0.574**	0.585**	0.682**	1.00	—	3.617	0.477
游戏化愉悦	0.567**	0.695**	0.618**	0.627**	0.653**	1.00	4.148	0.634

注：**表示 p 在 0.01 水平（双侧）上显著相关。

二、信度和效度检验

首先，本书采用 Cronbach's Alpha（CA）值来检测变量的内部一致性，结果发现总量表的 CA 值达到 0.975，各个分量表的内部一致性系数 CA 值均大于 0.7，达到了量表信度可以接受的要求，表明本问卷量表具有良好的信度。其次，在效度方面，由于本书的量表题项均来源于国内外相对成熟的量表，因此具有较好的内容效度；各变量的因子载荷均大于 0.5，说明这些题项能够较好地测量这些变量，具有良好的收敛效度；此外，还进行了探索性因子分析，通过主成分分析与最大方差法进行旋转，各个因子被显著地区分为不同的主成分，得到 6 个因子结构，分别为感知有用性、感知易用性、社会互动、成就感、顾客契合、游戏化愉悦，与本书的各个变量题项相对应，表明具有良好的区分效度（见表 7-2）。

表 7-2 量表的 CA 值、CITC 值及因子载荷

变量	题项	因子载荷						CITC	CA	KMO
感知有用性	PU1	0.796	—	—	—	—	—	0.609	0.755	0.690
	PU2	0.725	—	—	—	—	—	0.590		
	PU3	0.728	—	—	—	—	—	0.566		
感知易用性	PEU1	—	0.590	—	—	—	—	0.662	0.793	0.689
	PEU2	—	0.662	—	—	—	—	0.573		
	PEU3	—	0.745	—	—	—	—	0.701		
社会互动	SI1	—	—	0.718	—	—	—	0.605	0.840	0.875
	SI2	—	—	0.764	—	—	—	0.586		
	SI3	—	—	0.533	—	—	—	0.652		
	SI4	—	—	0.573	—	—	—	0.597		
	SI5	—	—	0.713	—	—	—	0.623		
	SI6	—	—	0.505	—	—	—	0.665		

续表

变量	题项	因子载荷					CITC	CA	KMO
成就感	AC1	—	—	—	0.755	—	—	0.690	0.814	0.678
	AC2	—	—	—	0.682	—	—	0.574		
	AC3	—	—	—	0.671	—	—	0.737		
顾客契合	CE1	—	—	—	—	0.752	—	0.521	0.762	0.808
	CE2	—	—	—	—	0.697	—	0.525		
	CE3	—	—	—	—	0.817	—	0.510		
	CE4	—	—	—	—	0.764	—	0.540		
	CE5	—	—	—	—	0.777	—	0.562		
游戏化愉悦	Enj1	—	—	—	—	—	0.736	0.731	0.965	0.960
	Enj2	—	—	—	—	—	0.517	0.705		
	Enj3	—	—	—	—	—	0.703	0.628		
	Enj4	—	—	—	—	—	0.567	0.687		
	Enj5	—	—	—	—	—	0.673	0.671		
	Enj6	—	—	—	—	—	0.533	0.713		

三、回归分析

为了验证所提出的假设，本书采用 SPSS 26.0 软件层级回归的方法对相关变量进行了多元线性回归，在控制消费者性别、使用时间和年龄的情况下对研究模型进行检验。表7-3显示了回归的步骤和结果，模型1、模型3检验了控制变量的影响，并为进一步分析奠定了基础。模型4检验了感知有用性、感知易用性、社会互动和成就感对游戏化愉悦的影响。统计结果分析表明，感知有用性（$\beta = 0.031$, $p > 0.05$）和感知易用性（$\beta = 0.054$, $p > 0.05$）对游戏化愉悦的影响不显著，社会互动（$\beta = 0.555$, $p < 0.001$）和成就感（$\beta = 0.316$, $p < 0.001$）对游戏化愉悦有显著的正向影响，假设1和假设2没有得到支持，假设3和假设4得到了支持。

模型2考察了自变量对中介变量的影响，结果显示，感知有用性（$\beta = 0.093$, $p > 0.05$）、感知易用性（$\beta = 0.033$, $p > 0.05$）对顾客契合的影响不显著，社会互动（$\beta = 0.310$, $p < 0.001$）和成就感（$\beta = 0.333$, $p < 0.001$）对顾客契合存在显著的正向影响。模型5检验中介变量对因变量的影响，结果表明，顾客契合（$\beta = 0.103$, $p < 0.05$）对游戏化愉悦的正向影响显著，且社会互动（$\beta = 0.523$, $p < 0.001$）和成就感（$\beta = 0.282$, $p < 0.001$）对游戏化愉悦的正向影响依

然显著，因此顾客契合在社会互动和成就感与游戏化愉悦之间起到了部分中介作用。利用 Bootstrap 检验的结果，发现顾客契合在社会互动和成就感与游戏化愉悦的关系中存在部分中介效应（中介效应的置信区间均不包含 0），区间范围分别是 [0.027，0.216]、[0.054，0.261]，且自变量对因变量的直接效应依然存在。因此，假设 5 得到支持。

表 7-3　层级回归分析

变量	顾客契合		游戏化愉悦		
	模型 1	模型 2	模型 3	模型 4	模型 5
性别	0.025	0.020	0.029	0.001	0.000
使用时间	0.036	-0.070	0.024	-0.033	-0.032
年龄	0.163	0.055	0.116	-0.011	-0.016
感知有用性	—	0.093	—	0.031	0.021
感知易用性	—	0.033	—	0.054	0.051
社会互动	—	0.310**	—	0.555***	0.523***
成就感	—	0.333***	—	0.316***	0.282***
顾客契合	—	—	—	—	0.103*
R^2	0.029	0.485	0.015	0.813	0.818
F	2.373	58.598	1.210	251.956	258.537
ΔR^2	—	0.456	—	0.798	0.050
ΔF	—	56.225	—	250.746	6.581

注：*、**、*** 分别表示 p 在 0.05、0.01、0.001 的水平（双侧）上显著相关。模型 2 相对模型 1，模型 4 相对模型 3，模型 5 相对模型 4。

第六节　研究结论与启示

一、研究结论

基于 D&M 信息系统成功模型，从顾客契合视角，以企业虚拟 CSR 共创为研究情境，探讨了用户参与虚拟 CSR 共创的原因及影响用户游戏化愉悦感的影响机制。特别是，从顾客参与虚拟 CSR 共创的心理机制进行了研究，他们更倾向于参与游戏营构共同体，获得情感归属的温暖。主要得到了以下两点结论：

第一，虚拟 CSR 共创中的游戏信息质量——社会互动和成就感对消费者获得游戏化愉悦感有显著的正向影响。用户在企业营销游戏中获得的社会互动和成就感越多，用户越容易获得愉悦感受。这主要是因为玩家在游戏中获得的社会互动相比现实人际交往活动，往往表现得更加鲜明。虚拟 CSR 共创中的互动行为是游戏玩家进行情感调节和情绪关系的一种重要方式，例如，性格内向、平时不爱与人交谈的玩家可能会在营销游戏中满足其社交需求，更加深入和主动地与朋友和陌生"好友"进行互动，拓展了自身的社交圈，从而对游戏的愉悦感受也更加强烈。此外，虚拟 CSR 共创提供的持续的成就感可以让玩家保持持续的兴奋，尤其是在玩家每个动作、每个成就后面都伴随着声音和图像的正面鼓励，使玩家不仅有可视化的等级、经验的增加，还能获得持续的正面效应，这样在游戏中运用"强化理论"会使玩家更容易达到游戏化愉悦状态。虚拟 CSR 共创的系统质量——感知易用性和感知有用性对用户游戏化愉悦体验没有影响，可能的原因在于系统质量只影响用户对新游戏的采纳意愿，而信息质量影响了用户的持续使用意愿，用户的游戏化愉悦体验评价是在新游戏的使用和适应一段时间之后，感知易用性和感知有用性不再产生主要影响。

第二，顾客契合作为中介变量解释了虚拟 CSR 共创的游戏信息质量——社会互动和成就感与游戏化愉悦的关系。即想要使用户在虚拟 CSR 共创中获得愉悦感受，需要游戏的设置和客户实现心理上的"契合"。这与其他一些学者对于顾客契合与游戏化的研究结果是一致的，例如，Harwood（2015）认为，游戏化的主要目的就是驱动和激发顾客体验类似于游戏的营销活动，进而产生积极的关系包括用户黏性、品牌忠诚等，从而让顾客在参与营销活动中获得愉悦感。这主要是因为顾客契合是顾客与企业的双向互动，消费者在玩企业的营销游戏时就是间接地在与企业进行互动（Bechar，1995），用户对游戏的感知很大部分也是对企业形象的感知，如果企业的营销小游戏能够让用户获得成就感和社会互动，让用户满意，用户也会对游戏背后的企业或品牌有更高的评价，增加自己对品牌的归属感，产生一种积极情绪并代入到游戏中，在游戏中也更容易产生愉悦感。

二、理论贡献

本书的理论贡献主要体现在以下两点：

第一，本书将 D&M 信息系统成功模型应用在虚拟 CSR 共创领域，不仅拓展了 D&M 信息系统成功模型的应用场景，也丰富了虚拟 CSR 共创过程及效果的理论研究。现有文献中，对信息系统成功模型在社交系统上的应用更多的是在微信公众平台以及微博等社交媒体上，探究如何优化公众平台界面设计和提升用户的持续使用意愿等，Shim 和 Jo（2020）也将信息系统模型成功运用于在线健康社区，探讨健康资讯网站的系统品质、资讯品质和服务品质如何影响使用者满意度和感知价值。而对于虚拟 CSR 共创过程及效果的研究十分匮乏，原因之一就是将 D&M 模型运用于虚拟 CSR 共创分析方法没有达成一致意见。本书以虚拟 CSR 共创为情境，对 D&M 模型在游戏系统的各维度进行了重新定义，从用户视角出发，将系统质量定义为用户感知到的易用性和可用性，将虚拟 CSR 共创信息质量定义为用户在游戏中感受到的社会互动和成就感，并认为在虚拟 CSR 共创中，用户的使用意愿主要体现在用户在游戏中实现的顾客契合状态，而用户满意度则体现在用户在游戏中获得的愉悦体验，成功地将 D&M 模型与虚拟 CSR 共创系统成功评价结合了起来。

第二，本书验证了顾客契合在连接虚拟 CSR 共创与游戏化愉悦效果的形成机制，揭示了虚拟 CSR 共创获得成功即令用户获得愉悦感受的心理机制。顾客契合很有效地解释了企业与顾客实现有效互动最终达成营销目的的完美状态，这在 Hollebeek 等的研究中也得到了验证，Hollebeek 等（2014）认为，游戏化营销情境中的顾客契合能够影响顾客忠诚，最终提高顾客品牌参与价值。此外，将顾客契合视为客户整体品牌体验的一部分，认为顾客契合是通过整体体验来区别于竞争对手的产品的有效途径，支持了 Lemon 和 Verhoef 的研究（Brewer, 2009）。本书从多维度角度理解顾客契合，并且将其应用场景拓展至虚拟 CSR 共创情境中，研究了企业层面影响顾客契合的新的因素，丰富了顾客契合相关理论。本书的研究结果也给了营销领域的专家学者和企业的营销人员一定的启示，可以通过把顾客契合策略运用到虚拟 CSR 共创的设计中，让玩家在玩游戏的过程中与企业或品牌有更多的互动，来达成企业的营销目的。

三、管理启示

本书从系统质量和信息质量两方面研究了用户游戏化愉悦体验的影响因素，为企业和营销人员在设计虚拟 CSR 共创来影响用户的顾客契合，激发游戏化愉悦体验提供了以下两点启示：

第一，在虚拟 CSR 共创设计中丰富社会互动功能，加入成就体系。企业在开发虚拟 CSR 共创时，应该在游戏中丰富其社会互动功能（如打赏、好友动态、帮忙浇水和比赛等），用户之间的互动可以让他们在游戏过程中产生愉悦感。企业在设计营销游戏时还需要在游戏中加入成就系统（如排行榜、证书、任务和奖励等），通过获取游戏中的各种成就来增强用户的游戏体验，当他们完成难度较大的挑战时就能找到自信并感到愉悦。另外，社会互动功能和成就系统能够有效地增加用户黏性，提高顾客忠诚度，以增加顾客契合度，同时当用户达到顾客契合时，也对用户游戏化愉悦有着促进作用。

第二，在虚拟 CSR 共创中增加顾客契合设计元素。顾客契合能够增加顾客的体验价值及对企业的忠诚感。在虚拟 CSR 共创中，如果用户能够感受到企业传达的价值观与自己相符，他们就会对这个游戏抱有更大的热情，更愿意投入更多的时间和精力去玩企业的营销小游戏并参与企业随后的各种活动，也因此会为企业创造更大的价值。企业可以通过搭建与消费者的互动渠道，让消费者能够更加了解企业的形象和价值观，并且对于积极与企业互动的消费者，企业应该给予他们更多的便利和权利，让他们感受到企业的重视程度，从而增强企业与消费者之间的契合度。此外，还可以在游戏设计中加入与企业相关的元素，让消费者对企业有更深的理解和认识，拉近企业与消费者之间的距离。

四、局限性与未来研究展望

本书对影响用户游戏化愉悦的因素进行了初步的探索，但也存在以下两点研究不足：

第一，本书是从用户角度对游戏化愉悦体验进行了研究，但是外界环境对虚拟 CSR 共创的营销效果也会产生影响。例如，国民对于节能减排的重视可能促进人们对环保小游戏的参与意愿，国家的精准扶贫政策可能会减少消费者在参与农村农产品游戏化营销过程中的负面效应，因此，未来可以从环境层面对消费者的游戏化愉悦体验进行研究。

第二，目前虽然很多公司都采用了游戏化元素进行虚拟 CSR 共创，但有些效果并不乐观，除了消费者的愉悦感受之外，还有游戏化的应用场景的问题，例如，在短视频 APP、直播、电子竞技、旅游业等新兴产业中，传统的游戏元素已经不能满足消费者更高精神层次的需求，需要在营销活动中加入更多新鲜、有趣的元素，因此未来的研究可以深入地探讨虚拟 CSR 共创适用于哪些商业领域，以及如何把游戏化营销更好地应用于这些领域，以使得游戏化在营销界发挥更大的作用。

第八章 虚拟 CSR 共创情景下心理模拟对消费者参与的影响研究

第一节 研究缘起

企业公益不仅是企业获得社会身份、取得社会认同的重要途径，也是企业建立鲜明的品牌形象，形成紧密的消费者—品牌关系的重要手段，更是促进区域协调发展，实现先富带动后富，进而推动共同富裕的有效途径之一。在移动互联时代，企业公益的内涵和形式更加丰富，公众对于企业公益事业表现的关注也在日益增加，网络信息越发公开透明。互联网公益平台不仅降低了公益参与成本，提升了公益活动的效率，而且有助于调动社会力量解决社会上比较典型且紧迫的项目，契合第三次分配的重要意义就是发挥社会力量在第三次分配中的作用。党的十九大报告、国家"十四五"规划和2035年远景目标纲要都聚焦了共同富裕问题，其中第三次分配成为热点研究话题。第三次分配本质上是社会机制调节的资源分配，源于人们互助和分享的本能，有助于激发共同富裕的内生动力。2019年9月19日，支付宝蚂蚁森林因带动5亿人的低碳环保行为，并将虚拟的碳减排量转化为荒漠化地区种下的1.22亿棵树，而获得联合国最高环保荣誉——"地球卫士奖"。随后，"互联网+公益"的尝试如雨后春笋般开始进入大众的视野，如淘宝的"野生小伙伴"、微信的"灯山行动"、微博的"熊猫守护者"以及各类捐步、助跑等公益活动。这种在线上开展由消费者参与，而履行社会责任的主体为企业的共创活动，被称为"虚拟企业社会责任共创"（Virtual Corporate Social Responsibility Co-Creation），即企业战略性地运用社交媒体或网络平台吸引利益相关者共同参与，使得企业社会责任（Corporate Social Responsibility，CSR）活动逐渐向大众化、开放化和高效化转变。

企业履行社会责任对于提升企业形象和企业声誉有着重要的作用，良好的企业社会责任业绩能够通过声誉效应、信号传递效应等渠道提升企业业绩，推进企业的可持续发展。近年来，越来越多的平台希望通过虚拟 CSR 共创形式的公益活动塑造品牌的正面形象，赢得消费者的好感，而传统企业社会责任活动模式向线上虚拟 CSR 共创活动模式转型的过程依赖于消费者的广泛参与。而且从社会公益贡献的主体角度来讲，广泛的消费者是社会公益的主体力量，美国社会捐赠的 70% 是来自个人，而中国这一数字仅为 30%。Luo 等（2016）的研究也表明，网络用户已成为新的利益相关者，在影响企业的社会责任承担可持续方面发挥了越来越重要的作用。而最近有关社会责任沟通的文献表明，公众对企业社会责任承担的预期在决定企业社会责任承担所形成的社会声誉起到了非常重要的作用。因此，如何激发消费者的持续关注以及参与，并针对企业的社会责任价值共创的形成过程展开研究成为当前研究关注的重点问题。然而，已有学术研究大多从虚拟 CSR 共创活动参与的结果变量进行探讨研究，缺乏对公众参与虚拟 CSR 共创活动的前因的研究。因而揭示公众参与虚拟 CSR 共创的前置因素，不仅能够更好地厘清个体在参与虚拟 CSR 共创的关键动机，吸引个体参与企业 CSR 的各项活动，也能够从形成过程的视角对企业开展虚拟 CSR 共创提供更有价值的管理启示。

本书从社会责任沟通的相关利益者视角出发，认为企业进行虚拟 CSR 共创是在移动互联情境下进行社会责任沟通，管理社会公众等相关利益者感知和社会绩效的一种战略性行动。根据价值—信念—规范理论，公众参与公益活动作为一种亲社会行为，可以通过激活个体规范从而提高公众对公益活动的参与度。而虚拟 CSR 共创的模式摒弃了以往传统的传播形式，借助技术优势加入新鲜的元素构建生动丰富的公益平台，通过多形式唤醒消费者的个体规范，从而吸引更多具有相同信念的消费者参与其中。其中，现有学者提到的激活个体规范的一种有效方式就是激活心理模拟。心理模拟是一个或一系列事件的模仿性心理表现，通过引导个体对事件结果或者过程进行具体思考和想象，替代相关经验的感受诱导等效的心理和行为效应。心理模拟因其在个体层面对消费者态度与行为的重要作用和强大解释力而被广泛应用到营销实践当中。现有研究将心理模拟分为过程模拟（Process Simulation）和结果模拟（Outcome Simulation），并且主要探讨了他们在说服和产品推荐等领域的作用。虽然现有研究主要发现了两者在目标实现中的阶段性差异，例如，在设定目标时，结果模拟比过程模拟更有效，因为结果模拟可以让人们执着地追求成功，而不是被其他的活动分散精力。而当执行目标时，过程模拟会比结果模拟更有效，因为过程模拟更能提供达到特定目标的行为准则。Cian 等（2020）研究也发现，过程型广告能通过激发过程模拟和可信度而产生更强的说服效果,但是当个体更聚焦于理想的结果时,过程型广告的效果就会大大减弱。然而总体来看,现有研究并没有回答过程模拟和结果模拟在激发行为意向的过程中谁更有效,而且对其中存在的边界条件还缺乏深入的研究。

基于价值—信念—规范理论,本书认为任务意义感知是个体在进行虚拟CSR共创过程中的一个重要内驱因素,心理模拟能够激活个体参与CSR共创活动中的任务意义感知,进而会影响其参与虚拟CSR共创的意愿。并且认为目标距离和关系强度作为个体完成任务的情境变量,能够在一定程度上增强或减弱心理模拟的影响效果。通过三个情景实验,本书主要探讨以下三个问题:①消费者在参与虚拟CSR共创活动中进行不同类型的心理模拟是否会唤醒消费者的个体规范,从而影响消费者参与意愿?过程模拟与结果模拟这两种不同的心理模拟形式的作用效果是怎样的?②任务意义感知是否发挥了中介效应?③心理模拟对消费者参与虚拟CSR共创的影响是否会受到目标距离和关系强度的调节?对上述问题的回答,本书不仅丰富了虚拟企业社会责任共创的相关理论研究,明确了用户参与虚拟CSR共创的过程机制,并且对指导企业在数字经济情境下如何有效运用"互联网+公益"模式开展虚拟CSR共创,着力提升企业虚拟CSR的应用场景和辐射影响具有重要的实践意义。

第二节 虚拟CSR共创与心理模拟

一、虚拟CSR共创

传统的企业社会责任(Corporate Social Responsibility,CSR)中企业充当主导角色,顾客等利益相关者更多是被动地参与。在移动互联网时代,"互联网+公益"相关技术的实现使消费者作为公益活动的主要参与者、策划者的"人人公益"变为现实,企业更加依赖消费者在CSR活动中共创主题、共同推广活动效果。虚拟CSR共创最先是由Morsing等(2015)提出来的,他们提出想要最大化CSR活动经济效益,企业就必须契合利益相关者的偏好,而与利益相关者在网络平台上进行社会责任的对话的过程必不可少。通过与利益相关者的双向交流,能够创造出更大的共享价值及更多的合作剩余,使双方潜在的互利共赢转化为现实(银成钺和陈艺妮,2012)。在互联网时代,虚拟共创活动广受社会各界关注,而关于消费者参与虚拟CSR共创的相关研究大多停留在结果变量和动机研究较浅的层面上。如基于社交媒体的运用探究启动虚拟CSR对话给企业带来的价值和风险，学者们构建了虚拟 CSR 共创中消费者通过认同和期望进而实现对企业认同的研究框架（赵占波等，2015）。Jurietti、Mandell 和 Fuduric 在此基础上运用案例方法验证表明设计虚拟 CSR 共创对话的特征与消费者 CSR 期望之间存在联系。

目前关于虚拟 CSR 共创的驱动因素研究主要是从消费者因素视角进行的。典型的研究，如 Okazaki 和 Menendez（2017）对全球企业虚拟 CSR 沟通实践的研究发现，顾客与企业间低水平的互动将抑制 CSR 信息的有效沟通，进而降低顾客 CSR 活动参与度及虚拟 CSR 共创活动的作用效果；Verhagen 等（2015）实证发现消费者在虚拟环境感知到的知识获取、社会认同、社会关系、自我展示和利他行为等因素会通过感知收益正向影响顾客—企业价值共创。而国内学者则更多停留在传统 CSR 层面顾客共创行为的前因变量探索上，如李敬强和刘凤军（2017）指出，CSR 项目的社会效果会经由消费者认同，进而影响消费者参与 CSR 共创的意愿。在虚拟 CSR 共创情境下，顾客参与的动机主要是通过高效便捷的社交媒体渠道追求社会可持续性的活动，其间心理变化过程发挥重要作用，因而有必要进一步探究顾客参与虚拟 CSR 共创的心理动机。

二、心理模拟

心理模拟源自模拟式启发的概念，是一种通过想象或者回忆激活个体特定体验的心理过程，这一过程不仅可以对未来可能发生的事情进行各种可能性的假设或者想象，还可以回忆和感受已有的事件。现有研究表明，心理模拟作为一种特殊的替代效应，能够为个体提供关于某个事件的体验感受及相关要素之间的因果链条，进而诱导等效的心理和行为体验，增强个体对于事件结果发生的信心，因而能够预测个体的行为意愿。例如，个体在想象实施某种行为之后可能会改变其行为意图，心理模拟将使个体对某种行为的实施过程或者结果的感知更加真实，这有助于将心理活动转化为实际行动，且伴随强烈的情绪反应。

当前，心理模拟在营销学中主要被运用于营销沟通和新产品营销，引导消费者通过心理模拟与新产品互动，能有效提升他们对新产品的认知和态度。韩德昌和王艳芝（2012）通过情景实验法，发现过程模拟相对于结果模拟，可以显著降低消费者的冲动购买水平；Zhao 等（2011）将过程模拟和结果模拟的作用对比研究延伸到不同信息处理模式中的个体，发现在认知主导的信息处理模式下，过程模拟会带来更高的产品评价，而结果模拟在情感主导的信息处理模式中作用效果更佳。然而，心理模拟作为一种有效的自我规制功能，能够在除新产品外的营销领域发挥作用。心理模拟可以促进想法和行为之间的联系，当个体积极想象未来事件时，他们将更自信地相信事件可能发生。因此，当消费者通过心理模拟想

第八章 虚拟 CSR 共创情景下心理模拟对消费者参与的影响研究

象虚拟 CSR 共创产生的社会效益时，可以在生理状态和唤醒的情感中唤起行为的必要动机，进而提升参与意愿。

三、心理模拟与虚拟 CSR 共创的关系

基于价值—信念—规范理论（Value-Belief-Norm Theory，VBN），当个人持有坚定的信念和理想时，将有利于亲环境行为的发生，亲环境的情绪激发个体规范，而个体规范是保护环境的道德义务感。换言之，价值—信念—规范理论认为环保活动的参与基础在于价值观、信念和个体规范的结合，形成道德义务感和自我期望，促使个体以实现环保活动的目标采取相关的方式和措施行事。作为亲社会行为的一种具体形式，企业社会责任（CSR）要求企业应该尽可能满足利益相关者的需要，在与各方互动的过程中解决社会问题，为企业和社会共创价值（Bechar，2020）。受传统媒体宣传的束缚，利益相关者无法与企业进行积极互动，导致活动效果往往大打折扣。但是在数字经济急速发展的情况下，社交媒体和社交网络的传播过程与企业虚拟 CSR 共创过程相互融合发展，即企业鼓励利益相关者通过互联网平台与企业共同参与甚至共创企业 CSR 的活动。本书在已有研究的基础上，引入心理模拟作为消费者参与虚拟 CSR 共创的前因变量，并试图解释两者间的关系，具体体现在以下两个方面：

从行为层面出发，心理模拟的两种主要类型包括结果模拟（Outcome Simulation）和过程模拟（Process Simulation），结果模拟鼓励人们想象目标实现之后所期待的结果，而过程模拟则鼓励人们想象实现目标所需要经历的过程。两种心理模拟都被认为对个体的说服效果、行为态度起到了较显著的作用。但过程模拟更聚焦于具体的、丰富的细节，表征为如何思考（How-Thinking），而结果模拟更为抽象，强调完成后的状态，表征为为何思考（Why-Thinking）。Hoeffler 等（2019）研究发现，在认知模式下结果模拟比过程模拟更有利于产品评估，而在情感模式下过程模拟会有更高的产品评估，且在进行心理模拟时，个体将会产生更多的情绪反应，进而使道德判断更为严厉，对参与行为有更高的价值评估，唤醒消费者的个体规范，促使消费者产生更多的亲社会行为，如参与虚拟 CSR 共创活动的意愿。从心理认知的视角来看，社会活动的支持程度受到特定的情境变量的影响，通过不同情境变量的设定影响个体对社会活动的心理感知，从而间接影响行为。换句话说，消费者参与虚拟 CSR 共创的意愿程度受心理模拟类型的影响，消费者通过想象而模拟相关事件的心理感知对唤起个人体验有促进作用，进而管理其产品评价行为。此外，消费者个人信念会受到外部信息的影响，通过外部信息的刺激能够诱发个体对亲社会行为的个体规范，且过程模拟相对于结果模拟更能提高感知控制和增加主观标准，从而改变某项行动的计划，更有可能产

生亲社会行为。基于此，本章提出以下假设：

H1：心理模拟对消费者参与虚拟 CSR 共创意愿有显著影响，相比于结果模拟，过程模拟更能提高消费者参与虚拟 CSR 共创意愿。

第三节　任务意义感知、目标距离和关系强度

一、任务意义感知的中介作用

意义感知一直被学者认为是人类幸福感的基本组成部分，当个体感知到其工作内容或者工作成果对他人或者组织产生积极影响时，能够体会到更深刻的任务意义。Stern（1999）的价值—信念—规范理论将个体规范视为影响亲社会行为的重要因素。当个人持有相应亲社会行为的信念时，有利于激发个体规范，所谓的个体规范即对保护环境的道德义务感。在本书中，个体的道德义务感可以理解为个体参与虚拟 CSR 共创过程中的任务意义感知。

已有研究表明，包括成员感、影响力及沉浸感三个维度的虚拟社区感对消费者参与价值共创有正向影响，具有道德义务感的个体更愿意采取负责任的环境行为。个体在意识到某些行为的后果和带来的益处之后，将体验到更多的内在驱动，并在道德上会认为有义务从事该行为，并对该行为产生相应的自豪感。相反，当个体认为自己所做的事情对环境有危害时，会预料到产生相应的罪恶感和道德过失，因此个体规范会推动他们采取相应的行动以体验积极的自豪感或避免消极的内疚感。更进一步地，有研究表明个体对于具体环保行动的评价会激发个人的自豪感和内疚感，预期的感知基于认知过程而影响到道德规范。因此，本书认为，个体在意识到所做的任务具有社会意义时，会激活相应的内部动机，进而愿意采取行动参与虚拟 CSR 共创。

心理模拟作为一个或一系列事件的模仿性心理表现，可以增强个体对于事件结果发生的信心，使个体实施某种行为的过程或结果看起来更加真实。消费者通过过程模拟想象参与虚拟 CSR 共创的过程以及需要完成相应的任务，更能真实地体会到参与虚拟 CSR 共创带来的道德义务感。当个体意识到其正在执行的任务对于他人、组织以及社会的积极意义时，将有效地强化其自我认同感和使命感，进而会投入更多的时间和精力采取任务意义感知水平高的行为。因此，在虚拟 CSR 共创情景下，本书认为过程模拟能够提升个体的任务意义感知，并提出以下假设：

H2：任务意义感知在过程模拟与消费者参与虚拟CSR共创的关系中起中介作用。

二、目标距离的调节作用

人类在接近某种奖励或目标时会更具动力，如奖励证书或可视化完成基准线。这种在接近目标时增加努力的模式被称为"目标梯度动机"，目标梯度作为经典动机理论的一部分，已经有许多学者验证了"目标梯度假说"和"目标—更大效应"（Conway and Peetz, 2012）。根据目标梯度理论，随着人类接近达到一个目标，他们朝着这个目标的努力增加，实现目标的动机随着目标的接近而增加。同时，由于人们判断晚期状态事件比等位早期事件更有价值，所以消费者在更接近目标时有更大的倾向做出相应的承诺，例如，随着目标的实现，捐赠者对慈善活动的贡献会更大。目标梯度是激活、指导和维持目标追求的内在条件，它为捐赠者在后期努力过程中提供满足感，以促成目标梯度帮助行为的出现。且消费者一定程度上因亲社会动机而参与虚拟CSR共创活动，所以消费者参与虚拟CSR共创活动时也会出现类似的目标梯度帮助行为。

消费者在目标追求的开始阶段和后期阶段会确立不同的承诺。当目标实现进展程度较高时，目标实现相对安全，消费者更加关心目标的价值，通过促进目标的实现将带来更大的目标承诺，从而产生更高的动力和积极性。反之，消费者会担心目标在进展程度较低的情形下能否实现。在虚拟CSR共创情景下，消费者更关心的价值意义可以通过过程模拟的方式加深印象和感知。实现一个目标的进展水平对个体随后的参与动机有影响，个体追求目标部分取决于其对目标可实现程度的认知评估，而在目标可实现程度更高的情况下，消费者对于参与虚拟CSR共创任务的意义追求更加明显。因此，本书认为不同目标距离下过程模拟对于消费者参与虚拟CSR共创意愿的影响会产生不同的效果。在目标距离更近的情况下，消费者通过过程模拟会感觉到更加强烈的任务意义感知，认为目前已完成的大部分努力和付出有更大的价值和意义，从而增加过程模拟对参与虚拟CSR共创行为的动力和参与意愿的影响；而在目标距离更远的情况下，消费者通过过程模拟会感到未完成的任务意义紧迫性不强，进而削弱了过程对消费者参与虚拟CSR共创的意愿的影响。基于此，本章提出以下假设：

H3a：目标距离的远近程度在心理模拟与任务意义感知之间起正向调节的作用。相较于较远的目标距离，较近的目标距离下过程模拟对任务意义感知的影响更强。

H3b：目标距离的远近程度在心理模拟与消费者参与虚拟CSR共创之间起正向调节的作用。相较于较远的目标距离，较近的目标距离下过程模拟对消费者参与虚拟 CSR 共创的影响更强。

三、关系强度的调节作用

个体在其所处的关系网络中与他人之间的联系强度分为强关系和弱关系，弱关系是指个体之间较为疏远的联系，而强关系是个体之间基于紧密频繁的互动形成的联系。已有研究表明，不同强度关系的个体间构成的关系网络间存在着结构性差异，强关系个体间的沟通交流有利于社会纽带的加强和情感强化进而产出更多的价值共创内容，且个体对于与熟人关系网的人拥有更强的社交互动，也更容易听取他们的意见。此外，当个体感知到任务意义很高时，更有可能受到其他人欣赏的反馈，表明个人贡献受到他人的重视，因此会投入更多的时间和精力采取任务意义感知高的行为。先前的研究表明，当个人相信其家人、亲戚、朋友和同事会重视的活动时，更有可能参与相关的活动。由此可见，虚拟 CSR 共创情景下，强关系好友榜会促进消费者对参与任务的意义认同感，直接体现在排名升降的结果中，故而增强结果模拟对于任务意义感知的影响。

在不同关系强度的参与情景下，消费者期望通过参与虚拟 CSR 共创展示热心公益环保形象的意愿也会有所不同。过程模拟更关注任务本身和参与的过程，展示热心公益形象更多体现在参与虚拟 CSR 共创的结果当中。因此，在关系紧密的好友榜情景下，消费者更关注参与虚拟 CSR 共创活动所带来的成就和结果，从而增强结果模拟对消费者参与虚拟 CSR 共创意愿的影响，即在过程模拟条件下消费者参与虚拟 CSR 共创行为意愿变低，而结果模拟条件下消费者参与虚拟 CSR 共创行为意愿变高。基于此，本章提出以下假设：

H4a：关系强度在心理模拟与任务意义感知之间起负向调节的作用。相较于疏远的好友关系，在紧密的好友关系下结果模拟对任务意义感知的影响更强。

H4b：关系强度在心理模拟与消费者参与虚拟 CSR 共创之间起负向调节的作用。相较于疏远的好友关系，在紧密的好友关系下结果模拟对消费者参与虚拟 CSR 共创的影响更强。

"价值—信念—规范"理论为本书提供了一个充分的理论基础，该理论认为环保活动等亲社会行为的参与基础在于价值观、信念和个体规范的结合，形成道德义务感和自我期望，促使个体以实现环保活动的目标采取相关的方式和措施行事（焦娟妮等，2019）。自"价值—信念—规范"理论提出以来，已被广泛地应用于各种形式的亲社会行为的研究当中，并被学者们证实具有良好的解释力。例如，Ibtissem（2010）将价值—信念—规范理论作为研究可持续消费者行为的理论基础，结果证实了结果意识和责任归属在激发个体环保行为中发挥了正向影响的作用。Johansson 等（2013）的研究验证了个体价值结构和生态世界观对个体规范产生积极的影响作用，参与保护生物多样性活动的个体具有更为强烈的结果意识、责任归属和保护生物多样性的道德责任感。研究表明，作为一种自我的道德义务感，违反个体规范之后个体丧失自尊心、进行自我否定甚至会感到内疚，反之遵守个体规范之后会使个体提升自尊、产生自豪感甚至进行积极的自我评价。基于价值—信念—规范理论，本书认为可以通过激活或重新塑造个体规范来实现公众支持。

本书通过3个实验来验证上述假设。实验1通过操纵不同的心理模拟类型来检验其作用效果，结果发现过程模拟相对于结果模拟更能提升被试参与虚拟CSR共创的意愿（H1），且任务意义感知在主效应中发挥完全中介作用（H2）。实验2将操纵不同的心理模拟类型及目标距离，检验目标距离的调节作用（H3）。实验3进一步发现关系强度调节了心理模拟对任务意义感知以及消费者参与虚拟CSR共创的影响（H4）（见图8-1）。

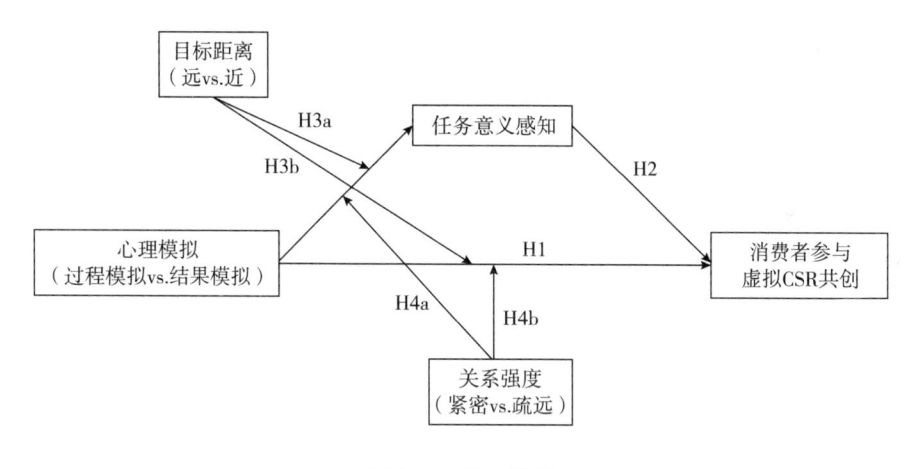

图8-1 研究模型

第四节 研究设计

一、实验一：任务意义感知的中介作用

（一）实验流程

实验一于2019年9月进行，采用单因素（过程模拟 vs. 结果模拟）组间设

计，参照 Dreber 等和 Kirkpatrick 等确定样本量的方法，使用 G×Power 软件，将 A 设定为 0.05，Power 设定为 0.95，计算最低样本量为 50。共有 68 位在校大学生参与此次实验（33.3% 为男性），平均年龄 21.58 岁（$SD = 0.842$）。所有被试被随机分配到过程模拟组或结果模拟组，其中过程模拟组与结果模拟组均为 34 人，剔除过程模拟组 2 个无效样本，最终收集了 66 份有效数据。被试完成所有题项后均获得一份小礼品作为报酬。

当开始实验时，被试首先要填写关于控制变量的问卷，包括被试之前参与线下公益活动的经历、对线上公益活动的了解程度、对线上公益活动的参与意愿以及当时的情绪状态，均采用李克特 5 点量表。最后被试需要填写性别、年龄以及唤醒水平、自我效能感等相关题项。情绪的测量为："你此刻的心情如何？"（1 = 非常差，5 = 非常好）。自我效能感的测量题项为"我很自信能够完成任务"，"即使面对困难，我也能处理得很好"。随后，被试要阅读心理模拟的情景材料。综合参考 Conroy（2015）及武瑞娟、李东进等（2014）的研究设计，本书根据实验要求稍微进行改编，两组材料字数均控制在 200 字左右（具体材料见附录）。过程模拟组要求被试想象并记录参与虚拟 CSR 共创活动需要经历的过程（需要完成什么样的任务），结果模拟组则要求被试想象并记录参与虚拟 CSR 共创活动之后收获的结果（获得的称号或者证书），最后对被试所写的文本内容仔细核查并分析，以确定对被试的心理模拟的操纵是否成功。

（二）研究测量

任务意义感知。在完成心理模拟测试后，参考 Grant（2009）的研究对被试任务意义感知进行测量："如果我能很好地完成任务，该线上公益活动将可以改善海洋生态环境""我觉得我所做的事情将会对海洋生态环境形成好的影响"等六个题项。

消费者参与虚拟 CSR 共创。本书参考 O'Brien 等（2015）关于服务组织实施企业社会责任计划时消费者参与的测量题项，根据具体实验要求对八个题项进行改编："我将考虑投入更多精力完成任务以促进该线上公益活动的展开""我愿意签署一份请愿书或者写评论支持该线上公益活动的展开"。

（三）实验结果与分析

信效度检验。SPSS 22.0 统计结果显示，任务意义感知和消费者参与虚拟 CSR 共创的信度 Cronbach's α 系数分别为 0.903 和 0.932，且组合信度 CR 值分别为 0.928 和 0.944，表明两个变量均具有较高的信度。同时，验证性因子分析（CFA）发现，所有问项的因子载荷值均介于 0.644~0.917，超过 0.500 的最低标准，说明各变量均具有良好的聚合效度；各变量平均方差萃取量 AVE 值均大于 0.5，表明具有较好的收敛效度。最后，任务意义感知与消费者参与虚拟 CSR

共创的变量累计方差解释率分别为68.53%和67.95%,说明各变量均具有不错的结构效度。

假设结果分析:

首先,对两组被试的控制变量进行检验,独立样本T检验结果显示,两组被试在线下公益活动参与情况($M_{结果模拟组}=2.65$,$M_{过程模拟组}=2.63$,$t(64)=0.106$,$p=0.916$)、线上公益活动了解情况($M_{结果模拟组}=3.79$,$M_{过程模拟组}=3.41$,$t(64)=1.759$,$p=0.083$)、线上公益活动参与意愿($M_{结果模拟组}=3.68$,$M_{过程模拟组}=3.84$,$t(64)=-0.910$,$p=0.366$)和当时的情绪状态($M_{结果模拟组}=3.38$,$M_{过程模拟组}=3.38$,$t(64)=0.043$,$p=0.966$)等方面均没有显著差异。

其次,通过对过程模拟组和结果模拟组的消费者参与进行独立样本T检验可以发现,过程模拟组的被试对虚拟CSR共创的消费者参与意愿程度显著高于结果模拟的消费者参与意愿程度($M_{过程模拟组}=3.71$,$M_{结果模拟组}=3.27$,$t(64)=-2.22$,$p=0.03<0.05$)。由此可知,相比较起结果模拟,过程模拟会对消费者参与虚拟CSR共创意愿产生更大的影响。故而,H1得到验证。同样,通过对过程模拟组和结果模拟组的任务意义感知进行独立样本T检验可以发现,过程模拟组的任务意义感知显著高于结果模拟的任务意义感知($M_{过程模拟组}=3.97$,$M_{结果模拟组}=3.58$,$t(64)=-1.97$,$p=0.05$)。

最后,进行中介效应检验,运用Bootstrapping验证假设2提出的中介模型,以心理模拟为自变量,将结果模拟编码为0,将过程模拟编码为1,任务意义感知为中介变量,消费者参与为因变量。数据分析结果显示,任务意义感知的中介效应显著,区间(LLCI=0.34,ULCI=0.76)不包含0,效应大小为0.55。此外,控制了中介变量之后,心理模拟对消费者参与的影响变得不显著,区间(LLCI=-0.12,ULCI=0.56)包含0。因此,在心理模拟对消费者参与虚拟CSR共创的影响中,任务意义感知发挥了完全中介作用,H2得到验证。而心理模拟对自我效能感(B=0.27,$t=-0.64$,$p=0.76$)不存在显著的影响作用,排除了自我效能感的干扰影响。

(四)讨论

通过实验1,我们在实验室情境下证明了相对于结果模拟,过程模拟更能提升被试参与虚拟CSR共创的意愿,并且任务意义感知在主效应中起到完全中介作用。为了探究心理模拟的作用边界,实验2的首要任务将检验目标距离对心理模拟与任务意义感知、消费者参与虚拟CSR共创之间关系的调节效应。

二、实验二:目标距离的调节效应

(一)实验流程

实验二于2019年9月进行,采用心理模拟(过程模拟 vs. 结果模拟)×目标距离（远 vs. 近）的组间实验设计，实验随机招募 2016 级本科生作为实验对象参与实验，并确保与实验一所招募的实验对象不同。样本量计算方法同实验1，最低单组样本量为 28 名。随机选取 144 名在校大学生参与此次实验（28%为男性），平均年龄为 20.78 岁（$SD = 2.95$）。所有被试被随机分配到四组，第一组是过程模拟×目标距离近组（37 人），第二组是过程模拟×时间距离远组（35 人），第三组是结果模拟×目标距离近组（37 人），第四组是结果模拟×目标距离远组（35 人），剔除结果模拟组 1 个无效样本，最终收集了 143 份有效数据。

实验 2 与实验 1 阅读材料及实验程序均大体相同，不同之处仅在被试完成心理模拟的任务之后，将被试随机分配到目标距离近组（80%进度条）和目标距离远组（20%进度条），通过观看不同目标距离的图片对其进行目标距离的操纵。为了鼓励被试认真参与到实验中仔细填写问卷，每位被试同样都会获赠一支环保笔作为小礼品。

（二）实验结果与分析

信效度检验。由 SPSS 22.0 分析结果可知，任务意义感知和消费者参与虚拟 CSR 共创的信度 Cronbach's α 系数分别为 0.917 和 0.935，且组合信度 CR 值分别为 0.936 和 0.947，表明两个变量均具有较高的信度。同时，验证性因子分析（CFA）发现，所有问项的因子载荷值均介于 0.769~0.892，超过 0.5 的最低标准，说明各变量均具有良好的聚合效度；各变量平均方差萃取量 AVE 值均大于 0.5，表明具有较好的收敛效度。最后，任务意义感知与消费者参与虚拟 CSR 共创的变量累计方差解释率分别为 70.85%和 69.17%，说明各变量均具有不错的结构效度。

操纵结果检验。通过对目标距离近组和目标距离远组的目标完成度进行独立样本 T 检验可以发现，目标距离近组和目标距离远组的被试对于目标完成度的感知有显著的差异（$M_{目标距离近组} = 3.53$，$M_{目标距离远组} = 2.19$，$t(141) = 8.308$，$p < 0.001$），说明实验 2 对目标距离的操纵是有效的。

假设结果分析。首先，检验各组被试在线下公益活动参与情况、线上公益活动了解情况、线上公益活动参与意愿和当时的情绪状态是否存在差异，心理模拟（结果模拟 vs. 过程模拟）×目标距离（近 vs. 远）双因素被试间方差分析结果显示，各组被试在这些方面均没有显著差异。具体结果如下：线下公益活动参与情况，$F_{(3,139)} = 0.214$，$p = 0.886$；线上公益活动了解情况，$F_{(3,139)} = 0.459$，$p = 0.712$；线上公益活动参与意愿，$F_{(3,139)} = 0.856$，$p = 0.465$；情绪状态，$F_{(3,139)} = 0.135$，$p = 0.939$。

其次，分别将中介变量任务意义感知和因变量消费者参与作为因变量，对心理模拟（结果模拟 vs. 过程模拟）×目标距离（近 vs. 远）组间实验结果进行双因素方差分析，结果表明，心理模拟对任务意义感知（PTS）的主效应显著，$F_{(1,139)} = 19.461$，$p<0.001$，说明不同心理模拟的任务意义感知之间存在显著的差异，心理模拟对消费者参与（CE）的主效应显著，$F_{(1,139)} = 19.979$，$p<0.001$，说明不同心理模拟的消费者参与之间存在显著的差异，这与实验1的研究结果保持一致。

最后，进行心理模拟（结果模拟 vs. 过程模拟）×目标距离（近 vs. 远）的交互作用的方差分析。结果表明，心理模拟和目标距离对任务意义感知的交互作用显著，$F_{(1,139)} = 11.002$，$p=0.001$；心理模拟和目标距离对消费者参与的交互作用显著，$F_{(1,139)} = 4.793$，$p=0.033$。具体交互效应如图8-2和图8-3所示。

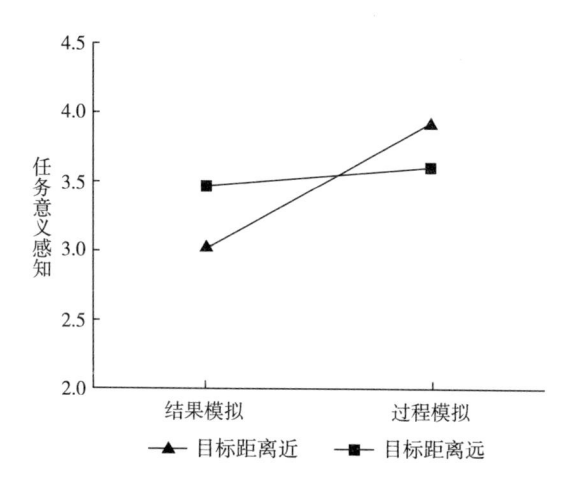

图8-2 心理模拟与目标距离对任务意义感知的影响

由心理模拟与目标距离对任务意义感知的交互效应图可以明显看出心理模拟与目标距离的交互作用显著，目标距离对心理模拟与任务意义感知之间关系的调节效应显著。由此，H3a得到验证，即目标距离的远近程度在心理模拟与任务意义感知之间起正向调节的作用，相较于较远的目标距离，较近的目标距离下过程模拟对任务意义感知的影响更强。

由心理模拟与目标距离对消费者参与的交互效应图可以明显看出心理模拟与目标距离的交互作用显著，目标距离对心理模拟与消费者参与之间关系的调节效应显著。由此，H3b得到验证，即目标距离的远近程度在心理模拟与消费者参与虚拟CSR共创之间起正向调节的作用，相较于较远的目标距离，较近的目标距离下过程模拟对消费者参与虚拟CSR共创的影响更强。

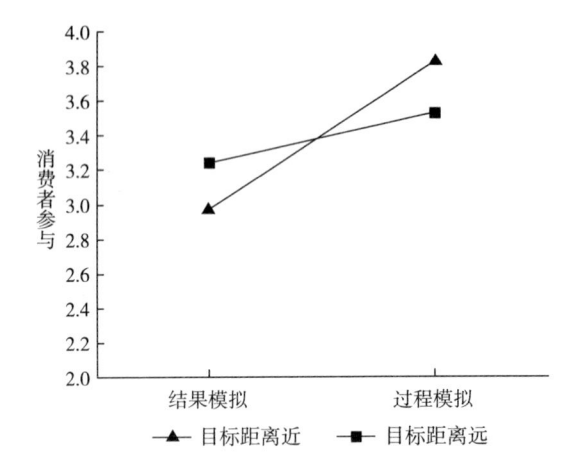

图 8-3　心理模拟与目标距离对消费者参与的影响

（三）讨论

实验 2 验证了假设 H3，即目标距离在心理模拟与任务意义感知、心理模拟与消费者参与虚拟 CSR 共创的关系中发挥调节作用。实验 3 将选择社会人士作为被试，进一步挖掘模型潜在的调节变量，即关系强度的边界作用。

三、实验三：关系强度的调节效应

（一）实验流程

实验 3 于 2019 年 9 月进行，采用心理模拟（过程模拟 vs. 结果模拟）×关系强度（紧密 vs. 疏远）的组间实验设计。样本量计算同实验 1 和实验 2，单组最低样本量同样为 28 名。在问卷星平台共随机招募 120 位社会人员（30.5%为男性）作为实验被试参与实验，平均年龄为 31.67 岁（$SD = 1.85$）。以社会人士作为实验对象以保证研究场景的自然性。所有被试被随机分配到四组，第一组是过程模拟×关系紧密组（30 人），第二组是过程模拟×关系疏远组（30 人），第三组是结果模拟×关系紧密组（30 人），第四组是结果模拟×关系疏远组（30 人），剔除过程模拟组 1 个无效样本和结果模拟组 1 个无效样本，最终收回了 118 份有效数据。

实验 3 与实验 2 的文字材料与实验程序基本相同，不同之处仅在被试完成心理模拟的任务后，需通过阅读关于好友榜不同关系强度（紧密 vs. 疏远）的文字描述进行好友榜关系强度感知的操纵。其中，关系紧密组被试阅读的文字材料为："当您打开 Green Planet 线上公益活动的界面之后呈现如图所示，当您点击'好友'时将弹出好友排行榜，好友榜上显示的好友是您现实中认识的好朋友，你们有共同的生活背景、经历和兴趣爱好,您经常会点赞或评论他们的朋友圈,平时你们还会通过其他方式保持联系。请根据以上材料完成以下题项。"关系疏远组被试阅读的文字材料为:"当您打开 Green Planet 线上公益活动的界面之后呈现如图所示,当您点击'好友'时将弹出好友排行榜,好友榜上显示的好友您在现实中并不认识,您与他们的生活背景、经历以及兴趣爱好等方面都存在一定的差异,您也看不到他们的朋友圈和生活状态,现实生活中没有任何联系。请根据以上材料完成以下题项。"为了鼓励被试认真参与到实验中仔细填写问卷,每位被试同样会获赠一支环保笔作为小礼品。

(二) 实验结果与分析

(1) 信效度检验。由 SPSS 22.0 分析结果可知,任务意义感知和消费者参与虚拟 CSR 共创的信度 Cronbach's α 系数分别为 0.932 和 0.939,组合信度 CR 值分别为 0.947 和 0.950。此外,验证性因子分析(CFA)发现,所有问项的因子载荷值均介于 0.790~0.911,各变量平均方差萃取量 AVE 值均大于 0.5,且任务意义感知与消费者参与虚拟 CSR 共创的变量累计方差解释率分别为 75.01% 和 70.49%,以上结果表明各变量均具有良好的信度和效度。

(2) 操纵结果检验。通过对关系紧密组和关系疏远组的关系强度感知题项进行独立样本 T 检验可以发现,关系紧密组和关系疏远组的被试对于好友榜里好友的关系强度的感知有显著的差异($M_{关系紧密组}$ = 3.44,$M_{关系疏远组}$ = 2.75,$t(116)$ = 3.597,$p<0.001$),说明实验三对关系强度的操纵是有效的。

(3) 假设分析结果。首先,检验各组被试在线下公益活动参与情况、线上公益活动了解情况、线上公益活动参与意愿和当时的情绪状态是否存在差异,心理模拟(结果模拟 vs. 过程模拟)×关系强度(紧密 vs. 疏远)双因素被试间方差分析结果显示,各组被试在这些方面均没有显著差异。具体结果如下:线下公益活动参与情况,$F_{(3,114)}$ = 0.707,p = 0.550;线上公益活动了解情况,$F_{(3,114)}$ = 1.008,p = 0.392;线上公益活动参与意愿,$F_{(3,114)}$ = 1.094,p = 0.355;情绪状态,$F_{(3,114)}$ = 1.080,p = 0.360。

其次,分别将中介变量任务意义感知和因变量消费者参与作为因变量,对心理模拟(结果模拟 vs. 过程模拟)×关系强度(紧密 vs. 疏远)组间实验结果进行双因素方差分析,结果表明,关系强度对任务意义感知(PTS)的主效应显著,$F_{(1,114)}$ = 17.774,$p<0.001$,说明不同关系强度下的任务意义感知之间存在显著的差异,关系强度对消费者参与(CE)的主效应显著,$F_{(1,114)}$ = 9.662,p = 0.02,说明不同关系强度下的消费者参与之间存在显著的差异。

最后,通过检验心理模拟(结果模拟 vs. 过程模拟)×关系强度(紧密 vs. 疏远)的交互作用的方差分析。结果表明,心理模拟和关系强度对任务意义感知

(PTS) 的交互作用显著，$F_{(1,114)} = 31.684$，$p<0.001$；心理模拟和关系强度对消费者参与（CE）的交互作用显著，$F_{(1,114)} = 39.844$，$p<0.001$。具体交互效应如图 8-4 和图 8-5 所示。

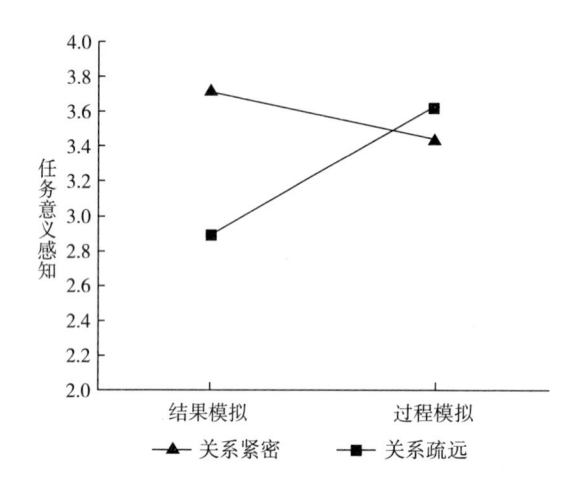

图 8-4　心理模拟与关系强度对任务意义感知的影响

由心理模拟与关系强度对任务意义感知的交互效应图可以明显看出心理模拟与关系强度的交互作用显著，关系强度对心理模拟与任务意义感知之间关系的调节效应显著。由此，H4a 得到验证，即关系强度在心理模拟与任务意义感知之间起负向调节的作用，相较于疏远的好友关系，在紧密的好友关系下结果模拟对任务意义感知的影响更强。

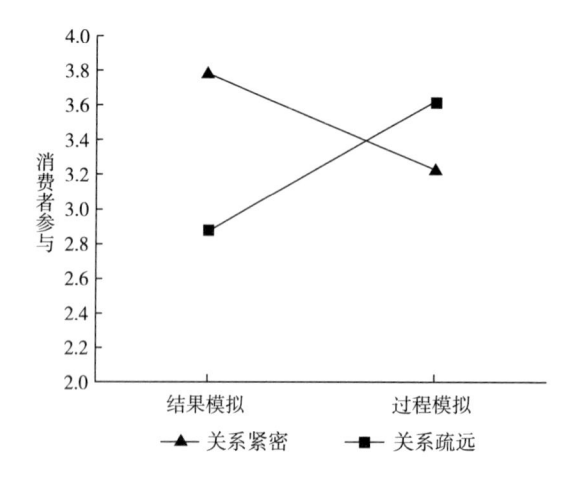

图 8-5　心理模拟与关系强度对消费者参与的影响

由心理模拟与关系强度对消费者参与的交互效应图可以明显看出心理模拟与关系强度的交互作用显著，关系强度对心理模拟与消费者参与之间关系的调节效应显著。由此，H4b 得到验证，即关系强度在心理模拟与消费者参与虚拟 CSR 共创之间起负向调节的作用，相较于疏远的好友关系，在紧密的好友关系下结果模拟对消费者参与虚拟 CSR 共创的影响更强。

（三）讨论

实验 3 的统计分析结果验证了假设 H4。实验 3 发现，心理模拟与任务意义感知、心理模拟与消费者参与虚拟 CSR 共创的效应均存在关系强度的边界条件。相较于疏远的好友关系，关系紧密的好友列表对消费者责任意识的提高及互助行为具有一定的积极作用。至此，本书提出的全部研究假设均得到实证数据的支持。

第五节　研究结论与启示

在移动互联网时代下，企业社会责任实践开始从传统模式向新型互联网模式转变，虚拟 CSR 共创开始兴起。互联网平台为企业 CSR 的发展创造了一个全新的空间，企业利用网络平台开展虚拟 CSR 共创活动吸引消费者便捷高效地参与，让企业 CSR 活动的执行变得公开透明，消费者的参与和支持使得企业在公众面前树立起热心公益的公司形象。已有研究认为，当企业把企业社会责任承担作为一种"保险"战略时，能够产生道德资本，进而能够降低利益相关者对企业不当行为的负面反应效果，获得社会公众的谅解。企业通过战略性的承担企业社会责任，开展企业社会责任沟通能够管理公众对企业社会绩效的期望。因此，广泛的消费者参与是确保企业 CSR 活动符合企业社会绩效预期的前提，企业如何开展虚拟 CSR 共创活动才能更好地与公众进行社会责任沟通成为亟待探讨的理论问题。本书在企业开展社会责任沟通的背景下，系统探讨了企业在开展虚拟 CSR 活动中运用心理模拟策略对消费者参与的影响、内在机制及可能的效应边界。研究结果表明：心理模拟对消费者参与虚拟 CSR 共创存在显著影响，任务意义感知在效应中发挥完全中介的作用。并且，心理模拟与任务意义感知、心理模拟与消费者参与虚拟 CSR 共创两组关系中均可被目标距离与好友强度关系调节。目标距离对共创行为的正向调节作用验证了"目标梯度帮助"的有效性，并丰富了目标梯度理论的研究情境。此外，通过关系强度在两个效应间的负向调节作用，识别出关系强度与亲社会行为之间的理论联系，与为了塑造社会认同和建立人际交往而采取亲社会行为的研究结论相契合。

一、理论意义

在企业社会责任沟通作为一种"保险"战略得到广大企业认可的背景下，本书将企业虚拟 CSR 共创作为一种新颖的管理企业社会绩效具体行动。不仅深入地探讨了这种社会行动的影响效果，也对如何引导公众积极参与共创过程进行了研究。具体来说，本书的理论贡献主要体现在以下三个方面：

首先，关注到虚拟 CSR 共创情境下心理模拟（过程模拟 vs. 结果模拟）作为前置因素对用户参与的影响。不仅丰富了用户参与企业虚拟社会责任共创方面的文献，也拓宽了当前有关心理模拟的影响效果研究。一方面，随着企业社会责任实践从线下主导转变为线上主导，相关学术研究的重点也慢慢从结果变量转移到前置影响因素。本书引入心理模拟这一特殊体验替代效应作为前置变量，识别了心理认知因素与用户虚拟 CSR 共创行为之间的理论联系，从而启发未来研究在考察"如何激发消费者参与价值共创意愿"这一问题上，将个体的心理认知作为前因变量纳入理论框架的考虑中。另一方面，根据价值—信念—规范理论的框架逻辑，通过实验激发了用户两种心理模拟（过程模拟和结果模拟），唤醒消费者的个体规范，从而提高了消费者对虚拟 CSR 共创活动的参与度。以往有关的心理模拟的效果研究，主要集中在产品消费领域，认为心理模拟能够促进新产品评估、众筹项目投资、广告效果，而本书研究结论则发现了心理模拟这一触发器与亲社会行为这一外显行为之间的关系，拓展了有关心理模拟的影响效果和研究情境。

其次，明确提出并实证检验了心理模拟对消费者参与虚拟 CSR 共创意愿影响的中介机制在于任务意义感知。以往相关研究对于任务意义感知多集中于组织行为学范畴，鲜有将消费者参与企业主导的线上活动与任务意义感知相关联。任务意义蕴含着独立于外在奖励的内在激励因素，充实任务意义有助于激励个体投入更多的时间、精力，当个体意识到所从事的任务对于其他人的福利产生重大影响时，将体验到更多的任务意义。本书聚焦于虚拟 CSR 共创这一特定的情境，从消费者参与虚拟 CSR 共创的内在动机的视角出发，识别出任务意义感知在激发消费者个体规范的积极作用，进而建立了任务意义感知在过程模拟和消费者参与虚拟 CSR 共创意愿之间的中介模型。

最后，探讨了消费者参与虚拟 CSR 共创过程中的边界条件，聚焦于虚拟 CSR 共创这一特定情景下，关注到了目标距离和关系强度对于心理模拟与消费者参与虚拟 CSR 共创意愿之间关系的调节作用。将虚拟 CSR 共创情境中的目标进度和关系强度作为调节变量，发现了在共创行为中近距离目标对过程模拟与消费者参与之间的积极作用,以及关系紧密的好友榜对结果模拟与消费者参与之间的积极作用。正如 Huang 等(2019)的研究结论,将目标达成的过程视为"一段旅程"而非"达到目的地",人们将更有可能完成任务,并保持持续的使用状态。本书也表明,在虚拟 CSR 共创过程中,过程模拟比结果模拟更能触发普通顾客的参与意愿。此外,现有研究也支持了在过程模拟中,自我提升假设(Self Promotion Hypothesis)认为人际关系距离强度能够引起自我提升需求的变化,并且提升了个体超越他人平均水平的内在动机,并注重在过程中取得超越平均水平的表现。但是在结果导向中,社交网站上关系的紧密程度在一定程度上能够产生特殊的集体行为,参与这种集体行为被视为社区成员为保持社交互动以及共同兴趣而采取的社交信号。因此,社交媒体上的强关系会促进结果导向的竞争,以及更高频率的购买。本书的研究则分别印证了上述研究的结论,这为讨论心理模拟效应的边界提供了新的视角。

二、实践启示

在互联网技术的加持下,人人公益变得不再遥远,公益活动降低参与的门槛,随手公益逐渐融入每个人生活的细节中。而且社会公众对企业社会责任的预期也变得越来越苛刻,企业在承担社会责任过程中与公众等相关利益者进行有效沟通才能更好地确保企业社会绩效符合预期。因此,通过唤起消费者的个体规范,鼓励更多消费者参与到企业开展的虚拟 CSR 共创活动中,可以将消费者与企业共创的社会价值最大化,借助庞大的公众力量共同完成企业社会责任的相关活动,实现用户、社会与企业的共赢。例如,"蚂蚁森林"这个项目的实施,不仅提升了消费者对支付宝的好感度和用户黏性,而且通过鼓励用户减少日常生活中的碳排放,推动消费者拥抱更环保的生活方式,实现了企业—用户—社会的三方共赢。越来越多的企业在履行社会责任的过程中倾向于采用虚拟 CSR 共创的活动形式提高消费者对企业平台的用户黏性和好感度,同时,也有越来越多的消费者愿意参与到企业所开展的虚拟 CSR 共创活动中来。这也是响应中央要"在高质量发展中促进共同富裕,构建第三次分配协调配套的基础性制度安排"的政策要求,激发个体参与虚拟 CSR 共创有利于全社会进行第三次分配,促进先进地区的企业带动消费者共同承担社会责任帮助落后地区,促进共同富裕。

第一,结果表明,相比于进行结果模拟,过程模拟可以显著提高消费者参与虚拟 CSR 共创的意愿。企业在设计虚拟 CSR 共创活动的过程中,可以通过文字、图片和视频的形式,向消费者传达完成具体公益目标所需要完成的具体任务,引导消费者进行完成公益任务过程的心理模拟,唤起消费者积极的心理状态,从而有效提高消费者参与虚拟 CSR 共创意愿。例如,近期腾讯公益发起的"一元钱"

公益活动，通过强调"一块做好事"，既强调捐助的门槛，又强调捐赠活动的群体性和共同性，并通过企业配捐等形式，降低了消费者参与的心理门槛，在参与互动中提升了对企业承担社会责任的认同，也大大提升了社会公益的整体效果。

第二，在虚拟CSR共创过程中，企业与消费者之间的互动频率可以通过任务目标距离的设置来进行调节，设置细分的目标距离从而增加消费者对企业虚拟CSR共创平台的用户黏性，将对培养消费者忠诚度有着重要的作用。例如，Huang和Aaker（2019）在研究中发现将一个大目标分解为若干个小目标更有利于用户从容地完成整个任务。因此，在用户参与虚拟CSR共创过程中，每个小目标完成之后，可以给予特定的徽章或红包奖励，并且及时反馈阶段性成果和完成度，能够增强活动效果。

第三，企业可以在虚拟CSR共创平台中利用好友榜建立各种社交场景，鼓励消费者将既有的社交关系带入使用场景，如鼓励创建家庭账号、闺蜜账号等，积极调动群组之间开展共同爱好或者话题的讨论以增加互动频率，通过拉近消费者之间的距离，增强陌生消费者之间的关系强度，逐渐形成稳定的社交关系，最终促进消费者参与虚拟CSR共创的行为。

三、研究局限与未来研究方向

本书探讨了心理模拟对消费者参与虚拟CSR共创的影响，并深入分析了其内在机制和作用边界，但仍存在一定局限性，也为今后的相关研究提供了方向。首先，已有研究表明心理模拟如果在娱乐体验领域超过心理预估的阈值可能会产生负向的情感误判（Affective Misforecasting），而可能产生负向影响。因此，心理模拟的程度可能也存在一定的作用阈值。其次，实验组主要在线上进行，为了增强外部效度未来可以考虑进行现场实验，对虚拟CSR共创的真实场景参与过程进行研究。最后，本书在探究模型内在机制时并未将可能的中介变量逐一排除，仍然存在可能影响消费者参与虚拟CSR共创的中介变量，未来研究可以进一步探究这些变量以及调节变量之间的交互关系，从而丰富相关方面的理论研究。

第四篇
游戏化营销的应用载体及实证研究

前面的篇章介绍了虚拟 CSR 共创游戏化营销的应用场景及实证研究，重点考察了游戏共创系统质量、信息质量对用户游戏愉悦的影响，研究用户虚拟 CSR 共创的心理模拟能够驱动用户的参与行为，为游戏化营销中的设计如何实现高顾客契合、激发游戏化愉悦体验、产生参与意愿等方面提出营销建议。

在具体情境下，不同类型的企业面临的重要问题是如何寻找实施游戏化营销的最佳路径。本篇聚焦于游戏化设计的具体元素，以网络昵称、虚拟宠物、虚拟代言人为例，深入挖掘其作为游戏化的载体因素的应用途径，并探索一些有效的实施方法。通过阅读本篇，读者可以对以下三个内容有更为深入的了解：

（1）网络昵称作为身份徽章对在线社会互动的影响研究。
（2）网站 Logo 作为虚拟代言人对广告效果的影响研究。
（3）虚拟宠物可爱度对网络助人行为的影响研究。

第九章 网络昵称作为身份徽章对在线社会互动的影响研究

第一节 研究缘起

现如今在网络社区,各种昵称的使用已经成为人们互相识别和交流的基本方式。网络社区昵称,如"全世界最瘦的××""不会飞的超人Lee""北岛没有风"等。现有研究表明,昵称是用户自己选择或由其他同一群体的其他成员所赋予的身份称谓,具有形成凝聚力(Unity)、个性化,并且有助于群体内的沟通等功能(Black et al.,2016)。与线下昵称不同的是,网络昵称并非来自他人,而是由用户自己选择的,富有趣味性、超脱于现实世界标准化、去个人化的工作背景和生活背景等特征。如果说线下昵称是互动的结果,那么网络昵称则是网络人际互动的必要组成部分,它们是构成初始印象的重要元素并且会影响用户在互动过程中的决策和行为。在使用网络昵称时,这些昵称实际上成为用户虚拟形象的一部分,并且促进了情感识别和交流,从而成为建立联系的一种方式。虽然网络昵称并不是固定不变的,用户可能基于不同的场景需求和期望来改变昵称,但是昵称在一定程度上反映了用户的身份或情绪。而且Bechar-Israeli(1995)的研究表明,网络社区昵称是具有高度的个人标记的,如果用户被强制要求改变他们喜欢的身份,他们会对原本的昵称选择保有强烈的情感纽带。在一些情况下,网络昵称与用户所在网络社区有紧密的联系,通常来自特定社群用户才能正确使用。因此,用户对网络昵称的选择并非随意为之,而是带有极强的个人目的性的自我呈现,并且会影响用户在社区内的情感和行为表现。

在虚拟社区,用户有意地展示各种信息都会影响外界对他们的印象和相应评价。在虚拟社区,各种形式的表达都标志着用户的身份,一个昵称、一种声音或一张照片都能被视作用户在虚拟世界的身份象征和符号。而人们实际上花费相当多的时间去确定或修改他们的身份象征，因为这种象征对于他们与其他用户在线互动至关重要。虽然已有研究表明用户能将创建昵称作为一种创新性自我呈现方式而揭示真实的自我。但是，Nickname 作为一种自我反映的自我呈现与用户行为之间的关联机制还比较缺乏研究。网络社区的本质是人际关系网络，其互动的核心是社区用户的人际沟通活动，通过虚拟空间符号（昵称、表情等）的交往与互动构建出人们的虚拟身份与角色。这种自我反映呈现的是用户向世界表达自我的核心棱镜，是身份表达和形象构建的重要工具。然而现有研究虽然认可网络昵称是用户自我呈现的一种重要方式，但是对用户在选择网络昵称背后的驱动机制及影响效果的研究还比较缺乏。

此外，虽然现有研究已经注意到了用户在使用不同的网络媒体时表现出了差异性，但是对于用户个体在使用网络媒体的差异性却研究不足。用户在使用网络社区时表现出了极大的差异性，一部分用户非常活跃地参与社区活动，而另一部分用户却避免卷入在线活动。对于网络社区来说，用户潜水、消费与贡献（发帖或生产内容）的行为表现存在很大差异性。用户的主动贡献对网络社区的持续发展起到了更重要的作用。因此，如何激发更多用户的网络在线互动是当前网络社区重要的研究问题。基于自我呈现理论，本章提出网络昵称作为自我呈现的身份展示方式，可能会影响用户在网络社区的网络在线互动。并且从自尊和群体认同的视角，本章对网络昵称使用动机对用户网络在线互动的影响进行了研究。具体来说，本章主要关注的是以下两个核心问题：

RQ1：网络社区成员使用网络昵称的动机是什么？

RQ2：网络社区昵称的使用是否会对用户的网络在线互动产生影响？

第二节　网络昵称及其使用动机

一、网络昵称

在使用网络社区时，用户会被要求使用昵称（Nickname），它们由用户自主创建，而非来自他人给予，往往富有趣味性和鲜明的个人印记。由于在网络社区中使用的昵称具有个性化特点，它们会成为用户在网络社区与其他人交流时的身份标识符。因此，本书将这种在网络社区使用的昵称统称为"网络昵称"（Internet Nickname）。网络昵称与线下昵称的主要区别是：线下昵称来源于互动，而网络昵称则是互动的必要条件，是第一印象的组成部分，并且可能影响用户采取互动行为的决定。例如，Black等（2014）发现，服刑人员昵称往往是他人给予的，在监狱内使用昵称可以增强团结感、展现个性、促进交流。而在网络上使用某类昵称的用户，如喜欢网络游戏魔兽世界的玩家会以Wower自居，而且自我选择的昵称往往与游戏有关。除了这些与线下昵称类似的作用之外，网络昵称的使用还为用户的身份塑造提供了灵活便捷的方式，这种自我命名的方式可以为了适应不同的情境和策略而进行身份重塑。Silva等（2017）对eBay卖家的用户名称的研究表明，拥有更容易发音、更短的用户名称，更能够获得顾客的信任。Stommel（2007）对德国一个关于饮食紊乱症的论坛中用户的网络昵称进行研究，发现这些患者的昵称中往往反映了自我负面评价和自我价值感缺失等因素；而当患者成功康复时，他们使用的昵称也会发生变化。Shebanova和Yablonska（2019）对饮食失调（Eating Disorders）用户的研究也表明，网络昵称确实能够反映用户自身的营养问题和自我管理方式，而且能够为用户的自我调适提供心理支持。总之，虽然现有文献对网络昵称的研究还比较缺乏，但是已有研究发现了网络昵称与用户行为之间存在密切关联。

二、网络昵称的使用动机

网络昵称被视为用户在虚拟世界中的一种特殊的身份符号。昵称（Nickname）和化身（Avatar）是网络社区通常要求用户必须呈现的身份特征符号，这些符号都能够在一定程度上折射出用户的偏好。但是检索文献我们发现，相对于Avatar的研究，现有文献对网络昵称的研究还非常有限。但是现有文献表明，Avatar和Nickname是用户在虚拟世界进行展示的两种重要形式，虽然Avatar主要是利用头像或图片的形式，而网络昵称是以文字或图形等形式呈现。但是头像、图片和文字等都可以被认为是一种符号标识，都是对身份的一种表征。现有有关Avatar使用动机的研究表明，人们使用Avatar是为了进行理想化的自我展示、使自身出众、跟随趋势。Kafai等（2010）研究了青少年在Whyville.Net（该网站拥有1500万8~16岁的注册用户）上使用虚拟化身作为自我表达的诸多方面原因，主要有五个：①使其与真实自我部分相似；②与某些人或事物紧密联系；③无法在现实生活中拥有；④追随或反对某种趋势；⑤功能性原因，如伪装自己。Lin和Wang（2014）通过实证研究把虚拟化身的选择动机总结概括为虚拟探索（Virtual Exploration）、社交导向（Social Navigation）、情境适应（Contextual Adaptation）、身份展示（Identity Representation）。借鉴有关Avatar的相关研究，本书参考了Lin和Wang（2014）的研究，认为网络社区成员使用昵称也可能存在虚拟探索（Virtual Exploration）、社交导向（Social Navigation）、情境适应

(Contextual Adaptation)、身份展示（Identity Representation）四种动机。虚拟探索（VE）是指用户想要展示其在社区成员活动中的独特性、差异性和创造性。社交导向（SN）则是指用户想要参与社区、融入社区，在社区增强互动和建立声誉。情境适应（CA）是指用户想要适应特殊的情境，如当下的事件、共同的社区愿景等。身份展示（IR）则是指用户希望在虚拟世界展示真实的身份或理想的自我等方式。

第三节 关于自我决定理论的模型构建

自我呈现理论（Self-Presentation Theory）解释了为什么人们愿意给他人展示自我理想的形象。这个理论提出了影响自我呈现的两个主要动机（Schlenker and Wowra, 2003）。首先，人们希望通过自我呈现而影响他人和获取回报；其次，人们参与社交网络的自我展示能够寻找到有共同兴趣的朋友并建立联结性关系（Mehdizadeh, 2010）。不管是哪种动机，人们都倾向于在网络展示出自我的独特性，追求一种最优差异（A Sense of Optimal Distinctiveness）。基于自我呈现理论以及 Lin 和 Wang（2014）的研究，本书认为，用户使用网络昵称有虚拟探索（Virtual Exploration）、社交导向（Social Navigation）、情境适应（Contextual Adaptation）、身份展示（Identity Representation）四个动机。此外，社会认同理论认为，个体通过与社会参照物（如工作群体、组织等）的联想来进行自我概念的界定（Tajfel and Turner, 1985）。Belen 等（2001）认为，认同可以区分为群体认同（Group-Based Identification）和个体认同（Individual-Based Identification）。在本书中，认同既源于个体自我增强而提升的自尊，也源于个体遵守社会规范而产生的群体认同。具体来说，认同通过自我归类、自我差异化和自我增强来激励自我、增强自尊和实现对组织利益的内在激励（Ashforth and Mael, 1989）。因此，为了维持个体的最优认同，个体会对内群体（In-Group）产生更大的偏好，进而产生群体的支持行为。基于此，本书认为，自尊和群体认同在用户使用网络昵称驱动网络在线互动的过程中起到了重要的连接作用，并提出研究模型，如图9-1 所示。

一、网络昵称使用动机与用户网络在线互动

自我呈现理论认为，用户在虚拟社区通常通过创建一个数字化的自我（Digital Self）来投射数字化的肖像（Digital Likeness），引发用户的数字联想（Digital

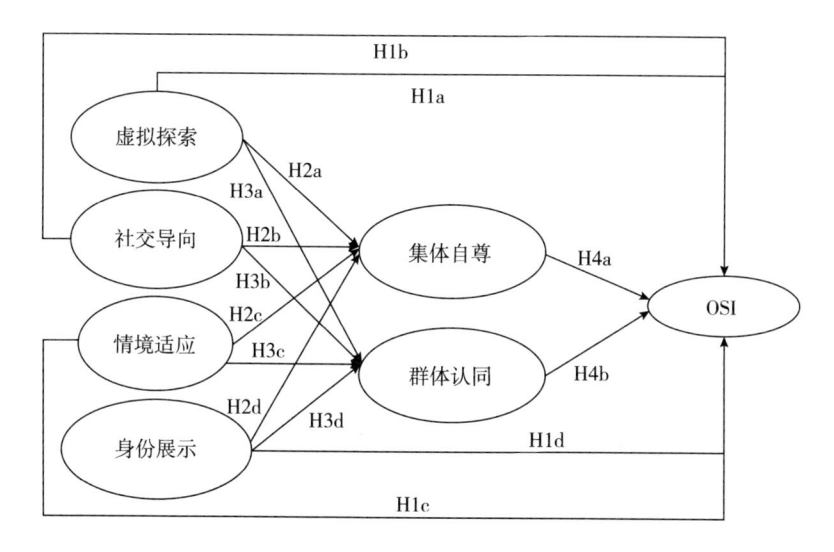

图 9-1 研究模型

Association)。这些数字联想是用户拥有的一种特定资产（Possessions），能够向外界展示理想化的自我，而引发预期的行为。其中，昵称正是创建这种数字化自我的特殊方式，它通过语言化的自我呈现，是对自我的符号性投射（Symbolic Projection）或对真实或理想的身体状态的反映。本书将网络昵称的使用动机概括为虚拟探索、社交导向、情境适应、身份呈现，并认为它们有助于用户提升网络在线互动。首先，用户通过使用网络昵称满足虚拟探索的目的而激发网络在线互动。Goffman（1959）认为，用户通过刻意化的自我呈现来获取外界的反馈，并以此改变外界对自我的看法。用户在虚拟社区情境下，通过平衡自我确认（Self-Verification）和自我增强（Self-Enhancement）的双重动机来创建 Avatar，进而引发预期的行为反馈。其次，用户可以创建网络昵称作为数字身份而增强网络互动。在社交导向的驱动下，个人可以通过昵称进行自我伪装，并且通过将昵称与社区元素关联，结交志同道合的朋友。再次，Belk（2013）认为，在虚拟世界，并不存在单一的核心自我（Core Self），这表明用户能够通过创建多个昵称来适应不同的社交情境。在情境适应的驱动下，用户会根据所在社群的社会文化情境来使用网络昵称，同一使用者在不同的网络中会改变昵称。例如，在博客中会展现与真实自我相关的属性，如生活方式和兴趣爱好；而在虚拟游戏和约会网站则会通过使用昵称使自己的智力和外貌显得更加具有吸引力。最后，用户可能倾向于通过网络昵称向外界展示真实的自我身份，而增强网络在线互动。研究表明，用户在虚拟空间感受到更少的风险而愿意展示更多关于自我的私密信息。Hollenbaugh 和 Everett（2013）的研究则表明，当用户主动展示更多个人信息时，能够收获更多的信息反馈。综合上述分析，本章认为用户通过创建个性化网络昵称来实现虚拟探索、社交导向、情境适应以及身份展示的目的，进而能够增强其在网络社区的在线互动，并提出以下假设：

H1a：虚拟探索对网络在线互动具有正向影响。

H1b：社交导向对网络在线互动具有正向影响。

H1c：情境适应对网络在线互动具有正向影响。

H1d：身份展示对网络在线互动具有正向影响。

二、集体自尊的中介作用

自尊是个体对自我价值的总体评估。自尊是个体在各种生活挑战中体现的个人能力和个人价值的状态，是自我社会化的重要环节。自我呈现理论认为，自尊是人际互动的重要前因。为了维护个人自尊，用户会努力地呈现正面形象，如展示更多数量的朋友或花心思设计头像。现有研究认为，用户集体自尊会从两方面影响用户的网络社会互动。一方面，自我增强理论认为，网络社区不仅能够让用户感到心理安全、自由地去表达自我，而且能够作为一种渠道来获取关注和曝光。例如，Faraon 和 Kaipainen（2014）的研究表明，那些高自尊的用户，更倾向于积极地使用社交网站，并且获得更多的社交利益。Burrow 和 Rainone（2017）的研究则表明，当用户在使用社交网络时获得了点赞（"Likes"），用户的自尊便能够得到增强。同时，自尊也能够作为自我激励的动机而影响用户行为。另一方面，社会补偿假设（Social Compensation Hypothesis）认为那些低自尊的用户，通过参与网络社交活动而弥补线下社交的不足。人们能够通过使用社交网站而获得 Happiness，增强自尊，并且提升社会资本。因此，本书认为用户的集体自尊会驱动个人的网络在线互动行为。

另外，用户的网络昵称是用户自主选择的，网络空间的自由和匿名性允许用户利用自选的昵称或化身建立虚拟的自我，具备表达自我、塑造自我和确立自我的功能，为构建自尊提供了一个几乎"零压力"的环境。用户可以借此探索不一样的自我、追求不同的角色，在不同于现实生活的互动交往中加深对自我的认识。随着人们对自己虚拟角色的认知愈加明确，在互动中得到他人的角色支持就会更加强烈，对于在虚拟社区进行网络在线互动的信心和能力就会越强。基于此，本书认为用户在网络社区中的集体自尊不仅受到用户使用网络社区的动机的影响，而且也能够影响用户网络在线互动。基于此，本章提出以下假设：

H2a：集体自尊在用户的虚拟探索动机与网络在线互动起到了中介作用。

H2b：集体自尊在用户的社交导向动机与网络在线互动起到了中介作用。

H2c：集体自尊在用户的情境适应动机与网络在线互动起到了中介作用。

H2d：集体自尊在用户的身份展示动机与网络在线互动起到了中介作用。

三、群体认同的中介作用

根据社会认同理论（Social Identity Theory），认同来自用户对于自身所在社群的成员资格的了解以及对于依附自己成员资格上的价值和情感意义，一旦社群成员将自身归类到某个社会群体，其作为群体成员的意识将会影响其在群体内的偏私行为。这实际上是一个自我分类的过程，凭此阐明和维护自己的成员资格。本书将群体认同定义为：个体基于与社区存在的情感联结而产生的虚拟自我对社群身份的认同以及身份归属感。大量的研究表明，网络社区用户参与社区并进行互动时在认知上也是将自己归为该群体的一分子，从而使成员将群体所共享的想法、行为视作自己的想法和行为，从而努力帮助群体实现目标。而且大量的研究表明，用户的网络昵称起到了与社区的紧密关联的作用，使用好特殊的昵称能够增强成员在社区的地位和行为可见性。Badrinarayanan等（2015）的研究也表明，群体认同能够导致成员的持续参与和虚拟社区的互动行为。

此外，从网络社区成员使用昵称的动机来看，其目的主要是有利于确定成员在社区的身份识别和群体认同。也有研究发现，在较大程度上，网络社区的昵称符合所在的社群环境，这种合群性反映了网络社区用户在构建虚拟身份时力求融入网络社群环境或讨论主题的需要。想要成为社区的"圈内人"，首先需要一个合群的Nickname，这是社区成员群体身份认同的标志。成员加入社区后，在个人主页和交往中显示出的个人身份标识既是人际联结的原因也是结果，会供给成员建立社会联结和创建双方喜爱与信任的机会，进而增强个人在网络社区的在线互动行为。总之，用户在虚拟社区恰当地使用网络昵称，能够方便识别虚拟社区中的特定群组，进而参与社区某个话题和话题参与者的互动讨论；或是成员通过与其他成员的社交互动而增进了解，感知彼此的相似性，从而产生群体认同。基于此，本章认为，群体认同会驱动用户使用恰当的昵称，而这种昵称能够帮助用户在群体中获取内群体身份，进而促进成员在网络社区积极开展网络在线互动，故提出以下假设：

H3a：群体认同在用户的虚拟探索动机与网络在线互动之间起到了中介作用。

H3b：群体认同在用户的社交导向动机与网络在线互动之间起到了中介作用。

H3c：群体认同在用户的情境适应动机与网络在线互动之间起到了中介作用。

H3d：群体认同在用户的身份展示动机与网络在线互动之间起到了中介作用。

第四节 研究设计

一、变量测量

为了保证文章的信度和效度,本章所涉及变量的所有测量题项均改编自经典量表。本章邀请了三位本领域的教授对测量题项进行独立的评价,并对不一致的题项进行了集中讨论和修订。其中,网络社区昵称使用的主要动机,以 Lin 和 Wang (2014) 关于虚拟化身使用动机的量表为基础,根据用户使用网络昵称的情境进行了改编,分为虚拟探索、社交导向、情境适应和身份展示四个维度,共 15 个题项。本章对自尊的测量以 Ellemers 等(1999)测试自尊的量表为基础进行了改编,共有 4 个题项。对于群体认同的测度采用 Hu 等(2017)的研究,共有 3 个题项。而关于网络在线互动的测量,本章参照了 Blazevic 等(2014)开发的 GOSIP (General Online Social Interaction Propensity) 量表,共有 6 个题项。所有题项均采用李克特 5 点量表。

二、数据搜集

本章的调查样本来自中国的网络社区,如 Zhihu、Douban、Baidu Postbar、Mop.com 等。在 2018 年 9~11 月,笔者以论坛成员身份发帖的方式,引起大家关于网络昵称的讨论,并在帖子中附带了调查问卷。每份有效问卷将会被赠送 5 元社区虚拟货币或电话费。问卷设置了甄别题项,要求只有注册的社区成员并且使用过多个网络昵称才能填写。最终,我们从网络回收了 476 份问卷,剔除因填写不认真、数据缺失、昵称重复的问卷,共有 394 份有效问卷。其中,女性占 52.8%,20~25 岁用户占比为 31.7%,26~35 岁占 35%,而且被试的职业分布广泛,仅有 29.4% 为学生。关于网络昵称使用的结果表明大多数被试者(63.7%)拥有 2~5 个网络社区昵称;对于最常用的网络昵称,64.2% 的被试者使用时间在 1 年以上;73.1% 的被试者最常在博客社区类网络社区使用网络昵称,只有 26.6% 的被试者最常在公众论坛类网络社区使用网络昵称,51.5% 的被试者每天在该社区花费 1~2 个小时。

第五节 实证结果与分析

一、共同方法偏差检验与相关分析

我们通过 SPSS 22.0 进行了相关分析,结果表明,变量之间均在 0.01 或 0.05 的置信水平达到显著,且变量间两两存在着中强度的正相关关系(见表 9-1)。因此,该样本数据适合做进一步的实证检验。此外,本书以 Harman 的单因子检验法检验数据的同源性方法变异程度,共分离出了 7 个因子解释了 69.34%,分析发现第一个因子方差解释率为 27.54%,表明单一因子没有解释绝大部分变异量,数据的同源方法变异问题在很大程度上得到了良好控制。

表 9-1 相关性分析

	1	2	3	4	5	6	7
虚拟探索	1	—	—	—	—	—	—
社交导向	0.254**	1	—	—	—	—	—
情境适应	0.241**	0.224**	1	—	—	—	—
身份呈现	0.176*	0.138*	0.296**	1	—	—	—
集体自尊	0.431**	0.317**	0.172*	0.282**	1	—	—
群体认同	0.218**	0.331**	0.364**	0.211*	0.351**	1	—
网络在线互动	0.220*	0.254**	0.392**	0.168*	0.419**	0.443**	1
M	3.597	3.540	3.646	3.136	3.679	3.410	3.759
SD	1.025	1.204	1.047	1.033	0.983	1.210	1.109

注:*、** 分别表示 p 在 0.05、0.01 水平(双侧)上显著相关。

二、信度与效度分析

本书选用内部一致性系数(Cronbach's Alpha,CA)来评价问卷的信度。数据表明每个量表的 CA 均大于 0.7,其中虚拟探索的 α 值为 0.838,社交导向为 0.851,情境适应为 0.872,身份展示为 0.785,集体自尊为 0.764,群体认同为 0.892,网络在线互动为 0.791,这表明本研究量表的信度较好。

本书采用了验证性因子分析检验本书测量模型的结构效度,拟合指标如下:

$\chi^2/\mathrm{df} = 2.107$,GFI = 0.902,RMSEA = 0.072,TLI = 0.913,IFI = 0.914,CFI = 0.903。并通过变量的因子载荷和 AVE 值测量了各变量的聚合效度,从表 9-2 中可以看出,各变量的因子载荷均大于 0.5 的建议值。而且从各变量的 AVE 值来看,均大于 0.5 的建议值。其中,虚拟探索为 0.599,社交导向的值为 0.622,情境适应为 0.587,身份展示为 0.540,集体自尊为 0.516,群体认同为 0.651,网络在线互动为 0.528。因此,通过上述分析,本书各变量的信度和效度都处于可接受范围内。

表 9-2 各变量的题项、因子载荷和信度分析(N=394)

变量	题项	因子载荷	CA
虚拟探索 (VE)	I create my main nickname to be unique and not a mainstream follower in the virtual world	0.752	0.838
	I create my main nickname to reflect my aesthetic view in the virtual world	0.746	
	I create my main nickname to be creative in the virtual world	0.731	
	I create my main nickname to reflect my mood at the time in the virtual world	0.799	
	I create my main nickname to differentiate it in the virtual world from my actual self	0.837	
社交导向 (SN)	I create my main nickname to build a reputation in the virtual world	0.834	0.851
	I create my main nickname to reach a specific functional goal such as business, camouflage, or upgrade in the virtual world	0.816	
	I create my main nickname to make a lot of friends in the virtual world	0.771	
	I create my main nickname to engage other players and socialize in the virtual world	0.728	
情境适应 (CA)	I create my main nickname depending on whom I interact with in the virtual world	0.847	0.872
	I create my main nickname because a particular look of others in the virtual world catches my eyes	0.719	
	I create my main nickname to fit surroundings in the real world such as weather and current affairs in the virtual world	0.725	
身份展示 (IP)	I create my main nickname to resemble my actual self in the virtual world	0.775	0.785
	I create my main nickname to reflect an ideal version of my actual self in the virtual world	0.749	
	I create my main nickname to portray a certain personal trait in the virtual world	0.678	

续表

变量	题项	因子载荷	CA
集体自尊	I think my community has little to be proud of	0.712	0.764
	I feel good about my group	0.741	
	I have little respect for my group	0.686	
	I would rather not tell that I belong to this group	0.734	
群体认同	I really identify with people who are the member of this community	0.757	0.892
	I feel like I belong to a club with other fans of this community	0.826	
	The community is supported by people like me	0.835	
网络在线互动(OSI)	In general, I am someone who, given the chance, seeks contact with others online	0.724	0.791
	In general, I am someone who answers questions of others in online discussion forums	0.679	
	In general, I like to get involved in online discussions	0.762	
	I find the idea of belonging to an online discussion group pleasant	0.746	
	I am someone who likes actively participating in online discussions	0.763	
	In general, I thoroughly enjoy exchanging ideas with other people online	0.681	

三、结构方程分析

为了验证本书的模型，本书采用 Amos 17.0 软件进行结构方程分析，模型总体拟合指标如下：$\chi^2/\mathrm{df}=1.817$，GFI = 0.896，RMSEA = 0.068，TLI = 0.911，IFI = 0.913，CFI = 0.902，可见模型总体拟好良好，模型中路径系数如表 9-3 所示。

表 9-3 变量的路径系数估计值

假设	路径	系数	S.E	C.R	P 值	假设验证
H1a	虚拟探索→集体自尊	0.343**	0.318	1.991	0.005	支持
H1b	社交导向→集体自尊	0.208*	0.218	2.041	0.042	支持
H1c	情境适应→集体自尊	0.074	0.137	3.430	0.123	不支持
H1d	身份展示→集体自尊	0.116	0.318	1.991	0.087	不支持
H2a	虚拟探索→群体认同	−0.083	0.092	−0.861	0.084	不支持
H2b	社交导向→群体认同	0.317**	0.192	2.261	0.003	支持
H2c	情境适应→群体认同	0.451***	0.335	4.066	0.000	支持

续表

假设	路径	系数	S.E	C.R	P值	假设验证
H2d	身份展示→群体认同	-0.050	0.269	-1.323	0.512	不支持
H3a	虚拟探索→OSI	0.171*	0.288	1.801	0.047	支持
H3b	社交导向→OSI	0.319**	0.267	2.426	0.006	支持
H3c	情境适应→OSI	0.268*	0.152	2.217	0.027	支持
H3d	身份展示→OSI	-0.066	0.323	-0.923	0.346	不支持
H4a	自我认同→OSI	0.427***	0.114	4.431	0.000	支持
H4b	群体认同→OSI	0.254*	0.091	2.498	0.011	支持

注：*、**、***分别 p 表示在 0.05、0.01、0.001 水平（双侧）上显著相关。

从表9-3可知，虚拟探索、社交导向、情境适应对网络在线互动的直接效应成立，而身份展示对网络在线互动的直接效应不成立。虚拟探索、社交导向对自尊的直接效应成立，而情境适应和身份展示对自尊的直接效应不成立。社交导向、情境适应对群体认同的直接效应成立，而虚拟探索和身份展示对群体认同的直接效应不成立。

为了进一步确定中介作用，本书采用 Bootstrap 的方法，对自尊和群体认同的中介作用进行了分析。首先，以自尊为中介变量，通过迭代5000次的 Bootstrap 的结果表明，虚拟探索通过自尊对网络在线互动的间接效应显著，95%置信区间=L-0.2513，U-0.0317（不包含0），但是虚拟探索对网络在线互动的直接效应不显著（$\beta=0.148$，$SE=0.296$，$p=0.053$）。由此，自尊在虚拟探索与网络在线互动之间起到了完全中介作用。同理，社交导向通过自尊对网络在线互动的间接效应显著，95%置信区间=L-0.2438，U-0.0236（不包含0），而且社交导向对网络在线互动的直接效应显著（$\beta=0.318$，$SE=0.179$，$p=0.006$）。由此，自尊部分中介了社交导向与网络在线互动的影响。其次，以群体认同为中介变量，结果表明社交导向通过群体认同对网络在线互动的间接效应显著，95%置信区间=L-0.2216，U-0.0342（不包含0），而且社交导向对网络在线互动的直接效应显著（$\beta=0.281$，$SE=0.314$，$p=0.004$）。由此，群体认同部分中介了社交导向与网络在线互动的影响。同理，结果表明情境适应通过群体认同对网络在线互动的间接效应显著，95%置信区间=L-0.2746，U-0.0426（不包含0），而且情境适应对网络在线互动的直接效应显著（$\beta=0.216$，$SE=0.368$，$p=0.036$）。由此，群体认同部分中介了情境适应与网络在线互动的影响。本书得到的修正模型如图9-2所示。

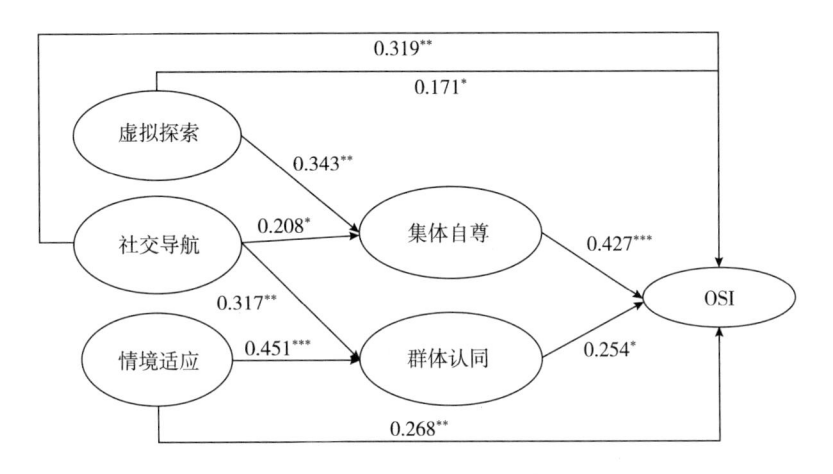

图 9-2 修正后的模型

第六节 研究结论与启示

一、研究结论

网络昵称是用户参与网络社区活动的首要元素，也是用户进行自我呈现的特定方式。虽然现有研究对网络昵称进行了相关研究，但是当前研究对用户为何创建网络昵称以及这些驱动因素与用户网络互动行为的关系机制还不明确。基于自我呈现理论和社会认同理论，本书将用户创建网络昵称的动机归结于：虚拟探索、社交导向、情境适应，并从自尊和群体认同两个视角验证这些驱动机制与用户网络在线互动影响关系。具体来说，得到了以下三点研究结论：

第一，验证了用户创建网络昵称的虚拟探索、社交导向、情境适应三种动机对用户网络在线互动的直接影响效应，但身份展示对用户网络在线互动的直接影响效应不显著。这表明网络昵称能够作为一种语言化的自我呈现方式，而对用户的心理和行为产生投射和影响。在组织情境中，Grant 等（2014）的研究表明，员工将自创工作头衔作为自我表达的工具，不仅能够让自己的角色和身份更容易被社会理解和接受，也是个人决心进行工作重塑和工作认同的起点。在虚拟社区情境下，验证了用户通过创建网络昵称，能够实现虚拟探索、社交导向和情境适应等功能，有利于用户更好地在网络社区进行在线互动。本书未能验证身份展示对用户自尊及网络在线互动的直接影响，可能的原因在于：一方面，用户对于网络社区的身份信息和隐私泄露风险存在担忧；另一方面，身份展示可能容易让用户过多暴露于聚光灯下，让用户面临成为众矢之的的威胁。例如，Van 等（2015）的研究表明，用户在虚拟环境下展示自我身份更多的是出于自我的分享意愿，而不是外在要求。大部分用户倾向于在网络环境下不过多地展示个人身份，是想避免突如其来的威胁（Non-Specific Threat）。

第二，验证了自尊在虚拟探索与网络在线互动之间起到了完全中介作用，而且在社交导向与网络在线互动之间存在的部分中介效应。已有研究表明，用户参与网络社区，共享社区成员身份、共享社交体验而增强用户的自尊。而且自尊具有自我激励的作用，通常低自尊的用户更希望通过增强网络使用、传播正向口碑以及帮助招募成员等，进而推动社区成长。Liu 和 Baumeister（2016）的元分析也表明用户的自尊水平与其朋友的数量成正比。本书未能验证情境适应对自尊的影响，可能的原因是：自尊是自我概念的一部分，是用户对自我的主观评估过程，更多的是受到个体认知的影响。虽然情境适应能够间接影响用户的自尊，但更多的是受到群体规范的影响而影响用户的群体认同。

第三，验证了群体认同在社交导向和情境适应与网络在线互动之间存在的部分中介效应。已有研究表明，虚拟社区的群体认同是因为用户在互动过程中将自己的价值观和社区的价值相重合，从而形成一种自我融入（Self-Immersive）的过程，并且具有激发用户主动参与社区活动等积极效果。本书则表明社交导向和情境适应都和用户社交动机相关，表明用户认同社区所倡导的价值观，并倾向于与社区的规范保持一致，即形成群体认同。而虚拟探索对群体认同的影响未能得到验证，可能的原因在于虚拟探索与个人认同和自尊密切相关，而有研究表明个人认同在影响用户行为方面起到了更基础的作用，并且会间接影响群体认同的发生。

二、理论贡献

本书主要有以下三点研究贡献：

第一，本书提出自我反映的昵称可能作为一种实现自我差异化呈现的潜在路径，拓展了当前文献关于网络情境下自我呈现方式的研究。以往的研究已经对虚拟头像（Profile）、Avatar（Lin and Wang, 2014）、Job Title（Grant et al., 2013）作为自我呈现的方式进行了研究，但对网络昵称作为自我呈现方式的研究还比较缺乏。本书则提出并验证了网络昵称能够作为一种工具和应对机制激发用户实现最优差异和互动行为。这种自我呈现的昵称，既能够允许用户增强自我确认而感受到心理安全，也能够通过遵守内群体的规则、塑造一种群体接受的状态以及增强联结而获得群体认同。

第二，借鉴关于用户创建 Avatar 的自我呈现动机，本书提出了用户创建自我反映网络昵称的多重驱动因素，并验证了虚拟探索、社交导向、情境适应动机对用户网络在线互动的差异性影响。研究结论表明，用户创建网络昵称也存在多重动机，并且这些动机对用户的行为影响有差异。具体来说，用户创建网络昵称加入网络社区，进行信息交互、娱乐休闲、人际交往等活动不仅是自我导向的学习过程，也是自我社会化的关系网络构建过程。

第三，验证了自我反映的昵称动机对网络在线互动的双重影响机制。即用户既通过自我确认的方式而提升感知自尊水平，也通过自我增强的方式提升群体认同，进而增强其在网络社区的在线互动。研究结论确认了个体自我和群体自我是同时影响用户行为两种独立元素，而且存在互补的作用。

三、研究局限

本书也有以下三个局限性：一是本书引用了有关 Avatar 的相关文献去验证用户使用网络昵称的前因，虽然研究表明网络昵称（Nickname）和网络头像（Profile）都是用户身份的特殊符号而且存在很多共同特性。但为了更好地贴近研究情境，对用户使用网络昵称进行独立的探索性研究很有必要。二是本书仅仅考虑了使用网络昵称的社区，但是现在已经有很多社区开始鼓励实名制。因此，未能考虑不同社区政策带来的差异性影响。三是本书的样本来自中国，为了增强研究的普适性，可以考虑在将来进行跨文化的对比研究。

第十章 网站 Logo 作为虚拟代言人对广告效果的影响研究

第一节 研究缘起

随着明星代言人策略在品牌管理实践中存在的种种弊端开始显现，例如，代言费用高，代言多个品牌的明星所起到的品牌识别作用不明显，出现"推荐疲乏"副作用，明星的负面信息对其所代言品牌的波及影响等，为企业量身定做的虚拟代言人策略在节约成本和品牌推广风险方面的优势逐渐被众多企业认可。品牌虚拟代言人一般是广告主根据品牌或产品特征自行设计出来的，具有形象专属特性，消费者也会对该虚拟代言人与品牌和产品产生一对一的精准联想。企业通常将虚拟代言人设计成一个新颖、独特且与产品或品牌特性相关的卡通形象（如麦当劳叔叔和米其林人），以此激发消费者的品牌识别能力。大量已有研究表明，虚拟代言人更加富有创意，消费者对其代言的广告持有更加正面的态度，而且有利于激发消费者的品牌联想和购买意愿。现有研究表明相对于明星代言，消费者对虚拟代言人所代言的产品广告回忆更加准确，反应更加快捷。在外包装的广告中使用卡通代言人引起的属性回忆（Attribute Recall）和品牌态度均优于使用文字的情况。总之，现有研究表明，虚拟代言人更能完整凸显品牌与产品特征，不易产生负面信息，在品牌形象维护和品牌价值提升方面具有较强的影响力。

不仅如此，学者们在网站的虚拟人物研究中也得到了相似的结论，如Holzwarth 等（2006）的研究证实了在网站中加入虚拟人物会增加顾客对零售商的满意度、产品态度及购买意愿。Wang 等（2007）则发现，在网站中利用角色代言人形式的广告会增加消费者愉悦性、功利性等体验价值，进而提高购买意图。但是现有有关虚拟人物的研究还相当缺乏，大部分的研究还都停留在研究虚拟代言人对品牌识别的影响以及比较虚拟代言人和明星代言人的影响效果（Heiser et al., 2008），尤其是对虚拟人物影响效果的产生机制，我们还知之甚少。与国内企业在实践中运用虚拟人物策略的蓬勃发展现状相比，国内有关网络虚拟代言人理论研究尚未充分展开。以旅游网站为例，国内知名的旅游网站携程网、途牛网、马蜂窝、驴妈妈等在品牌标识设计中无一例外地采用了动物拟人化的方式，而这正是网络虚拟代言人的一种具体形式。网站是品牌与消费者直接互动的窗口，旅游网站的虚拟人物特征能够刺激消费者快速地产生品牌回想，而这是决定企业网络渠道成功的关键因素之一。本书则基于信源特征模型（Source Model）和类社会互动理论，结合消费者的个体差异进行研究，以期为企业进行虚拟代言策略提供科学的理论支持和实践指导。

第二节　品牌虚拟代言人与类社会互动关系

一、品牌虚拟代言人

Garretson 和 Niedrich（2004）明确将虚拟代言人定义为：用来宣传、推广产品或品牌的非人类角色。虚拟代言人可以促使品牌像人一样具有思想、情绪和个性，其实现方式就是进行拟人化，即把人物、动物或卡通人物和产品或企业相关联，以人类的方式去理解动物和卡通人物的内心世界，把人类的特征以服装、语言甚至驾驶、烹饪等技能的形式赋予在动物角色上。从对象角度，虚拟代言人可分为卡通形象和虚拟真实人物两种。企业采用卡通动物作为品牌代言人，是为了将动物代表的某种文化意义传递给产品或品牌。在广告中，虚拟动物是产品特征或广告信息的可视化体现，如劲量公司的兔子、米其林人等。Mizerski（1995）认为品牌标识中的卡通人物也是虚拟代言人的一种具体形式，并通过研究验证了对卡通人物的喜爱程度与品牌识别呈正相关关系。随后学者们陆续验证了虚拟代言人在印刷广告（Heiser et al., 2008）、产品包装上的卡通商标（ÜLger, 2008）中的作用。Phillips（1996）认为，不论企业采用哪种具体的虚拟代言人形式，虚拟代言人与消费者进行沟通的方式有三种：创建产品识别、凸显品牌个性、提供连续的促销，而这将帮助消费者在心中联结产品、包装和广告（宁昌会和奚楠楠，2017）。总之，现有理论与实践均表明，品牌虚拟代言人是企业重要的无形资产，不仅能促进消费者对品牌的识别，还能帮助品牌实现差异化，增强消费者的品牌认同和购买意愿。

二、类社会互动关系

类社会关系是单边的,消费者感知与媒介人物的长期性的友谊关系。类社会互动关系在本质上是受众的一种错觉体验(Illusionary Experience),人们相信他们正在进行的是双边的交往,但实质上是受众对媒介人物很了解,而媒介人物对受众并不了解。类社会关系可以被看作是真实社会关系的一种延伸,和真实的社会关系一样,类社会关系也能引发强烈的情感联系和分离的悲伤,也会将媒介视为真实的朋友或社交圈的一部分。Eyal 和 Cohen(2006)研究表明,当一场电视节目终止后,观众有可能感到怅然若失,如同其在真实生活中破产时的心境。Adam 和 Sizemore(2013)则提出了类社会浪漫关系(Parasocial Romantic Relationships,Psroms)的概念,认为其物理吸引、承诺和正面情感和缺乏相互作用的特征与真实生活的浪漫联结类似,都是以物理亲近和情感亲近为需求,并伴随强烈的情感,但不同于真实的人际关系,类社会浪漫关系的联结对象是媒介人物(Media Figures)。而现有对类社会互动的研究已经广泛地应用于发帖者和网站浏览者、企业家微博与粉丝以及其他社会媒体环境下(张洪等,2022)。在本书的研究中,企业网站的品牌标识中的虚拟代言人通过拟人化设计,在一定程度上赋予了虚拟角色一定的社交属性,在长期的互动关系中,消费者对虚拟角色很了解,而虚拟角色对消费者不了解,从而形成了单边的类社会互动关系。

第三节 基于 ELM 和意义迁移模型的研究框架

Petty 和 Cacioppo(1986)提出的精细加工可能性模型(Elaboration Likelihood Model,ELM)是当今对广告信息的说服理论最受认可的理论。ELM 模型认为信息处理方式可以分为中央路径(Central Route)和边缘路径(Peripheral Route)。当消费者涉入程度高时,处理信息倾向采用中央路径的模式,即根据信息内容做出审慎思考后的决策。而当消费者涉入程度较低时,则会倾向于根据产品或服务的周边属性,如色彩、交易环境、品牌印象、名人代言等外在线索进行信息处理。正如 Burton 和 Garretson(2005)的研究表明,用于包装的虚拟代言人线索会因为多次编码和检索加深记忆。本书也认为网站虚拟代言人在边缘路径的处理中充当了线索,而边缘处理又会反过来影响消费者对广告的态度。另外,根据意义迁移模型(the Meaning Transfer Model),品牌代言人对目标消费群体的内化作用过程则是代言人形象的迁移过程。这表明在品牌与消费者的互动过程

第十章 网站 Logo 作为虚拟代言人对广告效果的影响研究

中,代言人与品牌的统一性、消费者对代言人和品牌感知的相似性以及消费者与品牌和代言人的互动质量是品牌代言效果产生的关键因素。Joghee 和 Kabiraj（2013）的研究也表明,虚拟代言人的角色可信度对消费者的品牌态度和购买意愿都有显著的正向影响。基于以上分析,本书认为品牌虚拟代言人也在消费者信息处理中充当了线索,并对消费者产生内化作用,而对消费者的广告态度产生影响。基于类社会互动关系和消费者个人的玩兴特质,本书构建的研究模型如图 10-1 所示。

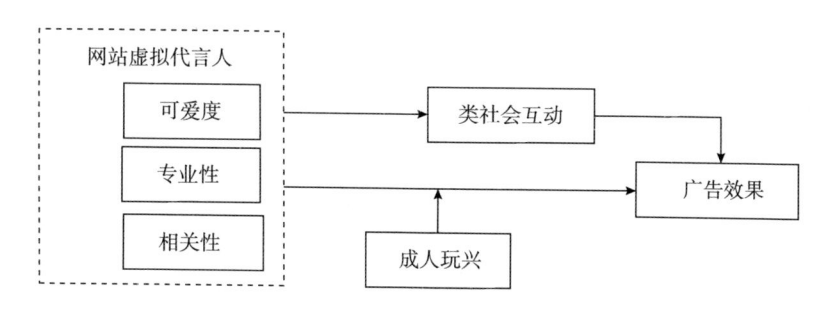

图 10-1 本书的研究模型

一、网站虚拟代言人与类社会互动的关系

信源可靠性模型认为,广告代言人的影响取决于信息源的可信度,主要体现在专业性和可靠性两个方面。而信源吸引力理论认为,信息有效性取决于信源的相似性以及人们对信源的熟悉和喜爱程度。基于信源可靠性模型和吸引力模型,本书把虚拟代言人特征分为可爱度、相关性、专业性三方面。首先,已有研究表明使用具有吸引力的代言人能够增加消费者对品牌的喜爱度,而虚拟代言人的拟人化行为和可爱的外表可以给消费者带来良好的感官体验,缓解工作和生活压力（Badrinarayanan et al., 2015）。Hartmann 和 Goldhoorn（2011）的研究也表明,受众越觉得表演者具有吸引力,他们的类社会互动体验就越强烈。其次,专业性指代的是虚拟代言人为该品牌扮演专家的角色,讲述品牌或产品的利益诉求,如 Mr. Clean 以清洁专家的形象,向消费者介绍该品牌的系列清洁用品,以其专业造型让消费者对其产生信服感。最后,已有研究表明品牌代言人与产品之间的一致性能提升消费者的品牌态度,虚拟代言人个性与品牌个性的高度相关能增强品牌资产。Giles（2002）认为,只要将角色赋予人性（如拟人化的卡通人物）,那么使用者会对此做出反应,仿佛此角色在现实生活中存在,并参与到社交网络中,而且网站可以利用生动的设计、描述的风格和信息的处理产生这样的角色。Labrecque（2014）认为,在互联网站情境下,消费者与品牌之间的互动更接近于

一种单向的对话，尤其是在网站的自动化软件能快速应对消费者的日常问题，利用地理定位系统产生个性化的推荐服务的情况下，这种即时反馈更被视为类社会互动的形式。基于此，本章提出以下假设：

H1：品牌虚拟代言人特征对消费者的类社会互动有正向影响。

H1a：品牌虚拟代言人可爱度对消费者的类社会互动有正向影响。

H1b：品牌虚拟代言人专业性对消费者的类社会互动有正向影响。

H1c：品牌虚拟代言人相关性对消费者的类社会互动有正向影响。

二、网站虚拟代言人与广告效果的关系

目前有关代言人的研究表明，虚拟代言人能有效地吸引消费者的注意力，导致更准确的顾客回忆和更快的广告点击（杜运周和贾良定，2017）。虚拟代言人对消费者的吸引力并不逊于真人，甚至有相同或更好的广告效果。首先，虚拟代言人的外形可爱，无形中增加了品牌与产品的温馨感，植入在广告中能吸引消费者的注意力，引发其对品牌的认同感。其次，Guido 和 Peluso（2009）的研究表明，只有在广告中被代言的产品与感知虚拟代言人的喜爱度相匹配时，才会刺激购买意愿。产品相关性是指消费者可以很容易地对产品特性与虚拟人物代言人的特征产生相关联想，产生合适匹配的刺激效果（Garretson and Niedrich，2004）。例如，米其林轮胎人（Michelin Man）身上一圈一圈的轮胎特征，让人很容易联想起其代言的产品。最后，虚拟代言人的专业性是指虚拟代言人是专门为某一品牌设计，并为该品牌扮演专家的角色，专职说明产品的利益。例如，威猛先生扮演清洁方面的专家，介绍一系列的清洁产品。总之，利用虚拟代言人来增强与顾客之间的关系，可借由更多的互动直接强化购买说服力，并可增加消费者对网站的信任及忠诚，进而正面影响消费者的广告态度、品牌态度和购买意愿。基于此，本章提出以下假设：

H2：品牌虚拟代言人特征对广告效果有正向影响。

H2a：品牌虚拟代言人可爱度对广告效果有正向影响。

H2b：品牌虚拟代言人专业性对广告效果有正向影响。

H2c：品牌虚拟代言人相关性对广告效果有正向影响。

三、类社会互动和广告效果的关系

媒体等同理论（Media Equation Theory）认为，人们会像对待真实的人和真实的空间一样对待电脑、电视和新媒体。Hartmann 和 Goldhoorn（2011）的研究发现，一旦受众已经形成了对媒介的类社会互动感知，受众在与媒介分离而仅有信号的情况下也能激活受众的类社会互动。Lurie 和 Mason（2007）的研究表明，

利用视觉化工具完成的广告效果,需要使用者的投入和互动,而虚拟人物代言人也是一种视觉化的工具而能影响受众的广告效果。Labrecque(2014)将类社会互动理论应用于社交媒体情境,认为与电视及广播节目相似,网站虚拟人物的类社会互动也是单项式的,用户将网站虚拟人物视为人际互动的沟通主体,建立关系,其研究进一步发现类社会互动在社交媒体线索和顾客忠诚及提供信息意愿之间扮演了中介变量角色。基于此,本章提出以下假设:

H3:品牌类社会互动对广告效果有正向影响。

四、成人玩兴的调节作用

Shen(2014)将成人玩兴视为一个人格特质,分为喜欢娱乐(Fun-Loving)、无拘束(Uninhibitedness)、自主性(Spontaneity)三个维度进行测量。Magnuson和Barnett(2013)的研究则表明玩兴特质高的个体可以感受到更少的压力,更经常地使用聚焦于压力源的适应性策略,而更少地使用规避、逃避导向的策略。Proyer(2014)的研究则指出,成人玩兴特质在人们工作、休憩以及与他人共处时起到了提升幸福感、增加幽默和欢笑、培养控制导向、激发创意、发展关系、作为应对策略、应对情境七个方面的作用。Caruana和Vella(2004)则认为,成人玩兴在个体与广告的互动中存在"特质"(Trait)和"状态"(State)两种形式的作用,并验证了成人玩兴与受众广告反应的正相关关系,即具有较高玩兴特质的个体展现了更多的娱乐性,更愿意参与到具有想象力的行为中,而这将会增强他们的娱乐性、参与感以及对广告的满意度。基于此,本章提出以下假设:

H4:成人玩兴在品牌虚拟人物特征与广告效果之间起到了调节作用。
H4a:成人玩兴在品牌虚拟人物可爱度与广告效果之间起到了调节作用。
H4b:成人玩兴在品牌虚拟人物专业性与广告效果之间起到了调节作用。
H4c:成人玩兴在品牌虚拟人物相关性与广告效果之间起到了调节作用。

第四节 研究设计

一、变量测量与研究方法

本章采用问卷调查的方式进行数据搜集,为排除消费者中庸思维的干扰,所有题项均采用李克特6点量表。为了确保测量工具的信度和效度,采用国内外成熟的且被认为信度和效度较高的调查问卷,再结合本研究目的进行修订和完善。

在本书中，网站虚拟代言人特征包括可爱度、专业性和相关性三个维度，其中虚拟代言人的可爱度的测项主要源于 Mize 和 Kinney（2008）的研究；虚拟代言人的专业性和相关性的测项均源于 Garretson 和 Niedrich（2004）的研究。类社会互动的测量则主要依据 Schramm 和 Hartmann（2008）的研究。成人玩兴量表（Adult Playfulness Scale）来自 Proyer（2012）的相关研究。广告效果的测量包括广告态度、品牌态度和购买意愿三个维度，测量题项来自 Huang 等（2011）和银成钺等（2012）的有关研究。

二、数据收集与样本特征

在选定具体的网站虚拟代言人时，我们进行了开放性的访谈和问卷调查，在没有提示的情况下要求访谈者回忆"印象最深刻的旅游网站品牌虚拟代言人"，通过对微信朋友圈（约300人）的便利抽样显示，"途牛网"（N=99）、"马蜂窝"（N=97）被提及最多，其次是去哪儿、携程网、艺龙网、驴妈妈、到到网等。考虑到不同顾客可能对不同网站虚拟人物的态度不同，而"途牛网"和"马蜂窝"分别表示在线旅游交易网站和旅游分享网站。本书在设计正式问卷时，分别以"途牛网"和"马蜂窝"为研究对象，要求被试选择其一进行问卷填答。正式问卷委托问卷星专业调查机构发出，共发放问卷400份，回收问卷333份，其中有效问卷292份，问卷回收有效率为73%。其中，途牛网的样本为113份，马蜂窝的样本为179份，我们对两组数据进行T检验，没有发现在虚拟人物特征和广告效果上的差异，故合并进行统计。在正式样本中，样本统计如下：男性为134人，占比45.9%，女性为158人，占比54.1%。年龄18岁以下26人，占比8.9%，18~25岁97人，占比33.2%，26~35岁86人，占比29.5%，36~50岁71人，占比24.3%，50岁以上12人，占比4.1%。在学历方面，高中及专科学历78人，占比26.7%，本科学历169人，占比57.9%，硕士及以上为45人，占比15.4%。

第五节 实证结果与分析

一、相关分析

本书采用 SPSS 19.0 及 AMOS 17.0 进行统计分析。首先通过相关分析计算控制变量、主要研究变量的均值和标准差，以及这些变量之间的 Pearson 相关系数和显著性（见表10-1），虚拟代言人可爱度、专业性、相关性、类社会互动、成人玩兴与广告效果的相关系数均在不同统计水平上达到显著，且均处于中度相关水平，适合进一步进行分析和检验。

表 10-1　各变量间的 Pearson 相关系数

变量	1	2	3	4	5	6	7	8	M	SD
性别	1	—	—	—	—	—	—	—	1.560	0.497
年龄	0.232**	1	—	—	—	—	—	—	2.520	0.917
可爱度	0.153**	-0.040	1	—	—	—	—	—	4.801	0.935
专业性	0.122*	0.034	0.285**	1	—	—	—	—	3.855	0.779
相关性	0.026	0.069	0.506**	0.372**	1	—	—	—	4.780	0.941
类社会互动	0.118*	0.010	0.447**	0.551**	0.480**	1	—	—	4.214	0.979
成人玩兴	0.023	0.116*	0.385**	0.234**	0.281**	0.400**	—	—	4.412	0.919
广告效果	0.001	0.011	0.658**	0.446**	0.616**	0.625**	0.455**	1	4.567	0.832

注：*、**分别表示 p 在 0.05、0.01 水平（双侧）上显著相关，对角线上的值为主要变量平均方差抽取量的开方值（AVE 开方）。

二、信度和效度分析

本书通过计算测量题项的内部一致性系数（Cronbach's Alpha，CA）和组合信度（Composite Reliability，CR）来评价问卷信度。由表 10-2 可知，所有变量的组合信度都在 0.49 以上，并且所有分量表的 CA 都在 0.742 以上，总量表的 CA 也达到了 0.951。由此可见，总分量表都具有较好的信度。

表 10-2　本书量表的因子载荷、CR 值和 AVE 值

变量	题项	因子载荷	CA	CR	AVE
可爱度	1. 该网站虚拟代言人外形很可爱	0.758	0.866	0.817	0.528
	2. 该网站虚拟代言人很讨人喜欢	0.757			
	3. 该网站虚拟代言人幽默有趣	0.657			
	4. 看到该网站虚拟代言人，让我心里感觉很愉快	0.729			
专业性	1. 该网站虚拟代言人看起来知识渊博	0.691	0.909	0.870	0.627
	2. 该网站虚拟代言人看起来经验丰富	0.812			
	3. 该网站虚拟代言人看起来技术高超	0.864			
	4. 该网站虚拟代言人看起来很有能力	0.791			

续表

变量	题项	因子载荷	CA	CR	AVE
相关性	1. 该网站虚拟代言人为此品牌代言是情理之中的	0.694	0.880	0.836	0.561
	2. 该网站虚拟代言人为此品牌的产品代言是恰当的	0.786			
	3. 该网站虚拟代言人与代言品牌的产品具有相关性	0.710			
	4. 总的来说，该网站虚拟代言人与此品牌的产品很匹配	0.800			
类社会互动	1. 我觉得花时间去了解该虚拟代言人是值得的	0.710	0.885	0.857	0.500
	2. 该虚拟代言人能够帮助我了解其所代言品牌的产品	0.693			
	3. 我会对比该虚拟代言人所表达的品牌观点和自身对该品牌的观点	0.680			
	4. 我期待享受与该虚拟角色代言产品的体验过程	0.717			
	5. 我会关注他人对该虚拟代言人的评价	0.681			
	6. 我感觉该虚拟代言人看上去能理解我的想法	0.757			
广告态度	1. 该网站虚拟代言人的品牌设计很有趣	0.766	0.871	0.807	0.582
	2. 该虚拟代言人的品牌设计让人印象深刻	0.776			
	3. 该虚拟代言人的品牌设计具有说服力	0.746			
品牌态度	1. 该虚拟代言人的代言增加了我对该品牌的好感	0.703	0.830	0.750	0.501
	2. 该虚拟代言人代言的品牌是可靠且值得信赖的	0.679			
	3. 该虚拟代言人代言的品牌比其他品牌要好	0.739			
购买意愿	1. 该虚拟代言人会激起我对该品牌的购买欲望	0.649	0.756	0.742	0.490
	2. 我会主动通过各种渠道搜寻该虚拟代言人代言的产品	0.678			
	3. 同价位产品中，我倾向于购买该虚拟代言人代言的品牌	0.768			

资料来源：本书整理。

在效度分析方面，首先，使用的测量项目均来自权威期刊的成熟量表，并通过专家讨论和预测试修正完善，具有良好的内容效度；其次，本书各变量的题项的因子载荷数值均在 0.5 以上，显示出各变量具有良好的结构效度。另外，本书通过验证性因子分析竞争模型的对比（见表 10-3）也可以看出，单因子模型与数据的拟合程度不理想，而五因子模型对数据的拟合结果最为理想，优于单因子模型和三因子模型。这表明本书涉及的五个因子具有良好的区分效度，的确表示了五个不同的构念。

表 10-3 验证性因子分析竞争模型（N=292）

变量	χ^2/df	CFI	GFI	TLI	IFI	RMR	RMSEA
五因子模型	1.669	0.968	0.915	0.962	0.968	0.028	0.049
三因子模型	4.802	0.709	0.696	0.667	0.712	0.107	0.143
单因子模型	10.804	0.500	0.523	0.438	0.503	0.112	0.186

注：五因子模型：可爱度，专业性，相关性，类社会互动，广告效果。
三因子模型：可爱度+专业性+相关性，类社会互动，广告效果。
单因子模型：可爱度+专业性+相关性+类社会互动+广告效果。

三、结构方程模型分析

为了验证本书的模型，本书采用 Amos 17.0 软件进行结构方程分析，模型总体拟合指标如下：$\chi^2/\mathrm{df} = 2.496$，GFI = 0.864，RMSEA = 0.072，TLI = 0.925，NFI = 0.900，CFI = 0.937，可见模型总体拟合良好，模型中路径系数如表 10-4 所示。

表 10-4　整体模型变量的路径系数与假设检验结果

假设	路径	标准值	S.E.	C.R.	P	支持情况
H1a	类社会互动<---虚拟代言人可爱度	0.288	0.070	3.998	0.000	支持
H1b	类社会互动<---虚拟代言人专业性	0.422	0.049	7.043	0.000	支持
H1c	类社会互动<---虚拟代言人相关性	0.264	0.081	2.706	0.007	支持
H2a	广告效果<---虚拟代言人可爱度	0.248	0.048	4.504	0.000	支持
H2b	广告效果<---虚拟代言人专业度	0.017	0.034	0.341	0.733	不支持
H2c	广告效果<---虚拟代言人相关性	0.557	0.055	4.245	0.000	支持
H3	广告效果<---类社会互动	0.315	0.058	8.172	0.000	支持

资料来源：本书整理。

四、调节作用分析

本书采用分层回归的多元线性模型检验成人玩兴可能存在的调节作用。我们将可爱度、专业性、相关性、成人玩兴以及广告效果进行了中心化，并构建了可爱度、专业性和相关性与成人玩兴的交互项，分别对广告效果进行多元回归分析。分析结果见表 10-5，从模型 2 可知，虚拟代言人可爱度对广告效果的直接影响显著成立（$\beta = 0.496$，$p = 0.000$），进一步验证了假设 H1a，且可爱度与成人玩兴的交互项对广告效果的影响也显著成立（$\beta = 0.100$，$p = 0.032$），这说明成人玩兴对虚拟代言人可爱度与广告效果的调节作用显著成立。同理，由模型 4 可知，虚拟代言人相关性对广告效果的影响显著成立（$\beta = 0.580$，$p = 0.000$），进一步验证了假设 H1c，且相关性与成人玩兴的交互项对广告效果的影响也显著成立（$\beta = 0.074$，$p = 0.087$）。但是，从模型 3，我们虽然看到虚拟代言人专业性对广告效果的直接影响显著成立（$\beta = 0.243$，$p = 0.000$），但其与成人玩兴的交互项对广告效果的影响不成立（$\beta = 0.016$，$p = 0.771$）。因此，通过多元线性回归，我们验证了成人玩兴分别在虚拟代言人的可爱度和相关性对广告效果的调节作用，本书以图 10-2 更清楚地描绘了它们之间的调节效应。

表 10-5 虚拟代言人特征对广告效果影响的回归分析结果

变量	广告效果			
	模型 1	模型 2	模型 3	模型 4
年龄	0.004	0.047	0.034	0.020
学历	0.088	0.081	0.068	0.059
可爱度	—	0.496***	—	—
专业性	—	—	0.243***	—
相关性	—	—	—	0.580***
成人玩兴	—	0.197***	0.338***	0.221***
可爱度×成人玩兴	—	0.100*	—	—
专业性×成人玩兴	—	—	0.016	—
相关性×成人玩兴	—	—	—	0.074+
R^2	0.001	0.392	0.203	0.480
F	1.104	36.863***	15.781***	54.628***
R^2	—	0.391	0.202	0.479
F	—	35.759***	14.677***	53.524**

注：模型 2 相对模型 1；模型 3 相对模型 1；模型 4 相对模型 1。*、**、*** 分别表示 p 在 0.05、0.01、0.001 水平（双侧）上显著相关。+表示 $p<0.1$。

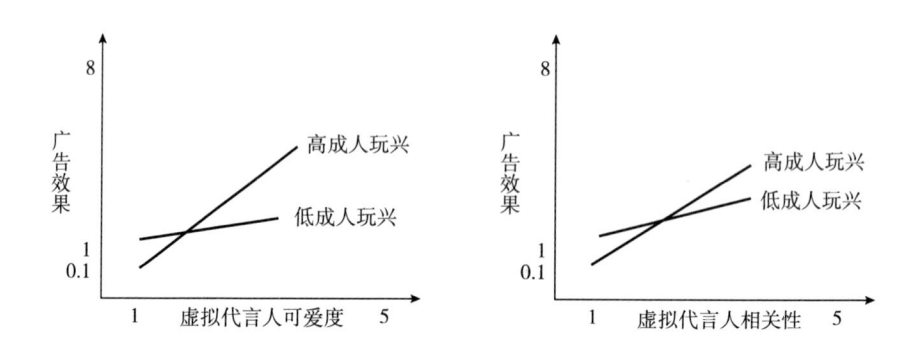

图 10-2 成人玩兴的调节效应

第六节 研究结论与启示

基于信源特征模型和类社会互动理论，本书通过对途牛网和马蜂窝的 292 份用户的数据，验证了虚拟代言人特征与广告效果之间的影响机制。具体来说，本

第十章 网站 Logo 作为虚拟代言人对广告效果的影响研究

书得到了以下四个结论：

第一，虚拟代言人的特征对产生消费者类社会互动均有显著正向影响。正如张宁（2013）的研究表明，虚拟代言人的各特征（可爱度、专业性、相关性）对品牌体验的各维度（感知体验、情感体验和关联体验）影响都显著成立。本书从类社会互动关系的视角，验证了消费者与品牌标识设计中的虚拟人物在长期的互动关系中能够形成稳定的单边性友谊关系，即类社会互动关系，而这种关系揭示了消费者与品牌之间的正向情感联结状态，有利于培育顾客的忠诚倾向和顾客支持行为（Labrecque，2014）。

第二，虚拟代言人的特征对广告效果的影响存在差异。具体来说，虚拟代言人的可爱度、相关性对广告效果的正向影响显著成立，而虚拟代言人的专业性对广告效果的影响没有通过验证（$\beta = 0.017$，$p = 0.733$）。正如娃哈哈纯净水以王力宏为代言人，以"我的眼里只有你"打败乐百氏的"27层净化"的专业性诉求。本书的研究表明，虚拟代言人的可爱度和相关性特征更能刺激消费者产生良好的广告效果。这与 Huang 等（2011）验证虚拟代言人的专业性特质对广告效果的直接影响也显著成立的结论稍有差异，主要是本书引入了类社会互动作为中介变量，说明在虚拟代言人与广告效果之间可能存在复杂的路径关系，这也为今后的研究提供了可拓展的方向。

第三，消费者与虚拟代言人的类社会互动对广告效果的影响也显著成立。消费者类社会互动关系理论正被广泛地应用到社交媒体、虚拟社区等领域，体现出越来越强大的解释力。正如 Kalra 和 Goodstein（1998）验证了消费者对不熟悉的产品，可能会因为对代言人的认同而提升产品态度及购买意愿，进而可能有较高的意愿进行溢价购买。本书则验证了消费者与品牌设计中虚拟代言人的类社会互动能作为一种内隐性的品牌互动而影响广告效果。

第四，本书验证了成人玩兴在虚拟代言人可爱度和相关性与广告效果之间存在的调节效应。由于社会压力的激增，Kidult 现象（成人儿童化）逐渐普及，他们在成熟的外表背后隐藏着些许孩子式的思维和癖好。他们倾向于一种幽默轻松、蕴含快乐文化的生活方式，并像孩子一样喜欢卡通，也在广告接受和品牌消费过程中容易被虚拟代言人生动有趣的卡通形象吸引，产生亲近感。本书则表明，消费者从情感层面会形成对品牌标识设计中虚拟代言人的好感度，在一定程度上其可激发实质的购买行为，以实现广告沟通效果和品牌资产的提升。

本书的研究结论也为企业在网站的品牌标识设计以及虚拟代言人策略的实施提供了可供借鉴的管理启示：首先，企业在设计品牌标识时需要注意应用虚拟代言人的策略，特别是注意用拟人化的手法，注重虚拟角色的可爱度以及与产品或企业的相关性。其次，企业需要在品牌设计和传播过程中注意营造消费者与品牌虚拟代言人的类社会互动关系，通过品牌拟人化手法，展示虚拟代言人的社交属性。最后，企业需要注意成人玩兴在影响消费者品牌偏好中可能存在的干扰作用，引入更多的娱乐要素满足这类需求。

尽管本书在设计和分析时力图严谨规范，但还是存在以下两个缺陷：一是由于资源限制，采用了横截面的调查方式，使用的是静态数据，有可能存在偏差，今后可以考虑使用纵向跟踪调查。二是由于在现实中旅游网站的品牌虚拟代言人的应用还不是很充分，在选择研究对象时，没有考虑虚拟代言人的类型，没有选择专家型虚拟代言人，由于专家型虚拟代言人和吸引力型虚拟代言人与消费者互动过程中的作用方式可能存在很大的差异，因而可能存在干扰效应。今后的研究将针对以上几点缺陷展开。

第十一章 虚拟宠物可爱度对网络助人行为的影响研究

第一节 研究缘起

在日常生活中，当看到小婴儿肉嘟嘟的脸蛋或小动物娇弱的姿态时，大多数人都会感觉"可爱"并产生关怀动机与照料意愿。可爱（Cuteness）最初用于形容新生儿，随着研究的深入，被推广到非人类生物和无生命物体，具体描述一个物体在多大程度上具备新生儿的物理特征，如大眼睛、丰满的脸颊和宽额头。可爱的形象设计被广泛运用于商业实践，很多互联网龙头企业选择可爱的动物作为品牌标志，从腾讯系的企鹅到阿里系的天猫、蚂蚁、盒马，"可爱"似乎成为互联网平台黏附用户的吸盘。不仅如此，很多产品的外形设计也呈现出可爱的特征，这不仅可以帮助企业提高营收利润，甚至能在服务漏洞中提高客户的忍耐性，降低企业的损失。在虚拟形象领域，企业通过设计可爱的虚拟代言人形象能够吸引消费者眼球，对品牌产生积极情感，从而潜在影响其购买行为。可见，在互联网革命浪潮的持续冲击下，"可爱"不仅在现实生活中有一席之地，在虚拟网络层面也必然有其存在和影响作用，然而现有文献对其在虚拟形象领域的研究显然不足。

Baker（2007）开创性地将可爱度引入虚拟代言人的研究，作为一种可视化的视觉形象，可爱的外形设计能够缓解个体的生活压力和工作压力，进而提高个体对其所代言品牌或产品的积极态度和情感认知。随着虚拟代言人的范围逐步扩大，虚拟宠物作为一种营销策略开始受到关注。从2005年横空出世的QQ宠物企鹅再到近期热度极高的任天堂游戏《动物森友会》，虚拟宠物在提供娱乐与交流的同时扮演着家人或朋友的角色，成为不少网民虚拟生活的一部分。学术研究表明虚拟宠物的设计特征对其影响效果具有显著预测作用。例如，已有研究认为美学对人与虚拟宠物交互有重要影响，辨识度更高、更为可爱的虚拟宠物往往更能得到用户的青睐，进而影响用户行为，如支付宝里可爱的虚拟小鸡形象吸引了超 600 万日流量参与到虚拟公益项目"蚂蚁庄园"中。Chang 等（2014）也发现消费者更青睐将可爱元素融入外形设计的绿色产品，"可爱"在带动绿色产品销量的同时还有助于消费者提高环保意识，并激发亲社会行为。

随着互联网的普及，以网络平台为载体的助人行为得到社会各界广泛关注，网民参与网络助人有益于在虚拟世界中传递温暖，建设文明的网络文化环境。因而，探索网络助人行为的影响因素是国内外学术界和实务界共同关注的核心话题。虽然学者们从不同视角对网络助人行为进行了研究，但还没有学者对虚拟宠物可爱度与网络助人行为的关系进行过相关理论研究。虚拟宠物被认为是人在网络世界的自我投射，人们与之倾诉自身愉悦、悲伤、孤独等情绪，使情感联结在互动中得到巩固与强化，友伴关系更加紧密。在企业营销中，消费者常常被鼓励与虚拟宠物进行有趣的互动来获取沉浸式体验，从而提升营销效果。而且可爱度作为虚拟宠物的重要外形特征，也被认为是对激发正向情绪、缓解孤独、引发用户的亲社会动机等方面存在影响。Dion 等（1972）提出的"美的就是好的"的观点，也认为可爱作为一种策略可能在营销管理的作用是被忽略的。

因此，基于具身认知理论，本书从类社会互动的研究视角出发，试图探索虚拟宠物可爱度对个体网络助人行为的影响及过程机理，并探究自我构念的调节作用。本书有助于更全面地理解网络情境中助人行为的影响因素，将虚拟形象领域中有关可爱度的研究从虚拟代言人扩展到虚拟宠物，进一步丰富网络情境下可爱度的研究成果。同时，对于互联网企业或社会组织如何有效借助虚拟宠物在网络世界中营造良好和谐的互助氛围具有重要的实践意义。

第二节　可爱度的概念

一、关于可爱的研究

可爱源于对"娃娃"的形容，通常被定义为一系列与婴儿相关的外部特征，如大眼睛、丰满的脸颊、短胖的四肢等，相对较小的身体结构比例和外部元素的适当缺失被认为是可爱的两个关键特征，例如，HelloKitty 缺少了眉毛、嘴巴等元素，却成为可爱的"代言人"。在过去，学者往往将可爱看作单维的概念，

Nenkov 等（2014）首次将可爱划分为两个维度：婴儿式的可爱（Kindchenschema Cuteness）和反常规的、搞怪的可爱（Whimsical Cuteness）。本书的目的是探索可爱在虚拟宠物形象设计中的作用，虚拟宠物在模拟实体宠物的基础上加入婴儿式的元素，并对五官内容做出调整与变化（如 QQ 企鹅拥有圆润的身躯和大眼睛，却缺少鼻子和耳朵），用户通过喂饭、洗澡、娱乐等类似于照料婴儿的方式与虚拟宠物互动，进而与之结成情感伴侣。因而本书所探讨的虚拟宠物可爱度属于婴儿式的可爱，可爱的虚拟宠物能够让人们的高压生活得到缓解，在一定程度上满足了人们的娱乐生活需求。

目前关于可爱的学术研究主要分布在社会学、心理学和生物学领域。其中，注意偏向效应表明，可爱的婴儿更能吸引人们的注意力，人们在观看高可爱度面孔的婴儿时往往表现为注意维持模式，同时激发更多的积极情绪，负性情绪反应显著降低，进而引发更强的照料动机。尽管大多数关于可爱的研究都是针对有生命的个体，但其实可爱也能够被运用到无生命的物体上。在商业领域，很多产品的外形设计呈现出可爱的特征，这有助于消费者回忆起少年时光，释放现实生活中的压力，甚至能够缓解置身现代社会的孤独感。而在虚拟的网络世界中，个体在评价用户使用的虚拟化身可爱度时也遵循同样的原则。虚拟代言人借助其可爱的外表、拟人化的行为给消费者带来更多乐趣，在人机交互中形成情感联结，吸引消费者关注广告，提升购买意愿。类似于其他虚拟化身，虚拟宠物通过头部形状、眼睛、嘴巴、肢体比例等元素变化的设计，以图文声光等内容与用户进行互动也可以潜在地影响用户的认知与行为。

二、网络助人行为

网络助人行为（Internet Helping Behavior）是指在网络情境当中，发生的有利于他人的自愿助人行为，也被界定为网络利他行为、网络亲社会行为。本书将沿用 Parlangeli 等（2019）对网络助人行为的定义，即个体在网络环境中所展现出来的、自觉自愿对那些发出求助信息的人们给予支持、进行帮助的网络行为。

以往研究表明，个体网络助人行为的影响因素可以分为助人者因素、受助者因素以及情景因素三大类。国外学者考察了亲社会价值观、自我价值感、冲动性等助人者的个体特征对网络助人行为的影响，发现它们作为稳定的人格特质，均能显著预测网络助人行为。此外，研究者也探讨了网络技术与情景因素的作用，如收信人列表大小、聊天室人数和紧急符号（！）的使用。相比于国外，我国学者对网络助人行为的研究仍处于起步阶段，吴鹏等（2017）从道德双加工模型视角出发，实证发现同情、内疚等道德情绪可以显著激发个体网络助人行为，而道德推理可以中介这一关系。刘勤为等（2016）通过问卷调查法发现网络社会支持能够正向预测网络利他行为。可见,学者仅从旁观者人数和标点符号等角度对网络情景因素进行探讨,而虚拟宠物作为活跃于网络中的一种情景因素,其可爱程度可能会对用户的网络助人行为产生影响。

三、虚拟宠物可爱度与网络助人行为的关系

具身认知论认为,认知是一种高度具身的、情境化的活动,甚至思维的存在也应首先被看作行动的存在。换言之,人们对物体的认知过程源于各种感官感觉,外部刺激或信息经由感官进入个体大脑,大脑根据感觉材料的属性及记忆中原有的知识和经验,对材料进行加工,从而形成对物体的认知,如图像和词语等微小的外部刺激也能够无意识的影响人们的认知状态。本书认为,用户观看可爱的虚拟宠物图片所形成的视觉刺激经由大脑加工后能够对认知和网络助人行为产生影响。

一方面,从具身认知论的视角出发,认知不仅借助身体来表达,其功能的实现是依赖于身体的,高级的认知过程与知觉、运动过程之间相互作用,外界刺激会通过改变人类身体的构造、状态或物理属性,进而对认知产生塑造作用。可爱具备脆弱、温暖、天真的特性,当个体接触到更可爱的虚拟宠物时,所产生的愉悦感与保护欲会使个体在接触与交流过程中产生更多的共情情绪,即更能体会别人的感受并据此做出适当的行为反应,而共情的唤起能够引起或产生助人行为。

另一方面,基于 Dion 等(1972)提出的"美的就是好的"的观点,外表魅力对亲密关系的建立和发展发挥着不可忽视的作用,相较于相貌平平的个体,可爱的个体更常被知觉到更多的社会赞许性品质和理想的社会形象,得到互动对象更多的肯定与信任,从而有利于互动对象在因"匿名性"和"不确定性"导致的信任危机加剧的网络环境中表现出更多的助人行为。这与映射原理揭示出的现象相一致,现实中人们更愿意与可爱的物体形成情感依恋,则在虚拟的网络世界中也更愿意与可爱度高的虚拟化身互动,由此唤起高水平的共情,提高网络助人行为的意愿。基于此,本章提出以下假设:

H1:虚拟宠物可爱度对于个体的网络助人行为有显著的正向影响。

第三节 类社会互动与自我构念

一、类社会互动的中介作用

Horton 和 Wohl(1956)首先将类社会互动(Para-Social Interaction)引入社会学中,描述的是个体通过媒体与角色之间"亲近的、面对面的、类似于人际关

系的关系"。之后，Rubin等（2010）对类社会互动做出进一步解释，认为类社会互动是个体为满足自身人际沟通的需要，通过媒体与媒体中的角色、内容等产生的有明确目标导向的行为，并最终与媒体角色之间形成很强的关系纽带。类社会互动与人际互动相似，又异于人际互动，主要体现在以下三个方面：一是类社会互动是单边传导的，而人际互动是双边的；二是类社会互动中不存在反馈机制，而人际互动中强调反馈机制；三是关系的发生以媒体为中介，媒体的广泛性、全面性使个体能更充分地掌握对方的信息。本书中所探讨的用户与虚拟宠物之间的互动属于类社会互动，其具备类社会互动的特点，包括用户进行单向的饲养行为、虚拟宠物不存在真实的反馈机制以及用户经由媒体获取更加全面的虚拟宠物信息等。

类社会互动的程度会被媒体角色或内容的吸引力影响，Conway（2012）和Rubin（2010）通过实证研究发现，电视台主持人对受众的外貌魅力会强烈影响受众对其喜好程度的感知。根据具身认知理论，认知不仅发挥中枢的符号加工作用，而是让有机体有效行动可以更好地适应环境。虚拟宠物作为媒体中的一种特殊角色，提升自身可爱度有利于用户对其产生更高评价，并在行为层面促使个体与之进行更多社交行为。相较于可爱度低的虚拟宠物，可爱度高的虚拟宠物在有效提升用户满意度的同时能得到更多交流和反馈，进而增强类社会互动程度。而个体与虚拟宠物的类社会程度更高，可能产生更多的网络助人行为。一方面，类社会互动会提升对象的感知亲密度、可信度和好感度，降低感知不确定性，并有效增强用户契合和忠诚度，对用户态度和行为产生积极影响，如信任感会促使用户更倾向于相信角色提供的信息、购买角色所推荐的产品。强烈的类社会互动也意味着用户将互动对象视为亲密伙伴，从而与之建立良好的互惠情谊，促进用户采取更多的价值共创互助行为。换言之，成功的用户体验所带来的积极情绪能有效预期用户的利他倾向，促使用户在网络环境中产生更多助人行为。另一方面，类社会互动根植于传统人际关系中感知相似性、吸引和移情等心理机制，人们用相同的沟通认知过程处理与媒体角色的类社会互动问题，因此人们在人际互动中对社会声誉、社会地位等的追求在类社会互动中同样适用，而声誉是促使人们施以利他行为的动机之一。可见，在虚拟的网络环境中，个体与虚拟宠物之间更频繁有效的类社会互动会带来更多且丰富的网络助人行为，以满足声誉及社会地位等的需求。综上所述，可爱度高的虚拟宠物通过增强与用户之间的类社会互动，在信任度、亲密度等方面发挥作用，进而提升其网络助人行为的意愿，基于此，本章提出以下假设：

H2：类社会互动在虚拟宠物可爱度和个体的网络助人行为意愿之间起中介作用。

二、自我构念的调节作用

自我构念是指个体看待和理解自身与他人之间关系的方式，它分为独立型自我构念（Independent Self-Construal）和相依型自我构念（Interdependent Self-Construal）。独立型自我的个体倾向于展示其个人能力、属性和偏好；相依型自我的个体拥有较高的集体动机，倾向于寻求与他人相一致，以便融入群体之中。在进行判断和决策时，不同自我构念的个体所关注的焦点也有所不同。独立型自我的个体往往聚焦于自身和事物间的差异性，而相依型自我的个体更多关注自己与事物间的共同点。个体如何定义自我决定了其如何思考、看待和应对生活中的事件。因此，在面对不同情境下的虚拟宠物图片时，不同自我构念的个体表现出的类社会互动和网络助人行为水平可能是不同的。

不同自我构念的个体存在社会认知上的差异，进而在具体社会交往情境中的表现也会有所不同。具体来说，独立型自我构念的个体强调表现自我，与他人保持界限，将表现独特的自我作为生活的重要目标，而相依型自我构念的个体表现出关系取向，更看重与朋友们的交流，更考虑朋友们的感受，将与他人保持和睦关系作为生活的重要内容。可见，相依型自我的个体更看重同他人关系的建立与维持，更愿意融入群际关系或与他人的互动当中，且本身表现出更多的利他倾向。此外，研究表明，相依型自我的个体相较于独立型自我的个体能够体验到更多的人际亲密性，且相依型程度与人际亲密性可共同预测其幸福感，幸福感作为一种独特的内在动力，能够促使个体产生更强的分享意愿，从而表现出更强的互动意愿与助人行为，将幸福感作为"火炬"传递于群体之中。在网络环境中同样如此，相依型自我的个体在社交网站中表现出关系取向以及更强的社交倾向，因而他们本身亲社会动机更强，能够为需要帮助的网友提供更多支持和关怀，并试图建立新的情感，而独立型自我的个体往往表现出更多的积极自我呈现，这在带来愉快体验、幸福感等个人收益的同时却可能让其付出社交代价。与此同时，积极自我呈现会使个体忽略网络环境中其他人的情绪和感受，从而抑制网络助人行为。

由此，本章认为，相依型自我构念的个体由于其具有关注他人并且致力于与群体保持和谐关系的特征，相对于强调自我的独立型自我构念的个体，其本身的网络助人行为意愿程度就比较高，即便在高可爱度的虚拟宠物图片刺激下，本身网络助人意愿的改变并不大，所以不易受到虚拟宠物可爱度的影响，而独立型自我构念的个体本身并不太关注他人的评价，其最初的网络助人行为意愿较低，更容易受到虚拟宠物可爱度的影响。基于此，本章提出以下假设：

H3：自我构念对于虚拟宠物可爱度与网络助人行为意愿之间的关系具有调

节作用。对于独立型自我构念的个体,虚拟宠物可爱度越高,其网络助人行为意愿越高,而对于相依型自我构念的个体,不同水平的虚拟宠物可爱度对其网络助人行为意愿没有显著差异。

H4:类社会互动在虚拟宠物可爱度与网络助人行为之间的中介作用被自我构念所调节。对于独立型自我构念的个体,虚拟宠物可爱度越高,其与虚拟宠物类社会互动意愿越强,而对于相依型自我构念的个体,不同水平的虚拟宠物可爱度对类社会互动意愿没有显著差异。

综上所述,基于具身认知理论,本章构建了虚拟宠物可爱度与网络助人行为的理论模型,并考虑个体自我构念可能存在的调节作用。研究模型如图11-1所示。

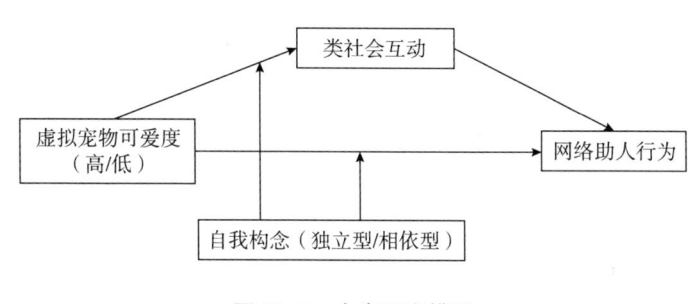

图 11-1 本章研究模型

第四节 研究设计与实证分析

一、实验1:主效应及类社会互动的中介作用

(一)实验材料

为排除被试对现有网络游戏中虚拟宠物的偏好影响,本书通过搜索各大图片网站中的虚拟宠物形象或动物卡通形象图片,筛选出三组具有对比性的图片,宠物种类分别为狗、熊猫和蜗牛,并由一个独立的前测对三组实验材料选取的有效性进行测量和检验。前测在调研平台问卷网上开展,共发放40份问卷,删除明显回答不认真的无效问卷,最终得到有效问卷35份,其中男性为19人。所有被试先回答是否见过该虚拟宠物,然后在7级量表上分别对图片中的虚拟宠物可爱度进行评价,本书对虚拟宠物可爱度的测量以 Mize 和 Kinney(2008)测量虚拟

代言人可爱度的量表为基础,结合虚拟宠物对其题项进行改编,代表题项如"我觉得该虚拟宠物外形很可爱""我觉得该虚拟宠物很讨人喜欢"等,通过4个题项的7级量表(1="完全不同意";7="完全同意")来测量虚拟宠物的可爱度,不同图片的展示顺序被设置为随机化以排除顺序的影响(见图11-2),本书最终选取蜗牛这组虚拟宠物形象作为实验材料,配对样本T检验的结果显示,被试对高可爱度虚拟宠物的评价显著高于对低可爱度虚拟宠物的评价($M_{高}=4.21$,$M_{低}=2.53$,$p<0.001$),且被试对不同可爱度虚拟宠物的颜色($M_{高}=4.68$,$M_{低}=4.52$,$p>0.1$)、形状偏好程度($M_{高}=4.05$,$M_{低}=3.87$,$p>0.1$)均不存在显著差异,表明选取该组图片作为不同水平可爱度的虚拟宠物实验材料是合适的。

(二)实验对象

招募某高校本科生65名,均自愿参加,实验结束得到礼品。其中男生28名,女生37名,所有被试被随机分配到高可爱度虚拟宠物组(32人)和低可爱度虚拟宠物组(33人)的单因素组间实验设计中。

(三)实验流程

本实验采用的是自填式问卷,开始正式实验之前要求被试先填写网络助人行为意愿的相关题项以排除被试本身网络助人行为的影响。本书关于网络助人行为的测量参考了Oswald(2021)和Chen等(2021)的研究并根据本书实验情景进行改编而成,包括"对网络上他人所提问题给予回答和辅导"等5题项,所有量表均采用李克特7点尺度。随后,被试将阅读到问卷首页设置的实验场景描述和图片展示,实验场景描述为:

"Green Planet是非常热门的线上平台,近日Green Planet上线了一个网上公益活动,通过饲养Green(格林)——一只宠物蜗牛(见图11-2)来进行网上爱心捐赠,在喂饱Green之后,Green会通过行走消耗能量,根据Green行走的里程数进行相应数量的爱心捐赠,捐赠的款项将用于实际的公益项目。"

图11-2 高可爱度虚拟宠物和低可爱度虚拟宠物实验材料

高可爱组图片展示图 11-2 中左边的蜗牛图片，低可爱组图片展示图 11-2 中右边的蜗牛图片，在描述中尽量去掉了有偏向性的描述。为了检验虚拟宠物可爱度操控的效果，所有被试在阅读完实验材料后需要完成对虚拟宠物可爱度的四个题项。之后，被试将观看屏幕中虚拟宠物的运动路径以及随机切换的对话框图片，并完成类社会互动意愿的五个题项。互动意愿量表由 Rubin 和 Powell（2010）的类社会互动量表根据本书情境改编而成，包括"我感觉该虚拟宠物像一个好朋友"等题项。最后被试再次填写网络助人行为量表及个人信息。

（四）实验结果

首先，对被试的先前网络助人行为进行检验，高可爱组（$M=4.23$，$SD=1.18$）和低可爱组（$M=4.25$，$SD=1.21$；$t(63)=-0.078$，$p=0.938$）的差异不显著，表明随机分组的被试在网络助人行为方面是同质的。其次，根据独立样本 T 检验结果，虚拟宠物可爱度操纵成功（$M_{高}=4.33$，$M_{低}=3.43$，$p<0.001$）。接下来以不同的虚拟宠物可爱度组为自变量、网络助人行为意向指标为因变量进行独立样本 T 检验，结果显示，高可爱组的被试的网络助人行为意向显著高于低可爱组的被试的网络助人行为意向（$M_{高}=4.77$，$M_{低}=4.18$，$p=0.046$），即观看越可爱的虚拟宠物图片时，个体的助人行为意向越高，故 H_1 得到支持。

为了检验类社会互动的中介效应，本书以不同的虚拟宠物可爱度组为自变量、类社会互动指标为因变量进行独立样本 T 检验，结果显示，高可爱的虚拟宠物会导致更高的个体与虚拟宠物的互动（$M_{高}=3.86$，$M_{低}=3.05$，$p=0.013$）。进一步采用回归分析法检验类社会互动的中介效应，逐步线性回归结果显示（见表 11-1），虚拟宠物可爱度对网络助人行为意向存在显著正向影响（$\beta=0.512$，$p<0.001$），虚拟宠物可爱度对类社会互动也存在显著正向影响（$\beta=0.702$，$p<0.001$），类社会互动对个体网络助人行为意向存在显著的正向影响（$\beta=0.435$，$p<0.001$），以虚拟宠物可爱度、类社会互动同时作为自变量，以网络助人行为意向作为因变量进行线性回归分析，虚拟宠物可爱度的回归系数显著（$\beta=0.407$，$p=0.009<0.01$），因此类社会互动起着部分中介的作用，故 H_2 得到支持。此外，我们使用 Bootstrap 方法进一步检验中介作用，通过运用 Hayes 制作的 SPSS 软件 PROCESS 插件中 Model 4，将虚拟宠物可爱度作为自变量，类社会互动作为中介变量，个体网络助人行为作为因变量，样本量选择 5000，在 95% 置信区间下进行 Bootstrapping 检验。结果表明，可爱度对助人行为的间接作用显著（LLCI=0.018，ULCI=0.303，$\beta=0.151$），在加入中介变量后，可爱度对助人行为的直接作用仍然显著（LLCI=0.375，ULCI=0.801，$\beta=0.588$），表明类社会互动起到部分中介的作用。

表 11-1　实验 1 回归结果

自变量	中介变量	因变量		
	类社会互动	网络助人行为		
虚拟宠物可爱度	0.702***	0.512***	—	0.588***
类社会互动	—	—	0.435***	0.309*
R^2	0.48	0.25	—	0.25
F	61.076	22.335	—	11.644

注：***表示 p 在 0.001 水平（双侧）上显著相关。

本书通过实验 1 的情景模拟验证了虚拟宠物可爱度对个体网络助人行为的正向影响，并检验了类社会互动所扮演的中介作用。为了探究虚拟宠物可爱度的作用边界，实验 2 的首要任务将检验自我构念对虚拟宠物可爱度与类社会互动、网络助人行为之间的调节效应。

二、实验 2：自我构念的调节作用

（一）实验材料

情景设计、虚拟宠物图片及各变量量表同实验 1，不同之处是在情景设计前增加自我构念的相关题项，本书的自我构念量表是 Singelis（1994）在 Markus 等（2021）所提出的自我构念理论基础上所编制的，该量表统一为 7 级评分（1＝"完全不同意"；7＝"完全同意"），分为独立型自我和相依型自我两个维度的题项。

（二）实验对象

招募某高校 115 名在校大学生参加了本实验，其中男生 42 名（占 36.5%），女生 73 名（占 63.5%），平均年龄为 19.05 岁（$SD=2.34$）。实验结束后被试得到与实验一相同的礼品。

（三）实验流程

与实验 1 相同，实验 2 采用的是自填式问卷，所给的实验材料均采用图文结合的方式，并进行相应的版面处理。在正式实验开始之前，被试完成先前的网络助人行为 5 题项量表，接着填写与自我构念相关的题项，将相依型自我分值较高的被试分为一组（相依型自我组，59 人），将独立型自我分值较高的被试分为一组（独立型自我组，56 人）。随后的实验场景描述与实验 1 相同，正式开始实验时将相依型自我组和独立型自我组的被试再分别随机分配到高可爱组和低可爱组的组间实验设计中，高可爱组和低可爱组的图片展示与实验 1 相同。其中，相依型自我×高可爱组 31 人，独立型自我×高可爱组 27 人，相依型自我×低可爱组 28 人，独立型自我×低可爱组 29 人。各组被试在阅读完材料和图片后填写虚拟宠物可爱度量表,紧接着观看屏幕中虚拟宠物的运动路径以及随机切换的对话框图片之后完成类社会互动的量表,最后回答网络助人行为量表及相关个人信息。

(四) 实验结果

首先,根据独立样本 T 检验结果,相依型自我组($M=3.74$,$SD=0.92$)和独立型自我组($M=4.01$,$SD=0.89$;t(113)$=-1.587$,$p=0.116$)的被试先前网络助人行为差异不显著,表明被试在网络助人行为方面是同质的。虚拟宠物可爱度的操纵是成功的($M_{高}=3.89$,$M_{低}=3.03$,$p<0.001$),且高可爱组的被试相较于低可爱组产生更多的网络助人行为($M_{高}=4.55$,$M_{低}=4.08$,$p=0.012$),H1再次得到验证。

其次,再次验证类社会互动的中介效应,以不同的虚拟宠物可爱度组为自变量、类社会互动指标为因变量进行独立样本 T 检验,结果显示,高可爱的虚拟宠物会导致更高的个体类社会互动($M_{高}=3.57$,$M_{低}=2.79$,$p=0.001$)。与实验1相同,采取分层回归法检验中介效应(见表11-2),虚拟宠物可爱度对网络助人行为意向存在显著正向影响($β=0.444$,$p<0.001$),虚拟宠物可爱度对类社会互动也存在显著正向影响($β=0.812$,$p<0.001$),个体与虚拟宠物互动对个体网络助人行为意向存在显著的正向影响($β=0.412$,$p<0.001$),以虚拟宠物可爱度、类社会互动同时作为自变量,以网络助人行为意向作为因变量进行线性回归分析,虚拟宠物可爱度的回归系数显著($β=0.321$,$p=0.028$),因此类社会互动起着部分中介的作用。进一步地,Bootstrap 分析结果显示,可爱度对助人行为的间接作用显著(LLCI$=0.017$,ULCI$=0.377$,$β=0.202$),在加入中介变量后,可爱度对助人行为的直接作用仍然显著(LLCI$=0.054$,ULCI$=0.496$,$β=0.275$),因而类社会互动发挥部分中介的作用,H2再次得到支持。

表11-2 实验2回归结果

自变量	中介变量	因变量		
	类社会互动	网络助人行为		
虚拟宠物可爱度	0.812***	0.444***	—	0.321*
类社会互动	—	—	0.412***	0.151*
R^2	0.66	0.19	0.16	0.19
F	218.372	27.733	23.090	14.427

注:*、**、***分别表示 p 在0.05、0.01、0.001水平(双侧)上显著相关。

最后,检验自我构念在虚拟宠物可爱度与网络助人行为、类社会互动之间的调节作用。由图11-3可得,对于相依型自我的个体而言,高可爱组的助人行为意向与低可爱组不存在显著差异（$M_{高}=4.24$，$M_{低}=3.98$，$p=0.295$），对于独立型自我，高可爱组的网络助人行为意向显著高于低可爱组（$M_{高}=4.90$，$M_{低}=4.19$，$p=0.007$），即具有独立型自我的个体网络助人行为会受到虚拟宠物可爱度的影响，H_3 得到支持。由图11-4可知，对于相依型自我的个体而言，高可爱组的助人行为意向与低可爱组不存在显著差异（$M_{高}=3.42$，$M_{低}=2.82$，$p=0.051$），而对于独立型自我，高可爱组的网络助人行为意向显著高于低可爱组（$M_{高}=3.74$，$M_{低}=2.76$，$p=0.007$），因此具有独立型自我的个体类社会互动的意愿会受虚拟宠物可爱度影响，H4得到支持。

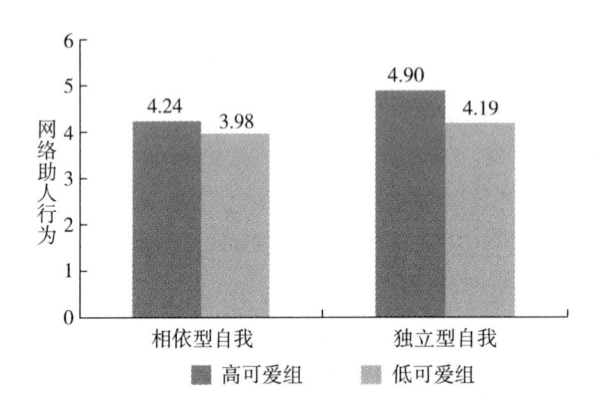

图11-3 自我构念对虚拟宠物可爱度与网络助人行为之间的调节作用

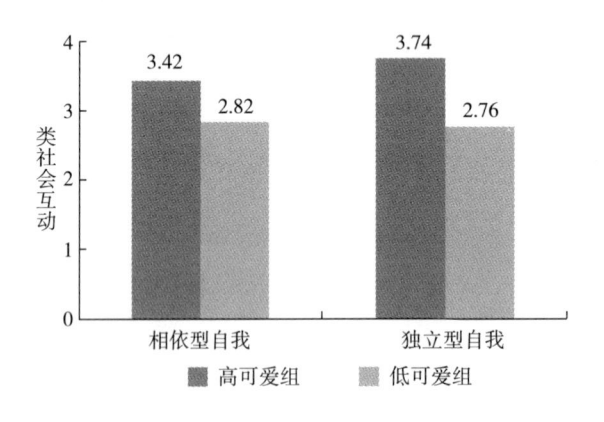

图11-4 自我构念对虚拟宠物可爱度与类社会互动之间的调节作用

实验2检验了自我构念的边界效应，并再次证实了H1和H2的成立。但由于实验1及实验2的实验刺激图片均由网上下载，存在颜色差异、形状轮廓等局限性。为了提高实验的可信度及有效性，实验3将通过专业软件绘制虚拟宠物图片，以减少图片差异带来的偏误。此外，实验 3 将借鉴 Gardner（1999）的研究启动被试的自我构念类型，并将实验对象扩展为校外人员，进一步丰富外部效度，检验本书的稳健性。

三、实验 3：稳健性检验

（一）实验材料

本实验的两张刺激图片由网络制图软件绘制而成（见图 11-5），两张图片对比在虚拟宠物色泽及躯体比例的控制上进行了大幅改善。为保证刺激图片的有效性，本书随机招募 20 名在校本科生进行前测，前测问卷内容除刺激图片外均与实验 1 的前测一致。在 20 份有效样本中，配对样本 T 检验的结果显示，被试对高可爱虚拟宠物的评价（$M=4.30$，$SD=0.99$）显著高于对低可爱虚拟宠物的评价（$M=2.86$，$SD=1.32$；$t(19)=4.54$，$p<0.001$），且被试对不同可爱度虚拟宠物的颜色（$M_{高}=3.89$，$M_{低}=4.02$，$p>0.1$）、形状偏好程度（$M_{高}=4.73$，$M_{低}=4.56$，$p>0.1$）均不存在显著差异，表明选取该组图片分别作为高可爱虚拟宠物和低可爱虚拟宠物的实验材料是合适的。

图 11-5 高可爱度虚拟宠物和低可爱度虚拟宠物实验材料

自我构念的启动材料参考 Gardner（1999）等所使用的圈代词的启动形式，描述主题为乡下旅行。独立型自我的短文和相依型自我的短文除代词外其余内容均相同，独立型自我组的短文代词为"我"，相依型自我组的短文代词为"我们"。因正式实验采取在线自填式问卷的方式，本实验将代词加粗，并让被试阅读短文后用简短的语言概括短文主题。针对自我构念启动材料的有效性问题，随机选取 36 名在校本科生进行前测，并将其随机分配到不同的自我构念类型材料启动组中。独立样本 T 检验结果显示，当采用独立型自我的启动材料时，独立型自我得分显著高于相依型自我得分（$M_{独立型}=5.13$，$M_{相依型}=4.29$，$p=0.004$）；当采用相依型自我的启动材料时，相依型自我得分显著高于独立型自我得分（$M_{相依型}=5.16$，$M_{独立型}=4.04$，$p=0.001$），表明本书自我构念启动方式是可行的。

（二）实验对象

为了提高实验的外部效度，实验三通过某知名问卷平台随机招募 159 名实验对象，剔除两份填写不完整的无效样本后，共得到 157 份有效样本。其中男性 86 名（占 54.8%），女性 71 名（占 45.2%），平均年龄为 29.17 岁（$SD=5.33$）。被试完成实验后均可获得一定的金钱报酬。

（三）实验流程

实验三的目的是在换取刺激图片及增加自我构念启动材料的情景下再次检验本书提出的四个假设。实验 3 为 2×2 组间设计实验，分别设计四份问卷（独立型自我×高可爱宠物组、独立型自我×低可爱宠物组、相依型自我×高可爱宠物组、相依型自我×低可爱宠物组）在问卷平台上发放，所给的实验材料均采用图文结合的方式，并进行相应的版面处理。被试首先阅读自我构念的启动材料，并对相应的自我构念题项进行评分。随后的实验场景描述除主题改为"海洋"外其余均与实验二相同。被试在完成虚拟宠物可爱度四题项量表、类社会互动意愿五题项量表、网络助人意愿五题项量表及个人信息后可得到金钱报酬。

（四）实验结果

首先，对自我构念及虚拟宠物可爱度进行操纵检验，分别取独立型自我和相依型自我的题项得分平均值进行配对样本 T 检验。当被试阅读独立型自我启动材料时，独立型自我得分显著高于相依型自我得分（$M_{独立型}=5.65$，$M_{相依型}=5.03$，$p<0.001$）；当被试阅读相依型自我启动材料时，相依型自我得分显著高于独立型自我得分（$M_{相依型}=4.90$，$M_{独立型}=4.43$，$p=0.001$），表明自我构念的启动在正式实验中同样成功。接着将虚拟宠物可爱度的四个题项取均值作为虚拟宠物可爱度的评价指标，独立样本 T 检验结果证实虚拟宠物可爱度操纵同样成功（$M_{高}=4.49$，$M_{低}=3.42$，$p<0.001$），且高可爱组的被试的网络助人行为意向显著高于低可爱组的被试的网络助人意向（$M_{高}=4.35$，$M_{低}=3.71$，$p=0.001$），即虚拟宠物可爱度对个体网络助人行为有显著的正向影响，H1 再次得到支持。

其次，通过 Bootstrap 方法检验个体类社会互动的中介效应。结果表明，可爱度对助人行为的间接作用显著（LLCI = 0.327，ULCI = 0.547，$\beta=0.537$），在加入中介变量后，可爱度对助人行为的直接作用仍然显著（LLCI = 0.051，ULCI = 0.267，$\beta=0.196$），因此类社会互动起到部分中介的作用，H2 再次得到支持。

最后，检验自我构念在虚拟宠物可爱度与网络助人行为、类社会互动之间的调节作用。由图 11-6 可得，对于相依型自我的个体而言，高可爱组的助人行为意向与低可爱组不存在显著差异（$M_{高}=3.87$，$M_{低}=3.46$，$p=0.097$），对于独立型自我，高可爱组的网络助人行为意向显著高于低可爱组（$M_{高}=4.79$，$M_{低}=3.95$，$p=0.002$），即具有独立型自我的个体网络助人行为会受到虚拟宠物可爱度的影响，H3 再次得到支持。由图 11-7 可知，对于相依型自我的个体而言，高可爱组的助人行为意向与低可爱组不存在显著差异（$M_{高}=3.93$，$M_{低}=3.56$，$p=0.119$），而对于独立型自我，高可爱组的网络助人行为意向显著高于低可爱组（$M_{高}=4.65$，$M_{低}=3.70$，$p=0.002$），因此具有独立型自我的类社会互动的意愿会受虚拟宠物可爱度影响，H4 再次得到支持。

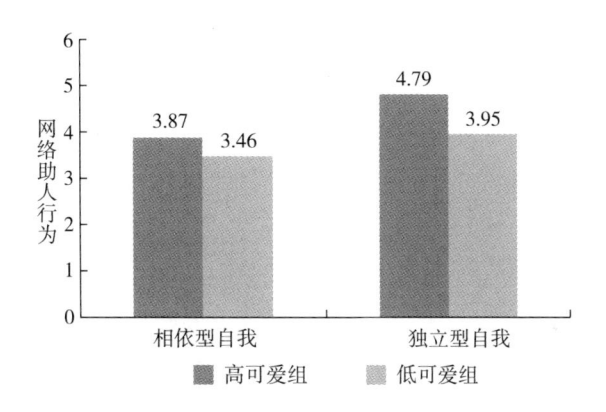

图 11-6 自我构念对虚拟宠物可爱度与网络助人行为之间的调节作用

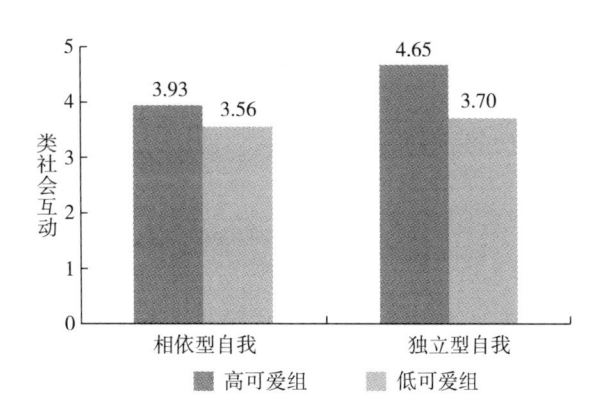

图 11-7 自我构念对虚拟宠物可爱度与类社会互动之间的调节作用

实验 3 的统计分析结果再次证实了本书提出的四个假设，且将实验对象对高校学生拓展到校外不同年龄、不同职业的人员，提升了本书的外部效度，加强了实验结果的普适性。此外，在不同的虚拟宠物图片刺激下仍得到相同的结论，表明在不同种类的虚拟宠物情景下，可爱度对个体网络助人行为的正向作用也是成立的。

第五节 研究结论与启示

一、研究结论

基于具身认知理论，本书采用组间设计的情景实验，探究虚拟宠物的可爱程度是如何影响个体网络助人行为的。具体而言，虚拟宠物的可爱程度越高，往往越能激发用户的网络助人行为意愿，就如同可爱的婴儿或小动物会吸引人们更多的注视时间与关怀动机，可爱的虚拟宠物同样能提升施助者的助人意愿。虽然网络环境中存在的"匿名性""不确定性"等因素使个体无法得到足够多的信息，所造成的信任感缺失导致网络公益平台互助氛围愈加冷漠，但借助可爱的虚拟宠物进行营销传播有益于加强用户的体验价值并形成高强度关系纽带，在带来更多愉悦情绪的同时增强其网络助人意识。更进一步地，研究发现类社会互动作为中介变量解释了虚拟宠物可爱度与个体网络助人行为之间的关系，这与 Conway（2015）及 Labrecque（2014）等的研究结论相似，受众对物体的外形喜爱度会强烈影响受众对类社会关系强度的感知，有效的类社会互动能够降低受众的感知不确定性，促进成员人际互动，提升知识分享与利他意愿（Ellemers et al., 1999），该研究成果有助于更多的营销人员与专家学者在今后的研究运用网络虚拟化身的形象对个体与媒体平台的类社会互动产生关注，从而让虚拟宠物形象的营销策略得到更有效的应用。最后，自我构念作为人类社会中普遍存在的稳定人格特质，会调节虚拟宠物可爱度与类社会互动及个体网络助人行为之间的关系，由于相依型自我构念的个体具备更关注他人且寻求与群体保持和谐关系的特征，因此本身的网络助人行为意愿程度更高，不易受虚拟宠物可爱度的影响，而针对独立型自我构念的消费者群体设计更为可爱的虚拟宠物有利于提升他们的互动水平和网络助人意识，进而营造良好的网络助人氛围。

二、理论贡献

本书在理论上的贡献主要体现在以下三个方面：

第一，关于可爱的研究过去常常局限于社会学和心理学等领域，涉及可爱的虚拟形象领域的研究主要探索虚拟代言人外形可爱,例如,研究者发现可爱的虚拟代言人会通过吸引消费者关注产品广告,进而提升购买意愿,但很少有研究把可爱和虚拟宠物联系起来。因此,本书将可爱的影响效用拓展至虚拟宠物的情境,丰富了关于虚拟代言人的研究情境。从心理学的角度来看,用户与虚拟宠物构成的友伴关系能够满足心理需求,获得精神上的愉悦并消除孤独感,且这种友伴关系所产生的情感依附有助于用户与虚拟宠物之间产生持续互动和回馈循环。因而,在设计中突出可爱元素有助于增加人们的关怀动机和行为。进一步地,本书还将可爱在亲社会行为领域中的作用扩展到虚拟网络环境当中,使得可爱的研究更加具体深入。

第二,延展了类社会互动理论的使用边界。现有互联网情境下的类社会互动理论主要运用于虚拟代言人、虚拟品牌社区人员等角色与受众之间的类社会互动关系研究,而忽略了虚拟宠物作为营销策略可能存在的与用户间的类社会互动作用。本书基于具身认知论,从类社会互动的独特视角出发,将虚拟宠物可爱程度拟作外界刺激,通过视觉感官接收信息并进入个体大脑分析加工,从而影响个体网络助人的认知及行为。实证结果发现,虚拟宠物外形的可爱程度作为一种特殊的情景因素,能够吸引用户产生情感联结,加强用户与虚拟宠物之间的类社会互动,从而揭示了虚拟宠物的可爱度会提高网络助人行为的机制,丰富了网络助人行为的影响因素研究及具身认知论的适用范围。

第三,将自我构念引入研究框架,确定了虚拟宠物可爱度有效作用的边界条件,在理论和应用层面构建了更为清晰深入的框架。作为看待和理解自我与他人之间关系的一种基本方式,自我构念可以解释个体之间在诸多方面存在的跨文化差异,因而本书的结果为将来开展更广泛的网络助人行为研究提供借鉴。此外,已有研究发现独立型自我的个体强调表现自我,不易受外界刺激的影响。本书证实了独立型人格存在的调节作用,并提供了合理的理论解释,这有助于未来更全面地理解与自我构念相关的研究。

三、管理启示

本书得到了一些有益的实践启示。主要体现在以下三个方面:一是从互联网经济的大背景下来看,虚拟宠物会成为日后人们娱乐的主要方式之一,通过采用婴儿角色的元素设计高可爱度的虚拟宠物,一方面能够吸引更多受众参与其中,培养较为忠诚的拥护群体,另一方面有助于加强拥护在虚拟环境中的助人意愿,给社会带来正能量。二是运用不同渠道传播方式与目标群体进行类社会互动,提高用户的情感体验,如可以让用户在活动过程中添加一些语音互动或视频互动,通过多次面对面的亲近,诱发出强烈的情感联系,最终扩大网络助人的效益值。

三是需要注重区分消费者的不同人格，在营销传播中运用相关信息诱发独立型自我构念，有助于提升用户与可爱虚拟宠物的互动及网络助人意愿，例如通过广告传递"我""我自己"等倡导独立型自我构念的信息，或诱发用户联想自身独特性的互动场景（如"特别的我""不一样的我"）。

四、研究局限与未来展望

本书在研究方式及前因变量选择等方面还存在一定的局限性。体现在以下三个方面：一是研究所使用的是情景实验，问卷的情景启动不一定能得到很好地把控，将来考虑结合田野实验或二手数据进一步提高研究可信度。二是影响网络助人行为的因素不局限于虚拟宠物可爱度，如宠物拟人化、感知真实性等变量都会对虚拟环境中的助人行为产生影响，将来研究可以从多方面对网络助人行为进行探讨。此外，可爱不仅限于视觉体验，听觉刺激（如婴儿的声音）和可爱的语言风格也能诱发用户的可爱感知，因而未来研究可以采用图片、声音、文字等形式相结合的刺激材料。三是虚拟宠物可爱度与网络助人行为之间的边界机制有待进一步挖掘，"魔童"哪吒外貌无法用"可爱"形容，甚至凸显叛逆，却吸粉无数，那么是否存在某种边界会使本书的主效应得到反转？未来的研究可以围绕以上四点展开。

结　语

　　前文的篇章中从理论上为全面了解游戏化的应用规律和运行策略提供了一次全新的理论探索，并从实践上为推荐品牌与消费者充分互动和提升网络交互体验提供了实践指导。本篇立足中国实践，根据游戏化营销的发展趋势及应用场景为企业游戏化营销战略的成功实施提出建议与展望。通过阅读本篇，读者可以对以下内容有更为深入的了解：

　　(1) 游戏化营销的发展趋势。

　　(2) 游戏化营销的多元化应用情景。

　　(3) 对于游戏化营销未来发展的建议与展望。

第十二章　数智时代游戏化策略的总结与展望

第一节　游戏化营销已成为数智时代的新风口

数字经济已经成为全球经济发展的新引擎，中国数字经济发展潜力巨大，数字经济未来将成为中国领先全球、率先打开第四次工业革命之门的"钥匙"。中国信通院的统计表明，2020年我国数字经济规模已达39.2万亿元，占GDP比达38.6%，并且这一趋势还在升高。此外，我们正在步入智能时代，其背后正是日益强大的数据成为不可或缺的生产要素。数据的链接和共享加速了要素之间的流通，并在流通中不断衍生增值，进行着价值共享生命周期的循环，从而带来业务成本降低、触达用户迅捷、满足需求精准、用户体验丰富、价值共享深化。在大数据与人工智能技术蓬勃发展的背景下，数据智能正与各行业产生着深度的融合。数字化和智能化改变了品牌塑造方式和商业模式，特别是在零售领域，随着新技术、新模式以及不断变化的新需求的融合，传统企业的营销已经显得力不从心，移动化、智能化和娱乐化的新型营销方式将成为主导企业发展的主线逻辑。因为，移动社交时代的到来，改变着人们的思维方式、价值取向和行为方式，人们的日常消费习惯逐渐被"移动智能化"。游戏化理念正向全球扩张，一些公司将游戏动态和游戏机制整合到其网站、业务服务、在线社区论坛、内容门户网站和营销活动中，以推动用户的参与和互动。微软、SAP、Salesforce、Leveleleven、Bunchball等大型企业都在这一领域占据重要的一席之地。

游戏产业的自身发展和技术创新变革、产业链的逐渐成熟极大地推动了游戏化与产业发展的融合。而且随着新娱乐形式的出现，全新的软件和硬件也会出现，例如，现在的VR、AR软硬件，无人机，手势，体感操控等。Web3、加密货币、非同质化代币（NFT）、元宇宙都将深刻改变现有的游戏运营模式和用户体验。游戏化是一种游戏跨界的概念，即"游戏+"，其本质是一种制度创新，通过在企业运营过程的各项举措中置入游戏化设计，对特定的细分人群，提供具有创新和吸引力的类游戏体验，进而增强顾客使用时间和频率。而提高顾客转化和留存，这正是数字经济时代注意力成为稀缺资源的情境下，游戏化营销成为企业的核心资本和持续竞争优势的关键逻辑。例如，京东在其移动营销运营管理中运用了大量游戏元素，鼓励用户每天进行签到打卡、分享内容、评价产品、参与活动，赢取不同数值的京豆，并且用户在特定品类的消费达到一定金额后就能领取相应的虚拟徽章，并获得相应的优惠券。为了吸引年轻用户的使用，京东不仅在其客户端的界面设计上应用了大量的动漫、二次元等元素，还设计了拼购、组队完成小任务等形式将社交关系带入购买过程。淘宝也实施了一系列的游戏化营销活动，从蚂蚁森林到芭芭农场、淘宝人生，每天有超过1700万人登录淘宝参与各种游戏活动。2017年，超5000万名消费者参与了"捉猫猫"游戏；2018年，"双十一合伙人"破亿；2019年，超3亿名消费者参加了"喵铺盖楼"和叠猫猫比赛；2020年，"超级星秀猫"DUA实现破亿。

  在人人皆为媒体的数字时代，品牌如何能够始终如一地以顾客需求为中心，为顾客提供卓越非凡的顾客体验，是企业实现顾客保留和提升顾客资产的价值源泉。因此，在数智时代，企业品牌被解释为企业与利益相关者集体共创的过程，品牌管理的焦点则是管理共创体验质量。我们认为游戏化可以从用户体验、流程创新以及商业模式三个层面形成对现有企业经营管理进行改造和重构。

  第一，从游戏化对用户体验影响来说，游戏化在服务营销体验的全流程中都发挥着不可忽略的作用，影响顾客的整体体验。具体可以从顾客在营销服务体验的识别阶段、体验阶段、评价阶段来看：首先，在服务的识别阶段，游戏化营销能够充分吸引顾客关注、参与、探索企业所提供的服务内容欲望，而在差异化策略中展现独特优势。例如，蚂蚁森林通过鼓励用户运用多种方式积攒虚拟能量，而能够在真实的世界种下一棵属于自己的树，进而受到大量用户的欢迎，从普通的公益营销中脱颖而出。其次，在服务的体验阶段，服务传递的戏剧化表达，能够让顾客在接受和参与服务的过程中获得类游戏体验，实现价值共创。例如，摩拜单车2017年上线了红包单车的营销活动，寻找摩拜红包单车的过程类似于游戏Pokemongo，消费者可以直接在摩拜单车客户端查找附近的红包车，通过解锁这种单车并有效骑行超过10分钟即可领取现金红包。通过现金奖励鼓励用户增加闲置车辆的骑行频率，不仅提高了运营效率，也降低了摩拜单车官方的运营维护成本。最后，在服务的评价阶段，服务能增强与顾客的联结，游戏化可以应用于口碑推荐系统，在激励顾客参与评价和评分任务的同时，有效提高评价质量。

例如，购物推荐网站"什么值得买"为了鼓励用户参与产品售后点评，不仅通过提升会员等级、发放专属优惠券等方式鼓励用户上传详尽的使用体验报告，而且还通过评比优质文章等方式邀请用户获得新产品的试用权。总的来说，在企业产品或服务的流程中，游戏化能够实现更高程度的顾客契合、逐渐培育或改变顾客行为以及激发用户参与企业创新。

第二，从游戏化对运营流程的改造来说，顾客全流程的价值共创都能通过游戏化的方式来进行。基于服务主导逻辑和价值共创理论，顾客已全面融入企业服务运营的全流程中，企业只有积极地参与到与消费者合作、交互性地共创价值的过程中，才能维持与顾客富有含义的动态关系联结。游戏化的信息呈现方式，一方面能够通过趣味性提升顾客的好奇，另一方面通过感知生动性而提升顾客的感知创新优势，而最终提升创新产品的采纳。因此，顾客使用游戏化的服务体验过程，能够提升用户活跃度、社会互动以及活动的效果。在企业运营过程中，游戏化能够帮助企业将服务流程设计得更有戏剧性和吸引力，从而在获取用户、激发活跃、提高留存、增加收入、传播推荐等过程中激发正向效果。例如，在产品创意阶段，可以通过设计创意收集的竞争游戏，实现对创意的筛选和评价；在服务过程中，可以通过晒图、转发、点赞或者鼓励用户自创词条和内容等方式，增强顾客参与感和分享行为；在购后阶段，可以通过游戏化的方式分享原创体验、提供产品体验感受等给品牌和其他用户提供有价值的信息。

第三，从游戏化对企业商业模式的影响来看，游戏化试图融合多个创新元素，将社交、互动、功能等以任务或者故事的方式进行，在一定程度上有利于企业进行商业模式的创新。根据价值增加的环节，游戏化在移动营销情境中的作用可以分为三种情形：发生在外部环境、内部环境和行为改变。在企业之外的环境中设计游戏化能够提升顾客认知度和参与度，在企业内部置入游戏化策略能够激励员工的创造性、生产效率，而且通过游戏化设计也能够教育顾客，促使其行为发生改变。例如，腾讯公司通过抢红包的游戏化方式，切入了支付领域，现在微信支付月活用户数已超过 8 亿，并且已赶超支付宝。继而腾讯公司利用微信红包，推出了零钱通，踏入了金融领域，实现社交与金融的双向互溢。2020 年微信支付，继续推出了"微信支付智慧经营赋能商家计划"，进一步激励到达渠道末端、分场景激励、大力推广刷脸支付；推出了商家可快速定制专属营销约定和用户优惠的微信先享卡产品；行业解决方案新动作频频、开放生态联手硬件厂家共拓市场。以线下教育为例，微信支付认为在疫情情况下，线下培训机构需要工具自救，即 OMO 模式。OMO（Online-Merge-Offline）模式指的是线上和线下的深度融合，是继 O2O 之后市场效率提升更大的商业模式。

第二节 游戏化应用场景不断丰富

近年来,随着互联网普及、游戏产业迅速发展,市场规模蕴藏巨大的增长机会,诸如人才、主机游戏、云游戏、元宇宙等都被市场看好。不仅如此,游戏本身助推了众多高精尖企业的技术发展。据统计,二次元标签的移动游戏市场规模超过200亿元,IP改编的移动游戏收入从2017年的745亿元增至2021年的1300亿元。策略游戏(Simulation Game, SLG)头部市场的复合增长率超过25%。

游戏化营销已被大量应用在公益、教育、科学研究、公共关系等领域。游戏化需要我们像游戏设计师一样的思考,巧妙地运用游戏的各种设计和经验,改变我们在商业、公益等传统企业管理中的方式和方法,快速引导各行各业加速游戏化进程,以游戏的方式激活人体中与快乐相关的所有神经系统。以超级计算机、5G、移动互联网、人工智能、大数据、XR、云计算、物联网为代表的前沿科技从设想走向现实,量子计算机、6G、卫星互联网链、脑机接口等尚处于完善阶段,未来的科技预示着新一轮的变革。各大公司纷纷布局数字科技,寻找超级数字场景,重新定位游戏的社会价值。IBM公司在"Second Life"游戏平台中建立销售中心,瑞典等国家还在其中设置了虚拟大使馆展示国家形象。深圳妈湾智慧港搭建了全国首个数字孪生动态仿真港口。美国国家航空航天局和微软合作开发onsight,赋能科学家使用微软的Hololens可穿戴技术在火星上工作。2021年英伟达推出全球首个为下一代3D互联网建立的基础模拟平台Omniverse。总之,游戏化的应用场景将会更加广泛,本书从游戏化+公益、教育、生活、影视、元宇宙几个方面进行了简单的整理。

一、游戏化+公益

游戏化+公益,越来越得到互联网企业的关注和应用,科技向善成为很多企业的经营哲学。在互联网高度繁荣的当下,公益事业应该充分利用互联网的便利,聚拢和调配优势资源,而游戏化由于其娱乐性和教育性,得到了众多公益产品的青睐。例如,蚂蚁森林带动6亿人参与种树,总计创造2000万吨绿色能量,累计种植和养护真树超过2亿棵,种植面积超过274万亩,相当于2.5个新加坡国土面积大小。微信开发的首款公益主题小游戏"灯山行动"。游戏以江西山区一群每天凌晨5点从大山启程,在没有路灯的情况下,穿越6千米的崎岖山路去上学的学生为原型,玩家通过控制游戏角色的方向,避开路上的障碍物,向前闯关。在游戏中,玩家们可以深刻地体验到山里孩子上学路上的不易,而避开障碍时可以选择捐出 1 元来购买路灯道具,在现实中为这些黑暗中走山路上学的留守儿童修建路灯。据悉,"灯山行动"投放后,三天内累计访问次数就达到 128.5 万次,累计注册玩家超 60 万人,累计捐款超 33 万元。

最近,腾讯推出的"云游长城"游戏也推动用户参与到保护文化遗产的行动中来。2022 年 6 月,由国家文物局指导,《人民日报》新媒体携手中国文物保护基金会、腾讯基金会联合推出了"云游长城"的小程序(见图 12-1)。全球首次通过数字技术、实现大规模、毫米级精度、沉浸式交互式的文化遗产数字还原。用户可以在小程序里当一天的长城"修缮官",通过攀登"数字长城",为沧桑的长城做一次考古清理,给缺损的台阶补上一块砖,更加深刻地认识到守护文化遗产、传承历史根脉的重要性。

图 12-1 云游长城小程序

资料来源:图片来自网络。

游戏化+公益的模式拥有许多优势,例如,轻量化、原生化、低成本、触点广等,这些特性让小游戏在文化的承载和传播上更高效、便捷,让广大的互联网用户都有机会以轻松有趣的方式去了解传统文化和传播公益。在移动互联网时代,用户的兴趣阈值不断提高,人们对于游戏的要求不再只是好玩和消磨时间,还要有更多的精神体验,这对游戏开发者的创意提出了更高的要求。

二、游戏化+教育

随着科技的不断发展,用游戏手段探索教育技术,有了更加丰富的外延。元宇宙概念、5G 通信、AI 技术、AR/VR 等可穿戴设备、神经网络分析、数据挖掘等技术都已经初步在教育游戏方面进行了广泛的应用探索。"游戏+教育"已经成为一种全新的教育模式。在互联网场景下，使用游戏机制和体验设计以数字方式吸引和激励人们实现他们的目标，也与当前学习的信息化程度不断加深有关。麻省理工学院与游戏开发商合作实施了 The Education Arcade（TEA）计划，将体感、增强现实等新兴技术运用到教育游戏的开发中。国内不少教育机构也开始尝试引入部分游戏机制置入教育产品中，例如，洪恩教育、悟空识字、叫叫阅读等产品。

其中，教育内容兴趣化、游戏化导向成为游戏化助力教育发展的主要组成部分。包含优质有趣内容的游戏化学习产品，作为一种数字教育资源和学习产品，将成为教育生态发展中的重要组成部分。孩子对互动和游戏化的需求更强烈，因为他们在学习过程中需要更直接的感知、实际操作的机会和个性化的体验。教育内容的游戏化特征增强了学习者的兴趣，激发他们在学习过程中的参与度。英国 VR 工作室 FitXR 开发的 VR 健身游戏"FixXR"，玩家可在虚拟教练的指导下进行高度沉浸的系统性训练。教育游戏不只存在于服务儿童的教育产品中。今天，在面向专业人群、成年人的教育服务中，我们都能够看到借鉴了游戏化思维的教育服务。因此，游戏化技术正在重塑企业培训的方式。哈佛商学院 2019 年的一项研究强调了游戏化对员工学习能力的提升作用。该研究还显示，在学习过程中整合游戏化解决方案，对员工积极参与和持续完成培训计划的意愿有很大的影响。根据在线学习行业的报告，游戏化可以提高多达 50% 的员工生产率，提高 60% 的员工敬业度。

基于游戏的学习产品，降低了学习和教育的进入门槛，家庭和社区的教育场景将逐渐被发掘，是未来补充教育市场的发力方向。即时反馈、双向互动、关爱陪伴、乐趣、挑战、奖励等都是游戏在教育应用中的优势，能使教育过程充满吸引力。大量的教育游戏产品，以及具有教育功能的游戏，或是游戏化的机制运用，其核心动力都是为了调动学生学习的积极性，激发学习动机，发展认知能力，培养学生创造力、问题解决能力、协作能力等高阶能力。从心理学上分析，学术研究中应用到的基础理论，如自我决定理论、MAT 行为驱动模型和"心流"沉浸理论都很好地解释了在游戏乐趣中学习和信息获取的效果好的原因。

在产品方面，随着电子游戏对人的生活和工作的影响越来越深入，在新兴科技和互联网技术的发展中，教育游戏化作为一个新兴的发展方向，在全世界范围的学生的正式学习和非正式学习中被广泛采纳。"悟空识字"就是一个"游戏化+教育"初步融合的案例。该产品以西游记为背景，可以解锁 15 个场景、160 多个识字游戏。用户扮演孙悟空从花果山出发，跟随剧情发展去大闹天宫、五行山、万年人参果、三打白骨精等场景直至灵山西天取经，每个场景又包含多个小场景，例如，在大闹天宫中包含弼马温放马、蟠桃会偷仙桃、炼丹炉练就火眼金睛等,每个场景都会设置小游戏帮助用户巩固本节课所学的汉字,例如,偷仙桃的场景中,用户选对汉字所对应的拼音就可以射箭将蟠桃击落。

三、游戏化+生活

2020年6月,Akili Interactive 开发的一款治疗儿童多动症的游戏"Endeavor-Rx",并获得美国食品药品监督管理局(FDA)的处方认证,成为全球第一款拥有临床随机试验数据支持且获批用于医疗的电子游戏。在国内,世纪华通与浙江大学儿童医院合作推出用于治疗儿童多动症的数字处方药《强化训练号》,临床试验数据显示该项目对治疗儿童多动症效果明显。在2021年世纪VR产业博览会上,世纪华通展示出一款用于儿童自闭症的VR筛查与训练系统,让儿童在VR游戏中进行交互操作,收集其脑电、眼动、呼吸、表情等数据,再借助内置的算法模型进行自闭症诊断。

在中国台湾,有一家名为 Fourdesire 的工作室(见图12-2),它们的APP有一个共同的特点:用游戏的方式来帮助用户解决生活中的需求。无论是用植物养成提醒用户定期喝水的 Plant Nanny(植物保姆),还是用走路储存能源,建设太空飞船的 Walkr,再到用记账的方式建设虚拟城市的记账城市,这家充满想象力的公司为我们带来了一个个富有乐趣又实用的APP。在植物保姆中,只需要点击按钮即可代表用户现实中喝了一杯水,从而使用户的植物成长,记账城市则为点击输入数字即算成功一笔记账,可生成建筑。此外,他们还开发了一款提升用户专注力的APP叫专注森林。专注森林需要用户专注×分钟后才能种成树,选择种树之后,用户就不能玩手机了。每一次种树成功系统都会送金币,金币可以用来买树种,点击中间的小树,用户就可以种不同的树。

图12-2 Fourdesire 公司的 APP

资料来源:图片来自网络。

（一）Walkr

"Walkr"是一个记录走路的游戏，他们设计舰桥（副舰长）系统的目的就是鼓励玩家互动，并督促对方多走路。利用 Walkr 里面的社交功能，用户可以与家人和朋友在游戏里组成舰桥。这样用户只要打开 Walkr 就可以收到来自父母或者朋友今天走路传来的能量记录，让用户有跟家人和朋友相处在一起的感觉。

（二）记账城市

"记账城市"采用了小清新的可爱画风和背景音乐，为玩家们呈现了一个色彩斑斓的专属小世界。在游戏中，玩家的账单会形象化地成为一座小小浮空城市，首席财务长"钱喵喵"的职能则是帮助玩家管理收支和规划城市发展。玩家每记录一笔消费，城市中就会根据其类型来建造一栋建筑物，十种不同的消费类别对应着超过一百种建筑物。例如，交通费会成为公车站牌、医药费会成为卫生所等。相同的建筑之间还可以通过合体来升级，解锁成为不同的建筑物。在最初，玩家这座浮空城市只有寥寥可数的几座建筑，但是仍会有许多不知从哪里来的游客到此观光。通过点击便看到他们的属性，花费钻石便可将其拉拢成为城镇的居民，并且根据属性数值的不同分配到上述的建筑物中上班。随着记账的追加，越来越多的建筑拔地而起，观光客、居民也会随之增多，这座浮空都市也会逐渐成为一座繁华的大都市，玩家钱包中的一毫一厘仿佛都成为堆砌它的每一寸砖土。

四、游戏化+影视

游戏是一种"超级复杂的跨学科产品"。随着游戏技术的迭代与移动电子设备的普及，行业正不断探索将影视与游戏深度融合的方式。将游戏领域的技术积累应用到传统影视媒介，"影游融合"被视为强强联手、互利共赢的产业创新手段。"影游融合"大致可以分为内容融合和技术融合两部分。在内容融合部分，将游戏元素和叙事手法的运用相结合，丰富影视场景，增强表现力与趣味性。在技术融合方面，通过影视互动技术与游戏引擎和影视动画技术融合，既可以增强观众的沉浸感，提供多线性叙事结构，还可以改进影视制作流程，提高团队协作效率。2019年，互影科技将其自主研发的"互影引擎"运用于国内首部互动探险剧《古董局中局之佛头起源》。

越来越多的影片通过融入游戏元素来增强场景的丰富性。在"传统影视"向"游戏化影视"转型的过程中，影视制作者、影片与观众的关系不断重塑。例如，在电影《头号玩家》中不仅有金币、冒险奖励、虚拟 NPC 等大量游戏元素，还设置互动彩蛋以增强观影趣味性。以《底特律：变人》为代表的互动视频，通过人与剧情互动，借助技术手段呈现了一种全新视频类型。2018 年 Netflix

推出了《黑镜·潘达斯奈基》,主线剧情是一名幼年丧母的程序员 Stefan,想要开发一款由小说《潘达斯奈基》改编的交互游戏。Netflix 为了让用户参与到剧情中来,不停地在用户观看过程中让用户选择主角的下一步剧情。该片的编剧为整个剧情设定了 5 种大结局,其中包含 12 种细微差异的剧情,观众的每一次选择,都将使剧情的最终走向产生差别。虽然这种半开放结局的交互创作令人眼前一亮,但《黑镜·潘达斯奈基》的口碑却出现了两极分化的现象。不可否认的是,游戏化+影视的泛 IP 组合,将能够破圈新玩法,构建更广阔的数字文化生态系统。

五、游戏化+元宇宙

著名的美国科幻小说家尼尔·斯蒂芬森(Neal Stephenson)在 1992 年撰写的《雪崩》(*Snow Crash*)一书中描述了一个平行于现实世界的网络世界——元宇宙(Metaverse)。2021 年,是"元宇宙"概念爆发之年,据谷歌(Google)数据,2021~2022 年,在全球最关注"元宇宙"的国家中,中国排名第一,韩国排名第二,美国仅排名第十四。2021 年,微软公司宣布以 687 亿美元收购视频游戏巨头暴雪。2021 年,号称"元宇宙第一股"的沙盒游戏公司 Roblox 在纳斯达克上市。

2021 年 6 月,中国传媒大学动画与数字艺术学院的毕业生们在《我的世界》游戏中根据校园风景的实拍搭建了建筑,还原了校园内外的场景,上演了一出别开生面的"云毕业"。除还原了校园的基本风貌之外,花草树木和校猫也亮相其中。在"典礼"进行的过程中,校长还提醒同学们"不要在红毯飞来飞去"。这场"毕业典礼"在哔哩哔哩直播时,还有网友感慨地说像"霍格沃兹的毕业典礼"。

所有现实世界中的人在元宇宙中都有一个网络化身(Avatar)。化身是用户在游戏世界中产生存在感或进入感的必要条件。在个体的感知范围内,自己始终作为"主体"而存在,用户以专属于自己的游戏化身建构主体意识和自我认同,并将真实的情感投射进虚拟的化身中。游戏大多内置丰富的角色模型、服装、面容或造型等,允许用户自主选择化身形象作为自己在游戏中的呈现。切换角色与更换服饰能灵活配置对外形象,达到印象管理的目的。越来越多的企业开始设置品牌虚拟偶像作为一种品牌化身,辅助品牌进行品牌推广。

"元宇宙"概念的 Roblox,总部位于加利福尼亚州,由 David Baszucki 和 Erik Cassel 于 2017 年共同创立,2021 年 3 月 10 日在纽约交易所上市。在 2021 年 Roblox 用户访问量最多的游戏中,有 26953 款游戏的访问量达到 10 万次以上,平均每日活跃用户(DAU)为 4730 万,同比增长 31%。在 2020 年 8 月,Roblox 每月有着约 1.64 亿名活跃用户。游戏本质上是一个大型多人在线游戏创作平台,里面的角色都是类似乐高的模型。作为一个兼具游戏、开发、教育属性的在线游戏创建者系统，Roblox中大部分内容是由业余游戏创建者创建的。创作者们在平台上发布自己的小游戏，其他的玩家想玩自然要花钱充值"Robux"虚拟货币（R币），而官方会把虚拟交易收入的一部分给创作者，促使创作者继续生产有趣的内容。2021年Roblox社区共创造超2500万件虚拟物品，共计有58亿件被使用。Roblox平台内的上亿月活用户中，有一半是9~12岁的儿童，他们在游戏中创建化身，参与各种各样的活动，例如，一起跳舞、一起在无人岛闯关、一起经营餐厅等。9~12岁的美国儿童中有2/3使用Roblox平台举办虚拟毕业典礼、庆生会等，成年人会通过脸书、推特、IG等社交软件进行交流，而孩子们的网络社交需求在Roblox中就被满足了。因此，对于这些重度使用用户来说，具身互联网将还原并超越现实社交体验。为满足游戏社区玩家的整体需求，Roblox的创建者也会对游戏进行快速的更新和调整。正是由于游戏库能不断搭建、变化和扩展，Roblox才如此受欢迎。例如，为了纪念其100周年的到来，Gucci在Roblox中创建了Gucci Garden。Gucci Garden是由Gucci品牌创意总监亚历山德罗·米歇尔设想的由各种主题房间组成的游戏。当游客在这些房间里闲逛时，他们可以为自己的虚拟形象购买独家的虚拟Gucci物品。此外，用户完全就像在现实生活中一样，不仅可以自己购买，在需求量大的时候，用户还可以再次出售数字服装。图12-3展示了Roblox认为的七层价值链，其中游戏、社交讲师决定用户最终买单的关键元素。

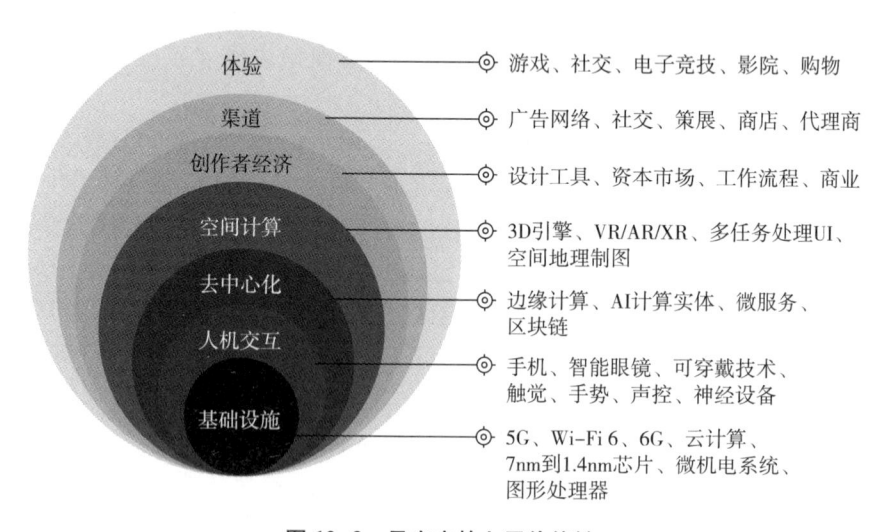

体验	游戏、社交、电子竞技、影院、购物
渠道	广告网络、社交、策展、商店、代理商
创作者经济	设计工具、资本市场、工作流程、商业
空间计算	3D引擎、VR/AR/XR、多任务处理UI、空间地理制图
去中心化	边缘计算、AI计算实体、微服务、区块链
人机交互	手机、智能眼镜、可穿戴技术、触觉、手势、声控、神经设备
基础设施	5G、Wi-Fi 6、6G、云计算、7nm到1.4nm芯片、微机电系统、图形处理器

图12-3　元宇宙的七层价值链

资料来源：Roblox招股说明书。

第三节 游戏化营销的建议和展望

游戏化营销的成功取决于诸多因素，离开游戏本身，游戏化的入口位、宣传图、人群匹配度、奖励设计等因素均会影响结果。一个成功的游戏化营销活动，背后必然包含着完整的运营链路。具体来说，游戏化营销能够吸引顾客进入游戏，与游戏化品牌元素互动而激发顾客的品牌认知和非计划性购买，通过游戏化营销任务引导顾客发现需求，认同品牌理念；通过奖励和徽章等因素将顾客的需求转化为真实的购买动机和行为；在购后行为方面，可以通过游戏化激励用户完成用户评论、口碑传播等品牌推荐行为。本书对开展游戏化营销有以下四点重要的建议和展望：

第一，引导游戏化与多个行业跨界融合，进一步丰富游戏化营销的应用深度和范围。现有国内品牌简单地将过去成功的游戏化案例进行套用，导致品牌调性和游戏趣味性体验大打折扣，消费者的热情也随之消耗殆尽。例如，国内各大互联网平台的"养鸡种树"模式单一、游戏化产品同质化严重。国外已有一些创业公司（如 Badgeville）致力于帮助传统企业用游戏化改造他们现有的服务，有的公司甚至整个服务流程核心部分就是用游戏化的方式实现的（如 Codecademy 公司正尝试通过运用游戏化的元素帮助学员学习编程）。不同场景下的游戏化营销不仅能够驱动用户的认知过程发生改变，也能在一定程度上改变顾客行为。因此，需要针对不同情境，设计和顾客交互过程相契合的游戏化元素，激发顾客的游戏愉悦，提升用户的类游戏化体验。因此，基于品牌调性和购买使用场景，设计丰富的游戏化体验场景将非常有助于提升顾客的认可度。

第二，通过运用游戏化需要考虑营销的 ROI，有效提升游戏化营销的投入产出比，增强企业营销效果。例如，在营销实践中需要测算 GMV 和成本的关系，具体要考察营销任务转化 GMV、优惠券核销 GMV、游戏采购及运维成本、奖励投放成本。因此，需要通过设置科学合理的奖励任务、发放优惠券等措施确保游戏化在移动营销效果方面的积极性、趣味性以及增强用户体验的专业性，帮助引导游戏化与企业运营策略融合成长。但也要考虑游戏化营销的成本，一味追求游戏化营销的定制化则会加大品牌与服务商的合作助力。

第三，通过增强游戏化营销的风控管理，构建一套稳定的游戏化运营机制。从用户体验来说，游戏化活动的稳定性将是确保用户日常参与的重要保证。对于品牌来说，确保用户信息安全，将职业化的"羊毛党"、非法获利的"游戏外挂"以及优惠券发送过程中的各种漏洞限制在适度范围内，都将至关重要。配备专业的游戏化营销运营队伍和质量检测部门，聘请有经验的开发团队，使用稳定的游戏化开发伙伴的云产品都可能是降低风险的潜在路径。

第四，在中国情境下，由于公众对游戏的误解，游戏化营销对产业的驱动还存在巨大的提升空间和认知障碍。如何规避游戏化营销过程中可能出现的负面影响，促进游戏化营销在顾客服务、客户关系管理及用户体验方面的整体体验，需要进行更加深入的研究，也需要行业协会和政府等相关单位提出一个自律性框架，更好地引导游戏化营销积极正向发展。

当然，游戏需要被设计成符合伦理的、与企业业务目标相吻合的策略才能发挥功效。游戏化不可能是包治企业各种病症的灵药，它需要在特定的场景下正确地运用才能实现预期目的，其负面效应和对现实生活的延迟影响也不容忽视。当前实践中的游戏化设计过于注重积分、徽章和排行榜等规则的运用，并未考虑用户体验的深层次游戏化，而是将游戏化进行简单的积分化。未来的移动营销亟须运用高质量的游戏元素设计，包括利用挑战和故事吸引用户完成任务并持续参与的发展路径元素、利用虚拟物品和真实货币激励用户进阶升级的反馈与奖励元素、帮助用户通过社交网络创造竞争与合作关系的社会联结元素以及让用户体验到乐趣的界面设计和用户体验元素，找到游戏娱乐内容和专业知识的平衡点，才能在提高移动营销娱乐趣味性的同时提升其功能特性。

总之，游戏化营销已在顾客体验、顾客全流程参与以及企业商业模式创新方面展现出了强大的改造能力。在数智时代，企业的数字化生存不仅需要在硬件上加强5G、AI、区块链、大数据等新一代信息技术的布局和接入，而且也需要从游戏化等运营方式上，整合创新元素，联合相关主体，从创新生态系统的视角思考，更好地进行顾客服务全流程的优化和整体体验升级，进而能帮助用户利用游戏化的方式不断丰富日常生活、养成良好的习惯、学习更多新的知识和技能，也能帮助企业更好地与消费者互动，促成交易，实现企业绩效的预期增长。

参考文献

[1] 常桂林. 基于UCA的信源个数估计性能改善及其FPGA实现[D]. 广东工业大学硕士学位论文, 2017.

[2] 楚啸原, 刘珂, 理原, 雷雳. 感知易用性会影响网络游戏中虚拟商品的使用意愿么？——感知有用性和玩家神经质的作用[J]. 心理科学, 2021, 44（1）: 134-140.

[3] 杜运周, 贾良定. 组态视角与定性比较分析（QCA）: 管理学研究的一条新道路[J]. 管理世界, 2017（6）: 155-167.

[4] 杜运周, 刘秋辰, 程建青. 什么样的营商环境生态产生城市高创业活跃度？——基于制度组态的分析[J]. 管理世界, 2020, 36（9）: 141-155.

[5] 樊帅, 田志龙, 胡小青. 心理所有权视角下消费者参与虚拟CSR共创的影响研究[J]. 管理学报, 2017, 14（3）: 414-424.

[6] 樊帅, 田志龙, 张丽君. 虚拟企业社会责任共创心理需要对消费者态度的影响研究[J]. 管理学报, 2019, 16（6）: 883-895+948.

[7] 焦娟妮, 范钧. 顾客——企业社会价值共创研究述评与展望[J]. 外国经济与管理, 2019, 41（2）: 72-83.

[8] 靳闵, 王全胜. 游戏元素对消费者参与行为影响的研究述评与展望[J]. 北京工商大学学报（社会科学版）, 2019, 34（4）: 46-59.

[9] 李爱梅, 孙海龙, 熊冠星, 等. "时间贫穷"对跨期决策和前瞻行为的影响及其认知机制[J]. 心理科学进展, 2016（6）: 11.

[10] 李月琳, 何鹏飞. 游戏化信息检索系统用户研究: 游戏元素偏好、态度及使用意愿[J]. 中国图书馆学报, 2019, 45（3）: 62-78.

[11] 刘梦玮, 汤定娜. 时间压力对消费者移动购物意愿的影响研究[J]. 大连理工大学学报（社会科学版）, 2018, 39（3）: 57-63.

[12] 刘勤为, 徐庆春, 刘华山, 刘勤学. 大学生网络社会支持与网络利他行为的关系: 一个有调节的中介模型[J]. 心理发展与教育, 2016, 32（4）:

426-434.

[13] 摩西科技. 被疫情"围困"的年轻人,去了哪里?[R]. 2022营销游戏化洞察报告,2022.

[14] 宁昌会,奚楠楠. 国外游戏化营销研究综述与展望[J]. 外国经济与管理,2017,39(10):72-85.

[15] 王梦颖,杨建林. 电子商务平台游戏化设计对用户体验的影响效果评估研究——以淘宝为例[J]. 情报探索,2018(11):1-9.

[16] 吴金南,李见,张宇青. 青年消费者感知炫酷的理论结构及其影响研究[J]. 中国青年研究,2016(7):85-91.

[17] 武瑞娟,李东进. 选择结果效价,心理模拟和后悔[J]. 营销科学学报,2014,10(3):51-61.

[18] 徐炜翰,赵宇翔,刘周颖. 面向众包平台的游戏化框架设计及元素探索[J]. 图书情报知识,2018(3):26-34.

[19] 阳镇,陈劲. 数智化时代下企业社会责任的创新与治理[J]. 上海财经大学学报,2020,22(6):33-51.

[20] 杨扬. 探索消费者对游戏化营销的接受度与对品牌态度的关系[J]. 科学与管理,2017,37(2):74-78.

[21] 银成钺,陈艺妮. 反性别刻板印象代言人广告效果的实验研究——消费者性别角色和产品性别特质的影响[J]. 南开管理评论,2012,15(5):95-104.

[22] 映魅咨询. 游戏化学习研究报告2021[R]. 研究报告,2021.

[23] 张洪,江运君,鲁耀斌,邓朝华. 社会化媒体赋能的顾客共创体验价值:多维度结构与多层次影响效应[J]. 管理世界,2022,38(2):150-168.

[24] 赵占波,杜晓梦,梁帆,等. 产品类型和时间压力对消费者网络冲动性购买倾向的影响[J]. 营销科学学报,2015,11(2):118-132.

[25] 中国互联网信息中心. 第49次《中国互联网络发展状况统计报告》[N]. 人民日报,2022-02-25.

[26] 朱永明,黄嘉鑫. 道德、娱乐还是利益目标?——游戏式共创对用户持续参与意愿的影响研究[J]. 财经论丛,2021(6):101-112.

[27] Adams, N. B. Digital Intelligence Fostered by Technology [J]. Journal of Technology Studies,2004,30(2):93-97.

[28] Aggarwal, A. Enhancing Social Media Experience by Usage of User-Defined Nicknames as Additional Identifiers for Online Interaction [J]. Journal of Computer Sciences and Applications,2016,4(1):1-8.

［29］Agogue, M., Levillain, K., & Hooge, S. Gamification of Creativity: Exploring the Usefulness of Serious Games for Ideation ［J］. Creativity and innovation Management, 2015, 24（3）: 415-429.

［30］Anderson, C. A., Dill, K. E. Video Games and Aggressive Thoughts, Feelings, and Behavior in The Laboratory and in Life ［J］. Journal of Personality and Social Psychology, 2000, 78（4）: 772.

［31］Badrinarayanan, V. A., Sierra, J. J., & Martin, K. M. A Dual Identification Framework of online Multiplayer Video Games: The Case of Massively Multiplayer online Role Playing Games (Mmorpgs) ［J］. Journal of Business Research, 2015, 68（5）: 1045-1052.

［32］Baer, M. D., Dhensa-Kahlon, R. K., Colquitt, J. A., Rodell, J. B., Outlaw, R. & Long, D. M. Uneasy Lies the Head That Bears the Trust: The Effects of Feeling Trusted on Emotional Exhaustion ［J］. Academy of Management Journal, 2014, 58（6）: 1637-1657.

［33］Baptista, G., & Oliveira, T. Gamification and Serious Games: A Literature Meta-Analysis and Integrative Model ［J］. Computers in Human Behavior, 2019, 92（3）: 305-315.

［34］Baptista, G., & Oliveira, T. Why So Serious? Gamification Impact in the Acceptance of Mobile Banking Services ［J］. Internet Research, 2017, 27（1）: 118-139.

［35］Battro, A. M. Digital Intelligence: The Evolution of A New Human Capacity ［J］. Scientific Insights into the Evolution of the Universe and of Life Pontifical Academy of Sciences, 2009（20）: 539-549.

［36］Bauer, J. C., Linzmajer, M., Nagengast, L., Rudolph, T., & D'Cruz, E. Gamifying the Digital Shopping Experience: Games without Monetary Participation Incentives Increase Customer Satisfaction and Loyalty ［J］. Journal of Service Management, 2020, 31（3）: 563-595.

［37］Baumgarten, S. A. The Innovative Communicator in the Diffusion Process ［J］. Journal of Marketing Research, 1975, 12（1）: 12-18.

［38］Behl, A., Sheorey, P., Chavan, M., Jain, K., & Jajodia, I. Empirical Investigation of Participation on Crowdsourcing Platforms: A Gamified Approach ［J］. Journal of Global Information Management, 2021, 29（6）: 14.

［39］Belen del Río, A., Vazquez, R., & Iglesias, V. The Effects of Brand Associations on Consumer Response ［J］. Journal of Consumer Marketing, 2001, 18

(5): 410-425.

[40] Belk, R. W. Extended Self in a Digital World [J]. Journal of Consumer Research, 2013, 40 (3): 477-500.

[41] Bitrian, P., Buil, I., & Catalan, S. Enhancing User Engagement: The Role of Gamification in Mobile Apps [J]. Journal of Business Research, 2021a (132): 170-185.

[42] Bittner J. V., Schipper J. Motivational Effects and Age Differences of Gamification in Product Advertising [J]. Journal of Consumer Marketing, 2014, 31 (5): 391-400.

[43] Black S., Wilcox B., Platt B. Nicknames in Prison: Meaning and Manipulation in Inmate Monikers [J]. Names, 2014, 62 (3): 127-136.

[44] Blazevic, V., Wiertz, C., Cotte, J., De Ruyter, K., & Keeling, D. I. GOSIP in Cyberspace: Conceptualization and Scale Development for General online Social Interaction Propensity [J]. Journal of Interactive Marketing, 2014, 28 (2): 87-100.

[45] Buil, I., Catalan, S., & Ortega, R. Gamification and Motivation: New Tools for Talent Acquisition [J]. Ucjc Business and Society Review, 2019 (63): 146-161.

[46] Bunchball, I. Gamification 101: An Introduction to the Use of Game Dynamics to Influence Behavior [R]. Whitepaper, Bunchball Inc, 2010.

[47] Bunchball. Gamification 101: An Introduction to the Use of Game Dynamics to Influence Behavior [EB/OL]. Available from internet: www.bunchball.com/sites, 2010.

[48] Burrow, A. L., & Rainone, N. How Many Likes Did I Get?: Purpose Moderates Links between Positive Social Media Feedback and Self-Esteem [J]. Journal of Experimental Social Psychology, 2017 (69): 232-236.

[49] Byron, N. S., & Rice, R. E. A Dual-Dentity Model of Responses to Deviance in online Groups: Integrating Social Identity Theory and Expectancy Violations Theory [J]. Communication Theory, 2017, 3 (27): 243-268.

[50] Caleb W., Campbell, M. C. What Makes Things Cool? How Autonomy Influences Perceived Coolness [J]. Journal of Consumer Research, 2014 (2): 543-563.

[51] Cardador, M. T., Northcraft, G. B., & Whicker, J. A Theory of Work Gamification: Something Old, Something New, Something Borrowed, Something

Cool? [J]. Human Resource Management Review, 2017, 27 (2): 353-365.

[52] Castelluccia, C., Le Métayer, D. Understanding Algorithmic Decision-Making: Opportunities and Challenges [R/OL]. URL Https://www.europarl.europa.eu/thinktank/en/document/EPRS_STU, 2019: 624261.

[53] Chen C. F., Chou S. H. Antecedents and Consequences of Perceived Coolness for Generation Y in the Context of Creative Tourism-A Case Study of the Pier 2 Art Center in Taiwan [J]. Tourism Management, 2019, 72 (6): 121-129.

[54] Chintalapati, S., Pandey, S. K. Artificial Intelligence in Marketing: A Systematic Literature Review [J]. International Journal of Market Research, 2022, 64 (1): 38-68.

[55] Cohen, J. Parasocial Breakups: Measuring Individual Differences in Responses to the Dissolution of Parasocial Relationships [J]. Mass Communication & Society, 2003, 6 (2): 191-202.

[56] Cornelissen, G., Bashshur, M. R., Rode, J., & Le Menestrel, M. Rules or Consequences? The Role of Ethical Mind-sets in Moral Dynamics [J]. Psychological Science, 2013, 24 (4): 482-488.

[57] Csikszentmihalyi, M. Happiness, Flow, and Economic Equality [J]. American Psychology, 2000, 55 (10): 1163-1164.

[58] Darejeh, A., & Salim, S. S. Gamification Solutions To Enhance Software User Engagement—A Systematic Review [J]. International Journal of Human-Computer Interaction, 2016, 32 (8): 613-642.

[59] Davenport, T., Guha, A., Grewal, D., & Bressgott, T. How Artificial Intelligence Will Change The Future of Marketing [J]. Journal of the Academy of Marketing Science, 2020 (48): 24-42.

[60] De Canio, F., Fuentes-Blasco, M., Martinelli, E. Engaging Shoppers Through Mobile Apps: The Role of Gamification [J]. International Journal of Retail & Distribution Management, 2021, 49 (7), 919-940.

[61] De Canio, F., Fuentes-Blasco, M., & Martinelli, E. Engaging Shoppers Through Mobile Apps: The Role of Gamification [J]. International Journal of Retail & Distribution Management, 2021, 49 (7): 919-940.

[62] Deci, E. L., Koestner, R., Ryan, R. M. A Meta-Analytic Review of Experiments Examining The Effects of Extrinsic Rewards on Intrinsic Motivation [J]. Psychological bulletin, 1999, 125 (6): 627.

[63] Deci, E. L., & Ryan, R. M. Self-Determination Theory: A Macrotheory

of Human Motivation, Development, and Health [J]. Canadian Psychology/Psychologie Canadienne, 2008, 49 (3): 182.

[64] Deci, E. L., & Ryan, R. M. The "What" and "Why" of Goal Pursuits: Humanneeds and the Self–Determination of Behavior [J]. Psychological Inquiry, 2000 (11): 319–338.

[65] Delone W. H., Mclean E R. the Delone and Mclean Model of Information Systems Success: A Ten-Year Update [J]. Journal of Management Information Systems, 2003, 19 (4): 9–30.

[66] Denny, E. Factors Influencing the Performance of Non–Economics Majors in An Introductory Economics Course [J]. International Review of Economics Education, 2014 (17): 1–16.

[67] Deterding S., Dixon D., Khaled R., et al. From Game Design Elements to Gamefulness: Defining Gamification [C] //Proceed-ings of the 15th International Academic Mindtrek Conference: Envisioning Future Media Environments. New York: Association for Computing Machinery, 2011: 9–15.

[68] Diab, D. L., Pui, S. Y., Yankelevich, M., & Highhouse, S. Lay Perceptions of Selection Decision Aids in US and Non - US Samples [J]. International Journal of Selection and Assessment, 2011, 19 (2): 209–216.

[69] Dietrich, T., Mulcahy, R., Knox, K. Gaming Attribute Preferences in Social Marketing Programmes: Meaning Matters More than Rewards [J]. Journal of Social Marketing, 2018, 8 (3): 280–296.

[70] Domínguez, A., Saenz–de–Navarrete, J., De–Marcos, L., Fernández-Sanz, L., Pagés, C., Martínez-Herráiz, J. J. Gamifying Learning Experiences: Practical Implications and Outcomes [J]. Computers & Education, 2013 (63): 380–392.

[71] DQ INSTITUTE. https://www.dqinstitute.org/.

[72] Effron, D. A., Conway, P. When Virtue Leads to Villainy: Advances in Research on Moral Self-Licensing [J]. Current Opinion in Psychology, 2015 (6): 32–35.

[73] Ellemers N., Kortekaas P., Ouwerkerk J. W. Self–Categorisation, Commitment to the Group and Group Self-Esteem as Related but Distinct Aspects of Social Identity [J]. European Journal of Social Psychology, 1999, 29 (2-3): 371–389.

[74] Evans, N. J., & Bang, H. Extending Expectancy Violations Theory to Multiplayer online Games: The Structure and Effects of Expectations on Attitude Toward

the Advertising, Attitude toward the Brand, and Purchase Intent [J]. Journal of Promotion Management, 2018: 1-20.

[75] Fang, J., Zhao, Z., Wen, C., & Wang, R. Design and Performance Attributes Driving Mobile Travel Application Engagement [J]. International Journal of Information Management, 2017, 37 (4): 269-283.

[76] Garcia-Magro, C., & Soriano-Pinar, I. Design of Services in Servitized Firms: Gamification as an Adequate Tool [J]. Journal of Business & industrial Marketing, 2019, 35 (3): 575-585.

[77] Garretson, J. A, Burton, S. the Role of Spokescharacters as Advertisement and Package Cues in Integrated Marketing Communications [J]. Journal of Marketing, 2005, 69 (4): 118-132.

[78] Gilly, M. C., & Wolfinbarger, M. Advertising's Internal Audience [J]. Journal of Marketing, 1998, 62 (1), 69-88.

[79] Grant, A. M., Berg, J. M., & Cable, D. M. Job Titles as Identity Badges: How Self-Reflective Titles Can Reduce Emotional Exhaustion [J]. Academy of Management Journal, 2014, 57 (4): 1201-1225.

[80] Groening, C., & Binnewies, C. "Achievement Unlocked!" —The Impact of Digital Achievements as a Gamification Element on Motivation and Performance [J]. Computers in Human Behavior, 2019, 97 (8): 151-166.

[81] Hamari J., Hanner N., Koivisto J. "Why Pay Premium in Freemium Services?" A Study on Perceived Value, Continued Use and Purchase Intentions in Free-to-play Games [J]. International Journal of Information Management, 2020, 51 (4): 102040.

[82] Hamari, J., Koivisto, J., Sarsa, H. Does Gamification Work? —A Literature Review of Empirical Studies on Gamification [C]. 2014 47th Hawaii International Conference on System Sciences, 2014 (1): 3025-3034.

[83] Hamari, J., Koivisto, J. Why Do People Use Gamification Services? [J]. International Journal of Information Management, 2015, 35 (4): 419-431.

[84] Hamari, J. Transforming Homo Economicus into Homo Ludens: A Field Experiment on Gamification in a Utilitarian Peer-to-peer Trading Service [J]. Electronic Commerce Research and Applications, 2013, 12 (4): 236-245.

[85] Hammedi, W., Leclercq, T., Poncin, I., & Alkire, L. Uncovering the Dark Side of Gamification at Work: Impacts on Engagement and Well-Being [J]. Journal of Business Research, 2021 (122): 256-269.

[86] Harwood, T., Garry, T. An Investigation into Gamification as A Customer Engagement Experience Environment [J]. Journal of Services Marketing, 2015, 29 (6): 533-546.

[87] Hassan, L., Dias, A., & Hamari, J. How Motivational Feedback Increases User's Benefits and Continued Use: A Study on Gamification, Quantified-Self and Social Networking [J]. International Journal of Information Management, 2019 (46): 151-162.

[88] Heiser, R. S., Sierra, J. J., Torres, I. M. Creativity Via Cartoon Spokespeople in Print Ads: Capitalizing on the Distinctiveness Effect [J]. Journal of Advertising, 2008, 37 (4): 75-84.

[89] Herrewijn, L., & Poels, K. Putting Brands into Play: How Game Difficulty and Player Experiences Influence the Effectiveness of In-Game Advertising [J]. International Journal of Advertising, 2013, 32 (1): 17-44.

[90] Holak, S. L., Havlena, W. J. Feelings, Fantasies, and Memories: An Examination of the Emotional Components of Nostalgia [J]. Journal of Business Research, 1998, 42 (3): 217-226.

[91] Hollebeek, L. D., Glynn M. S., Brodie R. J. Consumer Brand Engagement in Social Media: Conceptualization, Scale Development and Validation [J]. Journal of Interactive Marketing, 2014, 28 (2): 149-165.

[92] Horton, D., Wohl, R. R. Mass Communication and Para-Social Interaction: Observations on Intimacy at a Distance [J]. Psychiatry, 1956, 19 (3): 215-229.

[93] Hsu, C. L., & Chen, M. C. How Does Gamification Improve User Experience? An Empirical Investigation on the Antecedences and Consequences of User Experience and Its Mediating Role [J]. Technological Forecasting and Social Change, 2018 (132): 118-129.

[94] Hudson S, Matson-Barkat S, Pallamin N, et al. With or without You? Interaction and Immersion in a Virtual Reality Experience [J]. Journal of Business Research, 2019 (100): 459-468.

[95] Huotari, K., & Hamari, J. A Definition for Gamification: Anchoring Gamification in the Service Marketing Literature [J]. Electronic Markets, 2017, 27 (1): 21-31.

[96] Insley, V., & Nunan, D. Gamification and the online Retail Experience [J]. International Journal of Retail & Distribution Management, 2014, 42 (5): 340-351.

[97] Kamboj, S., Rana, S., & Drave, V. A. Factors Driving Consumer Engagement and Intentions with Gamification of Mobile Apps [J]. Journal of Electronic Commerce in Organizations, 2020, 18 (2): 17-35.

[98] Katz, E., Lazarsfeld, P. Personal Influence: The Part Played by People in the Flow of Mass Communication [M]. Glencoe, Free Press, 1955.

[99] Kawaguchi, K. When Will Workers Follow An Algorithm? A Field Experiment With A Retail Business [J]. Management Science, 2021, 67 (3): 1670-1695.

[100] Kim, K., & Ahn, S. J. the Role of Gamification in Enhancing Intrinsic Motivation to Use a Loyalty Program [J]. Journal of Interactive Marketing, 2017 (40): 41-51.

[101] Koivisto, J., Hamari, J. the Rise of the Motivational Information Systems: A Review of Gamification Research [J]. International Journal of Information Management, 2019 (45): 191-210.

[102] Koivisto, J., Hamari, J. The Rise of the Motivational Information Systems: A Review of Gamification Research [J]. International Journal of Information Management, 2019, 45 (191): 210.

[103] Koroleva, K., & Novak, J. How to Engage With Sustainability Issues We Rarely Experience? A Gamification Model for Collective Awareness Platforms in Water-Related Sustainability [J]. Sustainability, 2020, 12 (2): 712.

[104] Korschun, D., Du S. How Virtual Corporate Social Responsibility Dialogs Generate Value: A Framework and Propositions [J]. Journal of Business Research, 2013, 66 (9): 1494-1504.

[105] Kuo, A., & Rice, D. H. Catch and Shoot: The Influence of Advergame Mechanics on Preference Formation [J]. Psychology and Marketing, 2015, 32 (2): 162-172.

[106] König, M., & Neumayr, L. Users' Resistance towards Radical Innovations: The Case of the Self-Driving Car [J]. Transportation Research Part F: Traffic Psychology and Behaviour, 2017 (44): 42-52.

[107] Leclercq, T., Poncin, I., Hammedi, W., Kullak, A., & Hollebeek, L. D. When Gamification Backfires: The Impact of Perceived Justice on online Community Contributions [J]. Journal of Marketing Management, 2020, 36 (5-6): 550-577.

[108] Lee, K. C., Lee, S., & Hwang, Y. The Impact of Hyperlink Affordance, Psychological Reactance, and Perceived Business Tie on Trust Transfer

[J]. Computers in Human Behavior, 2014 (30): 110-120.

[109] Lee, M., & Faber, R. J. Effects of Product Placement in On-Line Games on Brand Memory: A Perspective of the Limited-Capacity Model of Attention [J]. Journal of Advertising, 2007, 36 (4): 75-90.

[110] Lee, Y. C., & Ho, Y. L. Effects of Gamification Incorporated in Branded Apps on Brand Responses [J]. International Journal of Mobile Communications, 2022, 20 (1): 53-72.

[111] Li M., & Huang, P. Assessing the Product Review Helpfulness: Affective-Cognitive Evaluation and the Moderating Effect of Feedback Mechanismt [J]. Information & Management, 2020, 57 (7): 103359.

[112] Lin, H., & Wang, H. Avatar Creation in Virtual Worlds: Behaviors and Motivations [J]. Computers in Human Behavior, 2014 (34): 213-218.

[113] Lin, S. H., Ma, J., & Johnson, R. E. When Ethical Leader Behavior Breaks Bad: How Ethical Leader Behavior Can Turn Abusive Via Ego Depletion and Moral Licensing [J]. Journal of Applied Psychology, 2016, 101 (6): 815-830.

[114] Liu, D., Santhanam, R., & Webster, J. Toward Meaningful Engagement: A Framework For Design and Research of Gamified Information Systems [J]. MIS Quarterly, 2017, 41 (4): 1011-1034.

[115] Lopez, F. R., Arias-Oliva, M., Pelegrin-Borondo, J., & Marin-Vinuesa, L. M. Serious Games in Management Education: An Acceptance Analysis [J]. International Journal of Management Education, 2021, 19 (3): 13.

[116] Luthans, F., Youssef-Morgan, C. M. Psychological Capital: An Evidence-Based Positive Approach [J]. Annual Review of Organizational psychology and Organizational Behavior, 2017 (4): 339-366.

[117] Mehdizadeh, S. Self-Presentation 2.0: Narcissism and Self-Esteem on Facebook [J]. Cyberpsychology, Behavior, and Social Networking, 2010, 13 (4): 357-364.

[118] Messinger, P. R., Ge, X., Smirnov, K., Stroulia, E., & Lyons, K. Reflections of the Extended Self: Visual Self-Representation in Avatar-Mediated Environments [J]. Journal of Business Research, 2019 (100): 531-546.

[119] Mitchell, R., Schuster, L., & Jin, H. S. Gamification and the Impact of Extrinsic Motivation on Needs Satisfaction: Making Work Fun? [J]. Journal of Business Research, 2020 (106): 323-330.

[120] Mulcahy, R. F., Mcandrew, R., Russell-Bennett, R., & Iacobucci,

D. "Game on!" Pushing Consumer Buttons to Change Sustainable Behavior: A Gamification Field Study [J]. European Journal of Marketing, 2021, 55 (10): 2593-2619.

[121] Neves, C. Value Dimensions of Gamification and Their Influence on Brand Loyalty and Word-of-Mouth: Relationships and Combinations with Satisfaction and Brand Love [J]. Psychology & Marketing, 2022, 39 (1): 59-75.

[122] Nobre, H., & Ferreira, A. Gamification as a Platform for Brand Co-Creation Experiences [J]. Journal of Brand Management, 2017 (24): 349-361.

[123] Norman, Donald A. The Design of Everyday Things [M]. New York: Doubleday, 1988.

[124] Norris, D. R. External Validity of Business Games [J]. Simulation & Games, 1986, 17 (4): 447-459.

[125] Okazaki, S. Exploring Experiential Value in Online Mobile Gaming Adoption [J]. Cyberpsychology & behavior, 2008, 11 (5): 619-622.

[126] Oliveira, W., Hamari, J., Joaquim, S., Toda, A. M., Palomino, P. T., Vassileva, J., & Isotani, S. The Effects of Personalized Gamification on Students' Flow Experience, Motivation, and Enjoyment [J]. Smart Learning Environments, 2022, 9 (1): 16.

[127] Penenberg, A. How Gamification is Going to Change the Workplace [N]. Forbes, 2013-10-07.

[128] Phillips, B. J. Defining Trade Characters and their Role in American Popular Culture [J]. Journal of Popular Culture, 1996, 29 (4): 143-158.

[129] Poncin, I., Garnier, M., Ben Mimoun, M. S., & Leclercq, T. Smart Technologies and Shopping Experience: Are Gamification Interfaces Effective? The Case of the Smartstore [J]. Technological Forecasting and Social Change, 2017 (124): 320-331.

[130] Postmes, T., Spears, R., Lee, A. T., & Novak, R. J. Individuality and Social influence in Groups: Inductive and Deductive Routes To Group Identity [J]. Journal of Personality and Social Psychology, 2005, 89 (5): 747.

[131] Proyer R. T. Perceived Functions of Playfulness in Adults: Does It Mobilize You at Work, Rest, and When Being with Others? [J]. Revue EuropéEnne De Psychologie AppliquéE/European Review of Applied Psychology, 2014, 64 (5): 241-250.

[132] Raman, P. Examining the Importance of Gamification, Social Interaction

and Perceived Enjoyment Among Young Female Online Buyers in India [J]. Young Consumers, 2021, 22 (3): 387-412.

[133] Rapp, M., Mencía, E. L., Fürnkranz, J., Nguyen, V. L., Hüllermeier, E. Learning Gradient Boosted Multi-label Classification Rules. In Machine Learning and Knowledge Discovery in Databases [C]. European Conference, ECML PKDD 2021, Ghent, Belgium, 2021, September 14-1.

[134] Robson, K., Plangger, K., Kietzmann, J. H., Mccarthy, I., & Pitt, L. Is it All a Game? Understanding the Principles of Gamification [J]. Business Horizons, 2015, 58 (4): 411-420.

[135] Rocha, E. M., Pereira, G. M., & Pacheco, D. A. D. J. The Role of The Predictive Gamification to Increase the Sales Performance: A Novel Business Approach [J]. Journal of Business & Industrial Marketing, 2020, 35 (5): 817-833.

[136] Rughini?, R. Gamification for Productive Interaction: Reading and Working with the Gamification Debate in Education [C]. In 2013 8th Iberian Conference on Information Systems and Technologies (CISTI). IEEE, 2013: 1-5.

[137] Sadiku, M. N., Musa, S. M., Ajayi-Majebi, A. A Primer on Multiple Intelligences Cham [M]. Switzerland: Springer, 2021.

[138] Sailer, M., Hense, J. U., Mayr, S. K., & Mandl, H. How Gamification Motivates: An Experimental Study of the Effects of Specific Game Design Elements on Psychological Need Satisfaction [J]. Computers in Human Behavior, 2017 (69): 371-380.

[139] Scheiner, C. W. the Motivational Fabric of Gamified Idea Competitions: The Evaluation of Game Mechanics from a Longitudinal Perspective [J]. Creativity and Innovation Management, 2015, 24 (2): 341-352.

[140] Schneider, L. P., Cornwell, T. B. Cashing in on Crashes Via Brand Placement in Computer Games: The Effects of Experience and Flow on Memory [J]. International Journal of Advertising, 2005, 24 (3): 321-343.

[141] Shang, S., Lin, K. Y. An Understanding of the Impact of Gamification on Purchase Intentions [C]. Americas Conference on Information Systems, 2013.

[142] Shen X., Chick, G., Zinn., H. Playfulness in Adulthood as a Personality Trait: A Recocptualization and a New Measurement [J]. Journal of Leisure Research, 2014, 46 (1): 58-83.

[143] Shepperd, J. A. Social Loafing and Expectancy-Value Theory: Multiple Perspectives on the Effects of Evaluation on Performance [C]. Multiple Perspectives

on the Effects of Evaluation on Performance, Norwell, MA: Kluwer Academic, 2001: 1-24.

[144] Sigala, M. the Application and Impact of Gamification Funware on Trip Planning and Experiences: The Case of Tripadvisor's Funware [J]. Electronic Markets, 2015, 25 (3): 189-209.

[145] Sreejesh, S., Ghosh, T., & Dwivedi, Y. K. Moving Beyond the Content: The Role of Contextual Cues in the Effectiveness of Gamification of Advertising [J]. Journal of Business Research, 2021 (132): 88-101.

[146] Suh, A., Cheung, C. M. K., Ahuja, M., & Wagner, C. Gamification in the Workplace: The Central Role of the Aesthetic Experience [J]. Journal of Management Information Systems, 2017, 34 (1): 268-305.

[147] Su, Y. S., Chiang, W. L., James Lee, C. T., & Chang, H. C. The Effect of Flow Experience on Player Loyalty in Mobile Game Application [J]. Computers in Human Behavior, 2016 (63): 240-248.

[148] Tanouri, A., Kennedy, A. M., & Veer, E. A Conceptual Framework for Transformative Gamification Services [J]. Journal of Services Marketing, 2022, 36 (2): 185-200.

[149] Tellis, G. J., Macinnis, D. J., Tirunillai, S., & Zhang, Y. What Drives Virality (Sharing) of Online Digital Content? The Critical Role of Information, Emotion, and Brand Prominence [J]. Journal of Marketing, 2019, 83 (4): 1-20.

[150] Terlutter, R., Capella, M. L. The Gamification of Advertising: Analysis and Research Directions of in-game Advertising, Advergames, and Advertising in Social Network Games [J]. Journal of advertising, 2013, 42 (2-3): 95-112.

[151] Tobon, S., Ruiz-Alba, J. L., & Garcia-Madariaga, J. Gamification and online Consumer Decisions: Is the Game Over? [J]. Decision Support Systems, 2020, 128 (1): 113167.

[152] Torres, P., Augusto, M., & Teng, C. I. Look to the Future: Enhancing online Gamer Loyalty from the Perspective of the theory of Consumption Values [J]. Decision Support Systems, 2018 (114): 49-60.

[153] Tracy, J. L., Randles, D., Steckler, C. M. The Nonverbal Communication of Emotions [J]. Current Opinion in Behavioral Sciences, 2015 (3): 25-30.

[154] Van Roy, R., & Zaman, B. Unravelling the Ambivalent Motivational Power of Gamification: A Basic Psychological Needs Perspective [J]. International Journal of Human-Computer Studies, 2019 (127): 38-50.

[155] Verhagen, T., Swen, E., Feldberg, F., & Merikivi, J. Benefitting from Virtual Customer Environments: An Empirical Study of Customer Engagement [J]. Computers in Human Behavior, 2015 (48): 340-357.

[156] Wang, L. C., Baker, J. W., Wagner, J. A., Wakefield, K. Can a Retail Web Site be Social? [J]. Journal of Marketing, 2007, 71 (3): 143-157.

[157] Warren, C., Batra R., Correia Loureiro S. M., et al. Brand Coolness [J]. Journal of Marketing, 2019, 83 (5): 36-56.

[158] Werbach, K., & Hunter, D. For the Win: How Game Thinking Can Revolutionize Your Business [M]. Philadelphia, PA: Wharton Digital Press, 2012.

[159] Xi, N. N., & Hamari, J. Does Gamification Affect Brand Engagement and Equity? A Study in Online Brand Communities [J]. Journal of Business Research, 2020 (109): 449-460.

[160] Xi, Y., Siau, K. Values of Artificial Intelligence in Marketing [M]. Association for Information Systems Electronic Library, 2020.

[161] Xu, H., Wu, Y., & Hamari, J. What Determines the Successfulness of a Crowdsourcing Campaign: A Study on the Relationships between Indicators of Trustworthiness, Popularity, and Success [J]. Journal of Business Research, 2022 (139): 484-495.

[162] Xu, Y. Literature Review on Web Application Gamification and Analytics [C]. Honolulu, HI, 2011: 11-15.

[163] Yang, H. L., & Lin, R. X. Determinants of the Intention to Continue Use of Solomo Services: Consumption Values and the Moderating Effects of Overloads [J]. Computers in Human Behavior, 2017 (73): 583-595.

[164] Zhang, Y., Yu, W., Li, Z., Raza, S., Cao, H. Detecting Ethereum Ponzi Schemes Based on Improved Lightgbm Algorithm [J]. IEEE Transactions on Computational Social Systems, 2021, 9 (2), 624-637.

[165] Zheng, Y. M., Zhao K., Stylianou A. the Impacts of Information Quality and System Quality on Users' Continuance Intention in Information-Exchange Virtual Communities: An Empirical Investigation [J]. Decision Support Systems, 2013 (56): 513-524.

[166] Zhou, F., Mou, J., & Kim, J. Toward a Meaningful Experience: An Explanation of the Drivers of the Continued Usage of Gamified Mobile App Services [J]. Online Information Review, 2022, 46 (2): 285-303.

[167] Zicherman, G., & Cunningham, C. Gamification by Design [R]. Se-

bastobol, 2011.

[168] Zichermann, G., Linder, J. Game-Based Marketing: Inspire Customer Loyalty Through Rewards, Challenges, and Contests [M]. John Wiley & Sons, 2010.

[169] ÜLger, B. Packages with Cartoon Trade Characters Versus Advertising: An Empirical Examination of Preschoolers' Food Preferences [J]. Journal of Food Products Marketing, 2008, 15 (1): 104-117.

后　记

　　本书是我主持的国家社会科学基金"数字经济时代移动营销中的游戏化策略研究"（19BGL261）的最终研究成果，感谢全国哲学社会科学规划办公室对本课题的支持。在本书的写作过程中，我的研究生（张娜、李雪、王冠清、丁元茜、许松玲、郑洁仪）做了大量的文字校对和数据搜集工作，在此表示感谢。华侨大学市场营销专业本科生（陈雨、葛之昂、赵宇佳、孙广辉、杨欣慧、江东进等），也分别在不同章节进行了资料收集和数据处理，一并表示感谢。最后，经济管理出版社的任爱清女士对本书的顺利出版提出了大量的宝贵建议，在此表示由衷的感谢！希望本书的出版能够给读者提供一些关于当代游戏化营销的相关思考，一起推动数智时代的游戏化营销的理论研究与实践发展！

周飞
2022 年 12 月